NONFICTION
論創ノンフィクション
053

白い孤影
ヨコハマメリー

［増補改訂版］

檀原照和

論創社

目次

本書は、『白い孤影 ヨコハマメリー』（ちくま文庫、二〇一八年）を底本として、それに加筆修正を加えたものである。第三部の「谷崎潤一郎とヨコハマメリーの点と線」については、『昭和の謎99 2019年初夏の号』（ミリオン出版）に寄稿したものを改稿した。

白い孤影　ヨコハマメリー

曇った絶望の天気でも
女郎部屋の看板に写真が出ている

萩原朔太郎「吉原」より

プロローグ

かつて横浜の子供たちは両親に尋ねたものだった。

「あの人は何をしているひと？」

あの人、というのは真っ白な姫様ドレスを身にまとい、白粉を塗った小柄な女性のことである。物言わぬまま街角に立つ彼女は、街の噂の的だった。

子供になんて説明しよう。

困惑した親たちがひねり出した答えは、こんな風だった。

「あの人はね、遠い国に帰ってしまった恋人を待っているのよ」

それが正しいのかどうか誰も知らない。なぜなら彼女は寡黙な人物で、決して身の上話をしなかったからだ。誰言うともなく共有された「待つ女」のイメージ。これが膨らんだのが「港のメリーの伝説」である。

その特徴的な外見から話に尾ひれが付いて、面白おかしく語られることもあった。しかし街の誰もが知る存在だったことは間違いない。

彼女のことは口から口へ伝えられ、歌になり、芝居になり、映画にまでなった。映画がヒットしたお陰でローカル有名人だった彼女の知名度は、いまや全国区である。首都圏のみならず、北海道や四国といった横浜から遠く隔たった土地でも彼女の映画は受け入れられた。その結果、彼女の物語は伝説や神話の域に達した。

しかし彼女は本当に「待つ女」だったのだろうか？

横浜の人々にとって、メリーさんを語ることは人生を振り返ることでもあった。

横浜でメリーさんと無関係な取材をしているときに、なにかの拍子でメリーさん話になったことが何度かある。そんなとき語り手はメリーさんのことに留まらず、横浜という都市の記憶や自分のこれまでの来し方をも芋づる式に思い出すのが常だ。

人々の目がメリーさんを意識し始めたのは一九六〇年代か七〇年代のことらしい。その当時彼女とすれ違いながら成長したというイラストレーターの女性（一九五三年生まれ）はこんな風に語ってくれた。

「父が生糸検査場（現在の横浜第二合同庁舎）に勤めていたので、一緒にあの辺りに行くことがありました。私はまだ小さかったのですが、その頃メリーさんを見て『この人なに？』と父に尋ねた記憶があります。細かいディテールまでは覚えていませんが、子供だった私の目には見上げるような人形が歩いているみたいでした。

将来は薬剤師になろうと思っていたのですが、高校時代に彫刻家志望の友達に誘われて『横浜美術研究所』に通い始めました。父は公務員、母も真面目な人でしたので、新しい世界が面白く入り浸っていました。

所長（先生）はアル中で女たらしで、飲み屋街の野毛では悪名たらたらでした。服を脱ぐと女の人に刺された傷まであったんです。悪ぶりたい年頃でしたから、所長と一緒に野毛に通って飲んだくれてました。まだ高校生だったんですけどね（笑）。

知り合ったとき、所長は三二歳でしたが、四年後に亡くなりました。

『ハマ美』に通っていたのは一九七〇年頃でした。『ハマ美』は生糸検査場の斜め向かいの本町四丁目にあったのですが、私は決まった時間に決まったルートで通っていました。そしてメリーさんも毎日午後、『ハマ美』の前を通って馬車道に向かっていたのです。

その当時の彼女は四十代くらいに見えました。そのときからウエディングドレスのような裾の長いドレスを着て、手まで真っ白に塗っていました。ただ白いレースの手袋をしていることもよくあって、金と銀のバッグや、アタッシュケースかスーツケースみたいな四角い鞄を提げていました。ウエストはきゅっとしていて、あれは絶対コルセットをしていたと思います。すくなくともペチコートくらいはつけていたでしょうね。

髪型はよくは覚えていないのですが、まとめていたのでしょうか。ちょっとウエーブがかかっていて長く垂らしてはいませんでした。

白いドウランにまっ赤な唇。バサバサ音がしそうなほど長いつけまつげをしていたり、大きなサングラスを掛けているときもありました。年を取ってからは香水の匂いが印象に残っていますね。みんな彼女のことは見慣れていて、温かい目で見ていました。そして『あの人元気そうだね』なんて親しみを持って話題にしたものです。

一九七一年になって伊勢佐木町にあった『松坂屋』の一階に横浜で最初の『マクドナルド』が出来たのですが、その『マック』でもメリーさんを見たことがあります。ハンバーガーは当時八十円くらい。ビッグマックが二百円くらいだったと思います。その頃は百円も出せば高価なランチが食べられました。とにかく高かったのに長蛇の列でした。

それから十五年経って、やはり伊勢佐木町の『森永ラブ』の店内で彼女に声をかけたことがあります。上の子が五歳のときです。たまたまメリーさんのそばの席に座ったところ、彼女がなにか落としたようでしたから『落ちましたよ』と言ったんです。そうしたら一瞬驚いた顔をした後にっこりしたのです。彼女のきりっとした顔しか見たことがありませんでしたから、あの笑顔は忘れられませんね。背中が曲がってからの、痩せた身体も覚えています。

こうして彼女のことを話していると、横浜のいろいろな光景を思い出します。一九六四年まで野山（西区の台地。動物園や図書館、公園などがある）に遊園地があったのですが、手前の坂道には義足をつけてアコーディオンの演奏をしている若い傷痍軍人がたくさんいました。この道を朝早く通ると酔い倒れをよく見かけたものです。

一九六〇年前後だったと思いますが、着物の固まりみたいに振り袖を重ね着した呉服屋のお嬢さんがいたんです。ちょっと気がおかしくて、何でも手にとっては口に入れて吐き捨てていました。その度に付き添っていたお店の人が、お金を払っていたんです。

メリーさんのことを思い出していると、その人のことも思い浮かんできます」

誰もが見知っていたメリーさん。彼女は娼婦で客を待っていたのだ、といわれる。ではなぜあの格好だったのか。とても娼婦には見えない。客を引きたいのなら、身体の線が出る服を選ぶなど、もっと分かりやすい「記号」を身に付けるのが実用的な見地だろう。しかし彼女が掲げ

メリーさん（撮影・久野光男）

た「記号」はもっと別のものだった。

私は思うのだ。彼女は客の袖を引くことではなく、あの姿で立つこと自体が目的で町にいたのではないか、と。客の誘惑は二の次だったのではないか。

アメリカにヴィヴィアン・マイヤーという女性がいた。一九二六年生まれのベビーシッターで四十年間シカゴで働いた。異常とも言える収集癖の持ち主で、世間の水と馴染まない変わり者だった。ベビーシッターらしからぬ孤独癖の持ち主でもあった。

そんな彼女の真の顔は写真家だった。彼女は仕事の合間を縫って写真の撮影を精力的にこなした。生涯撮影した枚数は十五万枚以上。しかし生前一枚の写真も発表することなく他界した。彼女が写真家として名をなしたのは、二〇〇九年に亡くなった後のことだった。

マイヤーがベビーシッターという仕事を選んだのは、時間に融通が利く仕事だったからだろう。彼女には「アート活動をつづけられる仕事」という点が重要だったのだ。

ところで娼婦も時間の融通が利く仕事である。服装も自由だ。加齢とともに偏屈さが際だっていったメリーさんだが、どこかヴィヴィアン・マイヤーと似ていないだろうか。

あの姫様衣裳は、既製服には見えない。彼女はあの衣裳を自分で仕立てていたのではないだろうか。日々、己の美意識に忠実でいること。それは雇われ人にはむずかしい注文だ。もし彼女が己の美学に殉じるために、時間や服装の自由がきく娼婦という仕事を選んだのだとしたら、どうだろう。白い名物老婆の人生は、従来のイメージとはまったく異なる形で立ち上がってくるにちがいない。


メリーさんの思い出といえば、すごい外反母趾だったことでしょうか。あの足を見たとき、「この人は、大変な人生を送ってきたんだな」と思いました。

メリーさんは二回ほど、見かけたことがあります。

一回目は伊勢佐木モールから関内駅へいく横断歩道で、私の前をレースの日傘を杖代わりにして歩いていました。白のレースのドレスに白のハイヒール、多分白い帽子もかぶっていたと思います。腰が九〇度ちかく曲がっていたので、「お婆さん」であることがわかりました。

「なんで、このお婆ちゃんは、あんなハイヒール履いてんの?」と自分が足が痛くてハイヒールが履けないからでしょうか、非常に不思議に思ったのを覚えています。仕事場に帰って、「こんなお婆さんを見た」と話したところ、「それは、メリーさんでしょ」と年配の人が教えてくれました。

二回目は、関内あたりの銀行から出てくるメリーさんにばったり。銀色の合皮のパンプスに銀色のレインコート、そしてあのお化粧。「顔をジロジロ見てはいけない」ととっさにメリーさんの足元に視線を移すと、パンプスを履いた足の指がはっきりと変形しているのが、わかりました。それがとても痛々しく思えました。（横須賀に住む三十代の女性から私に送られたメールより　年齢はすべてメール時のもの）

私がメリーさんと親しくしていたのは、平成二〜四（一九九〇〜九二）年頃だったと思います。私自身が転職をして福富町から新横浜の会社へ移るまで、付き合いがありました。

それ以前からメリーさんの存在は知っていました。なにしろ、小さい頃から横浜のダイヤモンド地下街や「高島屋」で目撃していましたので。

その頃、私は福富町仲通りに面した「鰐」のあったビルの四階の会社に勤務していました。「鰐」は仲通りの入り口付近に店を構えていたクラブです。老舗でしたが今はもうないですね（看板には大きく「鰐」と書いてあるが、正確には「ナイトアリゲーター」という名のスナック。現在も営業中）。

夜になるとGMビルの地下にあった「ダン」というお店や上の階にあった「よし乃」という店に通ったものでした。

メリーさんとは週に二、三回は会っていました。当時はGMビルで寝泊りしている状態だったと思います。GMビルに遊びに行くと毎回のようにメリーさんがいて、手を振りながら微笑んでもらっていました。エレベーターに近づくとすっと手を伸ばしボタンを押してくれ、帰りには小さな高い綺麗な声で『お帰りですか？』と声をかけてもらっていました。

「メリーさんに声かけられるようになったら一人前の男だな」なんて言われたりもして、少しお酒の入った私はメリーさんに抱きついたり、握手したり。そんなことしても嫌な顔ひとつしないで、エレベーターからビルの際までの数メートルを後ろからついてきて微笑んでもらっていました。

メリーさんの手は綺麗な肌をしていました。手には白粉をつけた感じはなく、素の状態でした。シワはありましたが、手そのものは柔らかかったと記憶しています。それにくらべて少しのびた爪は、真っ黒で垢のたまったような爪でした。香水の匂いは感じませんでしたね。

横浜西口の「ミンク」というお店のママとメリーさんと三人で、「ダン」に一緒に飲みに行ったこともあります。私とママはウイスキーの水割りを飲んでいましたが、メリーさんに、

「水割りでいいです?」と聞いたら「いいえ」と。

「ジュースがいいです?」と聞いたら「はい」。

「コーラでいいです?」と聞いたらにっこり「はい」。

だからメリーさんはコーラを飲んでいました。ほんの一口二口、口をつけていただけで、ほとんど手をつけていない状態だったのを覚えています。アルコールはまったく飲みませんでしたね。酒の席でもメリーさんはニコニコ笑ってうなずいたりしていただけです。積極的に話をすることはなく、たまに「はい」とか「いいえ」とか声に出すくらいでした。

福富町のGMビル、今では日本人のお店はめっきり少なくなりました。しかし、メリーさんがいた当時は、まだ人情のあるお店やお客さんが多かったんです。

メリーさんがいなくなって故郷の老人ホームに入ったという話は、福富町の古いお店では皆知ってる話ではありました。でも「どこにいるのか」ということは、誰も言わない話でした。ただ「故郷に」と言うだけで。（四十代前半の男性から私に送られたメールより）

日ノ出町近辺でヤクザの若い衆に挨拶されていたのを見て、凄く高貴なオーラというか威厳を持ってる人だという印象を今でも思っています。（三十代の男性から私に送られたメールより）

関内駅前のショッピングビル『セルテ』の前身は昭和四二（一九六七）年にできた横浜センタービルで、「YCB」と呼ばれハマっ子に親しまれていました。二階は「キデイランド」でした。といっても玩具店ではなく書店ですけどね。「キデイランド」はもともと書店だったんですが、米軍ワシントンハイツの家族向けに商いをしているうちに、段々玩具店になっていったんですよ。

四十年近い昔、メリーさんはこの店の常連でした。まだ白塗りはしていなかったと思います。本当に本が好きで好きで堪らないといった風情で、精算のとき、必ず「ありがとうございました」と丁寧に挨拶していましたね。買うのはいつも文庫本で、新潮社のものが多かったと思います。どうも夕方から明け方四時頃までが彼女の出勤時間らしくて、昼間来ることが多かったのを憶えています」（「キデイランド」関内店に勤務していた方から頂いたメールより）

私は昭和三三（一九五八）年生まれで、今年で四五歳になります。一五歳〜一九歳まで、横浜市中区の若葉町に住んでおりました。メリーさんを見掛けるのはいつも伊勢佐木町でした。街中で見掛けることもあれば、横浜銀行の中で見掛けることもあり、あるときは喫茶店で見掛けたこともあります。喫茶店で見掛けたとき、メリーさんの生の声を初めて聞きました。

作ったような甲高い声で、「サンマ定食ちょうだい」とオーダーしていました。そういう定食もメニューに載せている喫茶店でした。洋風のメリーさんがサンマ定食を頼むのはちょっと意外でしたので、今も凄く強烈な印象として覚えています。勝手にイメージを作り上げていたので、メリーさんには洋食がお似合いだと思っていたのです」（四十代中盤の女性から私に送られたメールより）

自分の話は全然しなかったけど、うちの母には少ししていたかな。盆暮れのつけ届けは必ずしていたね。うちの方でも石鹸なんかを送っていたし。

いつもスーと入ってきてね。買うものが決まってるから最短距離をまっすぐ行くのね。「資生堂」の塗りおしろい（五百円）、芸子さんがうなじに塗るやつなんだけど。それからアイライナー（「コーセー」　墨　四百円）、サニーサイドアップ（脱色剤）。この三つだね。銀行でお金をおろしてから来ていたから、いつもピンと張った千円札だったよ。きちんとした人だと思ったね。（メリーさんが三十年通った化粧品店「柳屋」の福長正夫さん）

このお店によると、彼女が晩年使っていた香水はコーセーの「薔薇ミストコロン」。正式名称は「ハッピーバスデイ　プレシャスローズ　ローズエンリッチ　ミストコロン　50 ml」で千円しない安物だった。

メリーさんは入れ歯をしていたよ。その当時伊勢佐木町にあった「有隣ファボリ」という店でバイトしていたんだけど、二階の扉を開けたら目の前にメリーさんが立ってたことがあってさ。「入れ歯が壊れたから接着剤を貸してくれ」って。アロンアルファを貸したら、取れてしまった入れ歯の歯をくっつけて直していたよ。（私が知人から直接聞いた話）

メリーさんが触った所は白粉でみんな白くなる。化粧の脂がすごくて落とすのがたいへん。（私の友人がデパートで働いていた母親から聞いた話）

彼女は優しい人でした。でもわがままな所もあって、私が「今度外国に行くよ」と言うとお土産にシャネルの五番をねだったんですよ」（カバー写真「ミナトのマリー　横浜　本牧」を撮影した写真家・常盤とよ子さん）

どれも私が二〇〇一年から十年ほど公開していたウェブサイトによせられた目撃談だ。取材中に聞いた話もいくつか盛り込んでいる。

きっとメリーさんはあの衣裳で街に立つことがほんとうに好きだったにちがいない。それは四六時中あの出で立ちだったことからも分かる。そうでなかったら横浜に来てから四十年以上も立ちつづけられなかっただろう。

性風俗に詳しいライターの松沢呉一さんは「遊廓や赤線については興味を抱く人がいても、ホントにパンパンは受けが悪い」と、自身の公式サイトで語っている。そして「映画『ヨコハマメリー』が公開されて以降も、そんなに興味を抱く人が増えたとは思えない」と言う。[1]

しかし彼女はいまも人の興味を惹き続けている。

私は二〇〇九年に『消えた横浜娼婦たち—港のマリーの時代を巡って』（データハウス）という本のなかで、彼女を大きく取り上げた。その後実話誌からの依頼で、二〇一五年と一六年に都合三回彼女の記事を寄稿している。掲載誌は三号とも売り上げが好調で、編集者は「メリーさんの不敗神話」と呼んだ。

伝説になって語りつがれる女性は、男性ほど多くはない。

歴史物であれば、静御前や巴御前などのヒロイン。近代以降であれば、毒婦物（悪女伝）の妖婦たち。もしくは「青鞜」周辺の「新しい女」たち。先の大戦中に中国大陸で活躍した女スパイや中国名でよばれた女優。あるいは悲劇的な最期を遂げたり、早すぎる引退をした芸能人や作家たちが該当するだろう。

しかし街角の噂話が伝説化したという例は稀れだ。歴史的な事件、業績と縁のない人であるメリーさん。彼女がしたのは、少しばかり変わった姿で繁華街に立っていたということだけなのだ。にも関わらず、伝説化した背景にはなにがあるのだろうか。

メリーさんをふたつに切り分けて考える

メリーさんについて長く取材を重ねるにつれて、私は彼女の実人生と伝説を切り離して考えるべきだと思うようになった。科学的な取材や論証に基づいて彼女の物語を一本の線にまとめてしまうと、イメージが錯綜して取りこぼしも多くなる。彼女の物語が輝きつづけるのは、人々が積み上げてきた豊かなイメージの蓄積があるからだ。事実に基づいた単線的な世界観から抜け出さなければ、彼女の物語空間全体は理解出来ない。

メリーさんには多くの謎があるが、大きく分けると以下の二つに集約されるだろう。

1　実人生の謎（本名、出身地、生い立ち、娼婦になったきっかけ）
……ドキュメント（史実・記録）
↓ある程度の輪郭は判明している
2　あの姿で立っている理由
……すべての噂や伝説の根源。周囲が想像を膨らませ伝播させた。

↓メリーさんが亡くなったため、永遠の謎

この二つの分類を見たとき、なにかに似ていると感じた。それはキリスト教の聖書研究分野でひろく受け入れられている考え方で、

・歴史上のイエス（人間としてのイエスの実人生）……考古学の対象
・信仰上のイエス（神の子としてのイエス）……神学の対象

の二つを完全に分けて研究する、という姿勢である。

例えば「イエスは処女から生まれた」といわれているが、これを「信仰上のイエス」の物語と捉え、別途生物学的な父親の存在を想定する「歴史上のイエス」の物語を分岐させる、ということだ。

これをメリーさんの研究に援用し、

A　メリーさんの実人生……ノンフィクション文学の取材対象

↓メリーさん自身が自らの意思で選びとった人生の軌跡

B　伝説のなかのメリーさん（噂話や映画、演劇、音楽などのなかのメリーさん）……社会学の考察対象
↓メリーさん自身はノータッチ。周囲の人々が彼女に託したイメージの集積

という具合に切り分け、二本の異なる線だと考えた。

本書の第一部と第二部では主に「A　メリーさんの実人生」の探求を、第三部では主に「B　伝説のなかのメリーさん」について考察している。

横浜の人々は彼女に関するさまざまな噂を口にしたが、一九八〇年代までは「A　メリーさんの実人生」に関する興味はほとんどなかったのではないか、と思う。あくまで「噂のネタとして格好の人物」という位置づけだったのではないだろうか。

彼女のことを書く上でむずかしく感じる点は、「A　メリーさんの実人生」と「B　伝説のなかのメリーさん」が渾然一体となっていることである。これから先は彼女の生身の人生と、街の人々がつくりあげた伝説とを出来るだけ切り離して議論していきたい。

まず私が彼女に興味を持ったきっかけから順を追ってお話しようと思う。それは取材を始めた二十年前に遡る。

1　「パンパンをどう評価するのか――マイク・モラスキー編『街娼』1――」（松沢呉一のビバノン・ライフ、二〇一六年二月一五日）https://www.targma.jp/vivanonlife/2016/02/post10829/）。

第一部

ロマンチシズム最後の光芒

私が横浜に住み着いたのは一九九五年の秋だった。

最初の五、六年は週五日ないし六日東京に出向く生活だった。当時の私は本牧や山下町に根を下ろして暮らしている人たちを羨ましく思っていた。彼らはよそ者には分からない町の何かを共有しているように見えたし、それがひじょうに格好いいことのように感じられた。

その頃四十年街角に立ち続けたという老婆が目撃されることは、殆どなくなっていた。私が彼女の存在を知ったのは二年後の一九九七年に入ってからだった。

その当時、私は地元タウン誌のバックナンバーで目にしたゲイのシャンソン歌手、永登元次郎さんに興味を覚えていた。

まだ越して来る前に思い描いた横浜は、秘密めいた夜のイメージだった。埠頭の倉庫で密売品の取引をする悪い奴らがいたり、レンガ造りの重厚なバーでキザな大人たちが会話を交す。それこそ頭の悪い中学生が思い浮かべる虚構の世界だった。

そうした場所の入り口になりそうだったのが、山下町の「プンタ・デル・エステ」や「サーカス」、あるいは紅い灯がともる黄金町のガード下といったアンダーグラウンドなスポットだった。

「プンタ」は巨大なサルサクラブだった。体育館のような大箱で、一九二九年に創業した山下町のクラシックホテル「バンドホテル」の離れで営業していた。まだバブルの残り香が漂っていたあの頃、工場や倉庫など目につきづらい職場では中南米系の労働者が大勢働いていた。週末になると、彼らは「プンタ」に群がる。店内のカウンターも椅子も素朴な手作りで気取った感じはない。しかし関東一円から集まったラティーノの熱気でムンムンしており、中南米の片田舎のディスコそのままだった。日本人客の姿は皆無で、かなり入りづらい店だった。

「サーカス」はヒップホップの殿堂のような所で、横須賀基地の黒人兵の溜まり場だった。九〇年代はブラックカルチャーが世界を席巻した時代で、「ボビ男」「ハマ子」などという言葉が流行っただけでなく、ブラザーたちにぶら下がるセクシーな女の子たちの姿もちょくちょく見かけた。だがストリートダンスに夢中の若者は横浜ではなく、六本木のディスコで踊っていたと思う。「サーカス」は日本離れしていながらもどこかローカルで秘密めいた雰囲気があった。

京急線のガード下にはおびただしい「チョンの間」が軒を連ね、艶やかなピンク色の光に染まったタイやラテンアメリカの娼婦たちが二〇分一万円で男たちに自らを差し出していた。

こうした場所は東京にはなく、たそがれゆく国際都市の最後の光芒のように思えた。

港町に住むゲイのシャンソン歌手は外国人ではなかったが、通勤電車の車内では見かけることのない人種だ。私が妄想する横浜に似つかわしいように思えた。その元次郎さんの手記「元次郎三十三年の夢」（一九九三年）に気になる一節があった。

一昨年八月六日、関内ホールで、ＣＤ発売記念コンサートを開いた時のことだ。楽屋入りするためホールへ早めに出かけて行った。まだ昼間だというのにホールの玄関で元次郎のポスターを見ている人がいた。白い洋服を着て、顔も真っ白に厚化粧し、頭髪もブロンドに染めてきれいにセットしたメリーさんだった。

「メリーさんしばらく」目と目が合ったメリーさんはにっこり笑ってくれた。「しばらく」と挨拶してもメリーさんは私のことなど知るはずがない。

私がメリーさんと初めて出会ったのは二十年前、高島屋の家具売り場だった。売り物のベッドに腰かけていた白ずくめの彼女を見た私は、マネキン人形かと思い近づいて驚いた記憶がある。メリーさんはそこでコックリコックリ居眠りをしていた。それから時折、夜の街で何度か出会った。横浜に古くから住んでいる人々はみんな彼女を見知っていて、かなりの年齢ということだった。私はなぜか彼女が気になっていた。いつか話を聞いてみたいと思っていた。

唐突に登場したメリーという人物。彼女に関する記述はこれで全部だった。理解の助けになるような説明がなく、姿形も人となりもまるで分からない。どうやら横浜に住む人たちにとって説明するまでもない有名人らしい。妙に気になった。

一九九七年のことである。

メリーさん関連のオーソリティーが会したジャズ・フェスティバル

広々した野球場で盛大にバーベキュー。ちょっと離れたステージでは、一流のミュージシャンたちが気持良さげに演奏している。こんなリラックスムードでジャズを聴けるイベントは珍しい。夏の終わりを告げる「本牧ジャズ祭」は、堅苦しさがないのが良い。

一九八一年からつづくこのイベントにやって来たのは、取材のためだった。『横浜ローザ』（脚本・杉山義法、初演一九九六年、東京・三越劇場）という舞台で主役を演じる五大路子にインタビューの約束を取り付けたのだ。白塗り老娼婦のメリーさんを描いたこの作品は既に再演を重ねており、彼女のライフワークとなっていた。

元次郎さんの手記を読んでから三年の月日が経っていた。なかなか捉まえられない五大だったが、この年の「本牧ジャズ祭名誉実行委員長」に任命されていたため、終日会場にいるという。そこで人を介して短い取材を了承してもらったのだった。

夏服を着た五大は本部テントにいた。しかし「メリーさんを見たとき、『私を見てどう思う？』と問いかけられた気がしたんですよ」「握手したとき、手が冷たくてね」といった当たり障りのない話をひとしきりすると「メリーさんの話は私にとって大切だから、ここではちょっと話せません。あとで質問表をファックスして下さい」と言って切りあげられてしまった。

半ば空振りに終わった取材だが、このイベントに来たのもなにかの縁だ。私は入場料を払わぬまま、それとなく会場を散策した。持ち込みしたテントやバーベキューグリルを中心にあちこちで人の輪が出来ている。ジャズ・コンサートの割にはラフな格好をした観客が多い。最前列で踊っている人がいる一方で、ひたすら箸を動かす者、お喋りに花を咲かせる者、日陰で本を読む者、音楽を枕に昼寝を決め込む者まで、それぞれが自由気ままなスタイルで楽しんでいた。

あるテントに目が引き寄せられた。なんとなく華やいでいる。横浜のローカル有名人が集まるテントだった。たまたま五大に引き合わせてくれた方が居合わせたため、私はいろいろな方に紹介してもらう機会を得た。評論家の平岡正明さんや八〇年代に一世を風靡したバイクチーム「ケンタウロス」のボスなど、雑誌で知った顔が多かった。

いま思い返して感慨深くなるのは、メリーさんを追っていたクリエイターたちがその場に集結していたことだ。

彼女の写真集『PASS　ハマのメリーさん』（フィルムハウス、一九九五年）を発表した森日出夫、後に映画『ヨコハマメリー』を撮り上げる中村高寛、そして五大路子。ほかにもまだ誰かいたかもしれない。僭越ながら私もこの列に加えさせてもらうならば、メリーさん関連のオーソリティーが顔を揃えた最初の日ということになるだろう。

この当時の中村監督は「中村高寛」ではなく「中村隆之」と名乗っており、顔も身体もふっくらしていた。中国の映画学校に留学中（北京電影学院に一九九九～二〇〇一年まで）で夏休みを利用しての一時帰国中という身分。「二年前にメリーさんの映画を撮影し始めたものの、留学してしまったので一時中断しています」と言う。まさかメリーさんをテーマにしてこれから作品を作ろうと考えている人間がほかにもいるとは思わなかったので、少なからず驚いた。

並んでいっしょに肉を焼きながら、あれこれ話をした記憶がある。このテントに集まっていた人たちは平均年齢がかなり高めだったため、当時まだ二十代だった我々は年が近いもの同士話をするように、大人から仕向けられたのだと思う。中村監督に中国の学校に決めた理由を訊いたところ、あまり知られていないものの中国では優れたドキュメント映画がたくさん作られているから、とのことだった。

数カ月して一度だけ中村監督にメールでメリーさんの情報を教えてもらった。彼が書いて寄こしたのは、清水節子がドキュメント映画を撮影中に目撃したエピソードだった。

メリーさんの立ち振る舞い等についてですが、

‥地下鉄関内駅で、ベンチに座って電車を待っている時、小さいウイスキーボトルを出して飲み、飲み終わるとため息をつきながら、目の前にある色々な広告の看板を端から端まで舐めるように見ていた。

‥高島屋のピアノ売り場で、「海は広いな」や「バラが咲いた」などの童謡を、片手でというより一本指で弾きながらささやくように歌っていた。

‥高島屋の洋酒売り場で、ウイスキーのビンのラベルが曲がっているのが嫌みたいで、きっちり自分で並び変えていた。店員さんの話では、よくきてやっているとのこと。

こうして私の取材は第一歩を踏み出した。二〇〇〇年八月二七日のことだ。

元次郎さんの自宅で起きたこと

メリーさんの写真を初めて目にしたのは、取材を開始して何カ月か経ってからだった。まだ元次郎さんに会う前だったと思う。それまで私は目撃談を読みながらあれこれ想像を巡らせていた。そして「外国人専門娼婦というくらいだから、すらっとした美人にちがいない」と考えていた。ところが実際の彼女は一四〇センチ程度しかなかったし、アイラインは黒々しすぎた。出会い頭に目が合ったら、ぎょっとなりそうだった。

私たち一家は、横浜ではあちこち転々と住み変わった。中でも、一番強烈だったのは、中華街の中に住んだ時である。しかも『レッドシューズ・ア・ゴーゴー』というゴーゴー喫茶の2階に、である。

床下からは、毎夜音楽がドンドコドンドコ響いてくる。路ばたではチンピラや酔っ払いが騒いでいる。棒切れを振り回しながら私たちを追いかけてくる浮浪者。マドロスとキスして抱き合っている外人相手の娼婦。今でも思い出すのはメアリーさんという〝白ぎつね〟の異名を持つ娼婦である。この人は、白いミンクのコートを着、手足まで白く塗りたくり、全身真っ白。そんな人が夜の闇の中に、ぬっと立ってるんだから怖いったらない。

この街の穢らわしさを私は憎んだ。私の父はアメリカ海軍将校だったし、妹と弟も混血だし、その中華街のふしだらさは、何か自分の最も嫌なところを鏡に映して見せつけられているような気がしたのだと思う。（荒木経惟／桐島かれん・著『恋愛』扶桑社、一九九一年）

メリーさんの風貌は異形だった。しかし多くの人たちが証言するように、物腰からは気品と威厳が立ちこめ、軽々しく声を掛けるのはためらわれるほどだった。

そんなメリーさんにもっとも近づいた人物の一人が、前述の永登元次郎さんだった。

元次郎さんは京急線の日ノ出町駅から徒歩一分のマンションでシャンソニエ（シャンソンのライブハウス）を営んでいた。

「取材させてください」と言って電話したのだと思うが、その実、私はジャーナリストでもなければ作家でもなく、ライターですらなかった。ただ単に趣味でホームページを作っていただけだった。当時はＮＴＴが「テレホーダイ」というインターネットの夜間つなぎ放題サービスを始めて数年たった頃で、ネット人口が急拡大しつつあった。それに伴い個人でウェブサイトを開設することが一般的になった（当時はまだブログはなく、ウェブサイトは「ホームページ」と呼ばれていた）。私もその波に乗った口だった。つまり素人もいい所で、文章修行もしたことがなく、作家志望ですらなかった。学生時代に仲間とミニコミ誌を作っていた経験はあったので、多少取材をしたことはあった。と言っても完全な無手勝流で、プロがどんな風に取材しているのかは知らなかった。

そんなこんなで好奇心に背中を押されたアマチュアに過ぎなかった私に対して、元次郎さんはとても親切だった。ショートの金髪をなでつけた元次郎さんは丸顔で、ひじょうに温厚な人だった。女性のように柔らかな空気をまとい性別を感じさせない。歌い手らしく声に張りと深みがあった。

「二十年前、伊勢佐木町歩いてるじゃない？　あの格好だから、周りはメリーさんに好意的じゃなかった。頭おかしいとか。私も最初はそうじゃないかと」

だが関内ホールでのコンサートをきっかけに二人は親しくなり、週一回のペースで会っていたという。当時のメリーさんはホームレスだった。

元次郎さんは一九三八年台湾台南生まれ。このとき六二歳だったはずだ。神戸で育ったが子供の頃から歌が好きで、二〇歳のとき歌手になるため東京にやって来た。美容師だったので手に職はあった。しかし歌手になるためには作曲家に弟子入りするしかない。伝手がなかったので出会いを求め、新橋のクラブのバーテン、美少年クラブのホストなどを経験し、人の紹介で劇団員にもなってみた。しかしチャンスは訪れない。やがて生活に困り、多摩川を越えて川崎の堀之内で男娼になった。夜の女たちにまじって街角に立った体験から、メリーさんの境遇は他人事とは思えなかった。

シャンソンというジャンルには娼婦をテーマにした歌がいくつもある。だからシャンソン歌手が娼婦に関心を寄せるのは自然な成り行きと言える。

さらに終戦後の混乱期、「パンパン」[2]と呼ばれた街娼たちと男娼の間には信頼関係が構築されており、暴力沙汰になるとパンパンたちは男の力を借りず男娼の力を借りていた、という歴史的経緯もある。元次郎さんとメリーさんの結びつきはある種の必然性を感じさせるものだった。

元次郎さんから最初に見せられたのはＴＶＫ制作のドキュメンタリー番組『横浜ローザ　失われた時を求めて』（一九九八年八月九日放送）の録画ビデオだった。五大路子の再現ドラマを交えた番組だったと記憶している。ビデオを見せながら説明してくれるインタビュイーというのは珍しい。後にも先にもこのときだけである。

「年老いて生活に困っているのでは」と「お花代」と書いた祝儀袋に一万円ずつ入れてメリーさんに渡していた、と元次郎さんは語る。彼女のことは「西岡さん」とよんでいたそうだ。

「私宛の手紙にそう書いてあってね。多分結婚していた時期があって、旦那さんの名字が西岡だったんじゃないかしら」

メリーさんはしばしば世話になった人に礼状を認《したた》めているが、差し出し名は「西岡雪子」だった。むろん本名ではない。

元次郎さんはメリーさんから「先生」と呼ばれていた。「歌の先生」という意味らしい。

メリーさんの資料を小まめに残していた元次郎さんは、出会いや交流の日々を書いたエッセイ、写真、会話を記録した音源まで持っていた。お借りしたカセットテープを再生すると、つくったように甲高いメリーさんの声が聞こえた。

元次郎「西岡さんしばらく。お元気でした？」
メリーさん「ええおかげさまで」
元次郎「風邪もお引きにならず良かったですね。ずいぶん肌寒くなってきましたね」
メリーさん「本当に。端境ですものね」
元次郎「いつ頃いらしてたんですか？」
メリーさん「朝早くね。絵を描いていたの。難しくてね」
元次郎「今からフランス語習いに行くんです。西岡さんは（ずっと外国人専門だったから）英語堪能でしょう？」
メリーさん「そんな。少しだけですわ」
元次郎「温かいスープをどうぞ」
メリーさん「センキュー。私ね、高等女学校で和裁の勉強していたの。お作法もよ」
元次郎「最近では和裁出来る人、少なくなりましたね」
メリーさん「ほんとうにね」
元次郎「西岡さんはとても上品だし、多分昔の女学校お出になってると思ってたんですよ。誰でも入れなかったんでしょう？　難しくて」
メリーさん「（照れながら）ええ、そうね」

この原稿を書いているときに聞いた話だが、元次郎さんは行くあてがなくて困っている人の世話を随分焼いていたらしい。若い頃、東京で金を騙し取られ男娼にまで身を落とした体験から、黙って見ていられなかったのだろう。

私は四、五回彼の家に通った。彼の自宅はドア一枚隔ててシャンソニエの「シャノアール」と繋がっていた。しかし当時の私は「シャノアール」には足を踏み入れず、直接元次郎さんの自宅を訪ねていた。訪問時間は夜九時とか十時で、二時か三時ごろまでいたと思う。

私は生業として取材に臨んでいたわけではなかったが、本気で取り組んでいた。やるならばプロに引けを取らないものをつくりたいと思っていた。というのはSNSもオウンドメディアもウェブマガジンもなかった当時のネット空間では、プロもアマチュアも同じリングで戦えたからだ。良いものをつくれば、プロの目に留まる時代が始まっていたのだ。そんな私に元次郎さんは真摯に接してくれた。私にとって非常に居心地のいい場所だった。

当初私は元次郎さんの生き様に興味を持っていた。だから彼の話を書こうと考えていた。ところが元次郎さんはこんな風に言うのだった。

「私の人生は平坦ではなかったけれど、最終的には良いようになった。でもメリーさんはちがう。若い頃はいい思いをしたはずなのに、最終的には落ちぶれてしまった。ハッピーエンドな私の人生よりも、メリーさんの話の方が絶対面白いから、メリーさんにした方がいいわよ」

事あるごとにメリーさんの話をする元次郎さん。元々メリーさんのことが気になっていたこともあり、取材の目的はメリーさんに方向転換していた。

元次郎さんの話してくれたメリーさんの物語はほとんど完璧だった。故郷を出た経緯、兵庫の料亭に仲居として入ったこと、そこが米兵の慰安施設だったこと。将校専用だったのでオンリー（愛人）になって贅沢な暮らしをしたこと。朝鮮戦争が始まる前年に彼が東京へ転属になったこと。いっしょについて行って国会議事堂裏のグランドホテルで暮らしたこと。朝鮮戦争が終わると彼もアメリカの家族のもとへ帰っていったこと。独り残されたメリーさんはすでに三十代半ばだったこと……。

流れるように、メリーさんの来歴を話してくれた。まだメリーさんの身の上話はネット上に上がっておらず、本も出ていなかった。元次郎さんはさまざまな所から聞き集めたことをまとめたようだが、整合性もあり、そのまま書き留めれば原稿になると思った。わけない作業である。私は彼の所に行くたびに細かい質問を重ね、図書館に足を運んで資料を補完した。

そんな私の足が「シャノアール」から遠のいたのは、元次郎さんから抱きつかれたことが原因だった。じつは来る度に「泊まっていけばいいのに」と言われていたのだが、そういうことだったのだ。それ以来、私は元次郎さんとの距離をどう取ったらいいのか分からなくなった。三十数枚にまとめ上げた原稿を見せて「よく書いたわねー」と言われた記憶はある。しかしそれ以来、元次郎さんの所に行くことはなくなった。「シャノアール」を再訪したのは、ずいぶん後のことだ。

2　太平洋戦争後の混乱期に現れた進駐軍相手の街娼のこと。派手な化粧と明るい原色の洋服が特徴だった。日本は国策として進駐軍相手の慰安所をつくったが、GHQにより半年程度で解散。そこで働いていた女たちが路上に溢れ出たのがはじまりとされる。
終戦直後はおろか、一九五〇年を過ぎてもまともな仕事の絶対量自体が少なく、雇用は男性が優先された。移動証明書がなくても女性が働けるところはパチンコ屋と赤線くらいしかなかった。都会に出ても仕事にあぶれ、生活のために娼売に走った女は大勢いたと思われる。

メリーさんの本を書けるだろうか?

私は自分の原稿に「さよならメリーさん」というタイトルをつけ、ネットにアップした。二〇〇一年一月のことだ。ずいぶん前のことなので正確なアクセス数は覚えていない。サーバーを変えながら十年近く公開していたので累計で五〇万ビューか七〇万ビューくらいにはなっていたはずである。

ウェブサイトの最終ページにアンケートフォームを設け、作品の感想やメリーさんの思い出話を募ったところ、次から次へとかなりの数の投稿が寄せられた。投稿は「三十代女性　横浜在住者」のような匿名形式にして原則すべて公開した。したがって時を追うごとに私のウェブサイトはどんどん充実していった。

情報が集まってくると、それに負けない高品質なテキストにしたくなった。私は何度か原稿を改訂しボリュームを膨らませていった。友人の伝手で取材をすることもあったし、聞きかじった話を元に掘り下げることもあった。しかし増えたのは主にメリーさん以外の部分だった。横浜には開港以来、外国人相手に色を売るミナトの女たちがいた。戦後は基地の町として負の歴史も背負っている。メリーさんを理解する上での基礎知識として、そのあたりの裏面史を充実させていったのだ。

この頃はまだ、これが半面の理解でしかないことに気づいていなかった。メリーさんを横浜の歴史と結びつけて理解するだけではダメなのだ。

そうこうするうちに五年の月日が流れ、「本牧ジャズ祭」でいっしょに肉を焼いた中村監督の映画がようやく封切られた。『ヨコハマメリー』というタイトルだった。

この映画はドキュメント作品としては異例の大ヒットをとばした。映画館のみならず伊勢佐木町商店街も潤す結果となり、メリーさんは死して一躍時の人となった。街の名物婆さんだったのが、全国に知れ渡るまでになった。

その影響は私の所にも及んだ。ある編集者が「メリーさんの本を書きませんか？」と打診してきたのだ。映画公開の年、二〇〇六年秋のことである。

その編集者はフリーランスで「元いた会社も含めて三つの会社とパイプがあります。任せて下さい」と宣言した。

じつはこの年、私のつくった別のウェブサイトが書籍化されており、自分には本が書けることが分かった。そのときも編集者からのオファーがきっかけだった。私は「もし本になるならメリーさんの本が先になるだろう」と考えていたため、ようやく届いたオファーに自信を持った。

しかしメリーさんの物語は『ヨコハマメリー』でやり尽くされた感がある。本を書くのであれば、他人の作品の真似はしたくない。二番煎じは御免である。誰が見ても『ヨコハマメリー』とはちがう、と分かる切り口で書けるだろうか？

確かに映画の中で彼女の半生や身元は明らかにされていない。しかし彼女の足取りは裏の取りようがなく、客観的な調査はほとんど絶望的だと思えた。まだ打つ手はあるだろうか？

私には確信があった。

『ヨコハマメリー』のラストシーン。老人ホームで紫色の服をまとったメリーさんが慰問公演に訪れた元次郎さんの歌にじっと聴き入る。笑みを浮かべ、何度も何度もうなずきながら。厚塗りの白粉を落としたメリーさんはとても幸せそうに見えた。

少なからぬ観客の胸を熱くしたであろう美しい情景。でも私は別のことに気を取られていた。素顔のメリーさんはとても上品で、充分すぎるほど育ちの良さを感じさせた。ところが彼女を囲む入所者たちはみな垢抜けず野暮ったかったのだ。晩年のメリーさんは「横浜に帰りたい」と漏らしていたそうだ。都会から出戻ったメリーさんは田舎の老人ホームになじめず、さびしく思っていたのではないだろうか。

メリーさんと周囲の老婆たちとのギャップ。そこに突破口があると思った。

「カメラに映っていない部分がどうなっているのか」ということも気になった。あの老人ホームは彼女の実家からどの位離れた場所にあるのだろうか。

なんらかの事情により、ふるさとに帰っても実家にはいられなかったメリーさん。実家からの距離によって彼女の晩年の印象は変わってくるだろう。

もうひとつ感じたことがあった。それは「裏切られた」という思いだ。

じつは元次郎さんは「みんなで『メリーさんのことをそっとしておいてあげましょう』と言っているのよ」と語っていた。私が彼女の故郷を訪ねなかった大きな理由のひとつは、元次郎さんのこの言葉があったからだ。友人として故郷に帰った彼女を訪ねるのであれば分かる。自然なことだ。しかしそれを映画に撮ってしまうのはどうなんだろう。

元次郎さん、そっとしてあげるはずじゃなかったの？　あれはないよ。

そんな気がして裏切られたと感じた。

その元次郎さんは、映画の完成を待たずに癌で亡くなっていた。それだけではない。映画が公開されるまで知らなかったのだが、二〇〇五年の一月一七日にメリーさんも亡くなっていたという。死因は心臓発作だった。

私の心は動いた。じつは元次郎さんからメリーさんの実家の場所を聞いてはいたのだ。いままでは素人が手慰みに書くために、わざわざ引退した娼婦を訪ねに郷里まで行くということへの後ろめたさがあった。しかし二人が亡くなったことで自重する理由がなくなった。

さらに別の心配事も解消された。初めてメリーさんの写真を見たとき「落胆した」という話を書いた。もし老人ホームで生身のメリーさんに会ったら、イメージが完全に崩れ去ってしまうかもしれない。そう思うと怖かったのだ。

私は横浜幻想の一端に触れたいだけだ。私の関心は生身のメリーさん自身よりも、むしろメリーさんの周りで起きているさまざまな現象の方に向いている。私にとってメリーさんは生身の人間というよりも、捉え所のない抽象的な存在なのだった。

『ヨコハマメリー』の後追いである以上、似た内容にはしたくない

メリーさんが過去を語らない人だということは、元次郎さん経由で聞いていた。彼女と付き合いの長い人物は何人かいたが、誰一人として身の上話を聞いた者はいないのだ。断片的に過去が語られることはあったが、追求されると口を噤んでしまう。その断片的な話も半分はデタラメだった。

しかし故郷に足を運ぶことで、何か見えるかもしれない。ふるさとが彼女の人生にどんな影響を与えたのか。人格形成にどう作用したのか。メリーさんの心象風景が見えてくるかもしれない。結局彼女の故郷に三回足を運んだ。滞在日数はのべ十二日間である。しかしその話は一旦後回しにしよう。

本を書く上で考えたことは、独自調査で新しい証言者を見つけ出さなければならない、ということだった。

「さよならメリーさん」は元次郎さんから聞いた話がベースになっていたため、元次郎さんからみたメリーさん像が打ち出されていた。当時メリーさんをモチーフにして作品をつくっている人たちは、既に何人かいた。元次郎さんはそうした人たちと情報共有していたため、元次郎さん周辺の人々はみな同じようなカラーの作品をつくっていた。それは『ヨコハマメリー』にも言えることだった。

実は『ヨコハマメリー』に出てくるエピソードは、後述する「根岸家」なども含めそのほとんどが元次郎さんの話に出てくるものだった。したがって『ヨコハマメリー』を鑑賞したとき、私は取材の答え合わせをしているような気分になった。

もしかしたら中村監督が自力で取材して元次郎さんにフィードバックした情報もあったかもしれない。しかし私が元次郎さんの許に通っていた二〇〇〇年当時、中村監督はまだ中国に映画留学しており、本格的な取材や撮影はほとんど出来ていなかったはずだ。本牧での出会いも、夏休みの一時帰国中の話だった。

『ヨコハマメリー』の後追いである以上、似た内容にはしたくない。それはつまり元次郎さんからの「親離れ」の必要性を意味した。

既にウェブの読者から膨大な体験談が寄せられてはいたが、最初に手ごたえを感じたのはネットではなく、雑誌からの情報だった。フリーライターの末藤浩一郎さんの記事である。

末藤さんの存在を知ったのは太田出版の雑誌『Quick Japan Vol. 5』(一九九五年一二月)で、彼はそこにメリーさんのレポートを寄稿していた。

末藤さんの居場所はインターネットで突き止めた。現在は消息不明になってしまったが、当時彼は横浜港の大桟橋の袂でちいさなマッサージ店を経営していた。太田出版からメリーさんの本を出す話もあったそうなのだが、メリーさんに圧倒されて取材をつづけることが出来なくなり、ライターを廃業したのだという。

私は二〇〇七年二月に末藤さんに会いに行った。東京の仕事先から夜道をバイクで飛ばしていたところ、突然の雨に見舞われた。雨具はない。本当は雨宿りしたいところだが、約束の時間に間に合わなくなってしまう。仕方がないので、かるくタオルでぬぐっただけのずぶ濡れのまま末藤さんの店に飛び込んだ。初対面の取材だから、最悪である。

末藤さんは内心呆れていたはずだ。しかし落ち着いた声でこんなことを言った。

「私がこの仕事を始めたのは、人の心理状態が見通せるからなんですよ。マッサージは自分のそういう部分を活かせる仕事だと思って始めたんです」

そうしてずぶ濡れのまま駆け込んだ私を静めるように、呼吸法のコーチングをしながらハーブティーを出してくれた。まるでヒーラーのようだ。

「落ち着いてきましたか？」

末藤さんは話し始めた。

「メリーさんは狂気と正気の紙一重の状態。まったく正気でもない。ダークサイドでもある。そういう人は人を惹きつけるんですよ」

立ち続けることこそメリーさんなんだ

「あの記事は一晩中メリーさんの様子を観察しながら書きました。メリーさんは娼婦ということもあり、聖と俗の境界線、あるいは生と死の境に立つ存在だと思いました。道路にすっくと立つ姿は、まるで聖女のようで。

私が記事を書く前に、すでにミリオン出版の実話雑誌『GON!』に彼女の記事が出ていました。そこに『メリーさんは『午後の紅茶』が好きだ』とあったので、『午後の紅茶』のレモンティーを渡した所『白いのがいいの』と言われてしまって。ミルクティーを買い直したら、今度は素直に受け取ってくれました。

それからずっとメリーさんを見ていたのですが、大分時間が経ってから『どなたかお待ちになっているんでしょ。その方にあげてください』と言って紅茶を返されてしまいました。『施しは受けないという風にも取れたし『気を遣ってくれた』とも、他の意味にも取れましたね」

末藤さんはつづけて言った。

「背中が曲がっていて両足は大きく開いて歩いていました。きっとそうしないと身体を支えられなかったんでしょう。服も靴も汚れていたし、生臭かった。一部の人が言うような香水の匂いではありませんでした。メリーさんの写真集を出している方がいますが、大分メリーさんを美化して撮っていると思いました。

だけどおばあさんにも見えないんです。白塗りのせいもあって、なにか超越的な存在でした。メリーさんを見て感じたことは『楽しそうにしている』ということ。声と笑顔がやけに印象的で。『GMビル』という雑居ビルのエントランスの、ライトの当たる場所を選んで立っていましたね。まるでスポットライトを浴びているかのようでした。あそこはメリーさんにとって、ステージだったんですよ。あの化粧や服も舞台衣裳みたいですし。

巷で言われているように『ホームレスになってしまって、仕方なく寝場所を確保するために……』

ではなく、主体的にここを選んだんだ、と感じました。仕方なしに、という感じは受けませんでした。

GMビルに来るほとんどの人がメリーさんに声をかけていて、日本人の酔っぱらいが『カム・ヒア・メリー！』なんて言って。GMビルは外国人ホステスが働くクラブが多いのですが、メリーさんは彼女たちとも英語混じりの日本語で話していました。その光景は、まさに戦後そのもの。

『ここは、いつの時代のどこの国だろう？』と思わずにはいられませんでした」

「メリーさんはお客さんたちをエレベータに乗せては見送っていました。そして三十代以上の中年男性を選んでは『これでどう？』と手真似で金額交渉しながら、客引きをしていました。僕のことはタイプではなかったようで声はかけてもらえませんでした。もし誘われたら、応じようと思っていたんですが。

メリーさんに話しかけようとしたら、ビルの飲み屋のお客さんが『だめだめ。これだから』とこめかみの横で人差し指を廻していました」

「驚いたことに、メリーさんは決して座り込みませんでした。GMビルには手頃な階段もあることだし、人がいない時間帯であれば座っても良さそうなものですが、彼女は丸一晩、ただの一度も腰掛けなかったんです。手すりに顔を伏せるようにして身を休めることはありました。でも絶対に座りません。逆に見ている僕の方が疲れてしまい、なんども座り込んでしまいました。

『立ち続けることこそメリーさんなんだ』

これが一番の印象です」

街に君臨するヤクザにメリーさんのことを尋ねてみた

メリーさんが立っていたGMビル（二〇二三年に解体）は福富町のど真ん中に位置していた。この町はいわゆる歓楽街で、ソープランドが多い西通、バーやクラブの仲通、レストランなど普通の店が並ぶ東通と三つのエリアに分かれている。GMビルは仲通だ。

GMビルのエントランス

歓楽街と言っても赤坂や六本木のような金と欲望でギラギラした感じではない。煤けたコンクリートと哀調を帯びた電飾の輝き。時間の流れから取り残されたような野暮ったさ。韓国やロシアの店も多く、まれに日本語の通じない店もある。目に付くのは異国の女性、黒い服に身を包んだ客引き、水商売風の女性を連れて歩く男たち。違法カジノの摘発事件が繰り返し起きていることもあり、ちょっと近寄りがたい。

そんな妖しさと昭和の匂いとアジアの混沌とが泥臭く同居するのが、メリーさんを取り巻く世界だった。高級志向で白人専門だったと言われるメリーさんが立っていたというには似つかわしくないようでもあるし、行き場をなくした女にふさわしいようにも思える。

水商売のテナントばかり入った白亜のGMビルは、ヨックモックの菓子のように上品でかわいらしかった。天井にはめ込まれた巨大な鳳凰のステンドグラスに照らされて、地下へと渦を巻きながら落ちていく白いらせん階段。一九七四（昭和四九）年という昭和のまっただ中に竣工したビルだけあって、装飾が絢爛だった。街明かりが灯ると、メリーさんはこのビルの入口にすっくと立った。都市という劇場において彼女が輝くのにふさわしい舞台だった。

ここを縄張りにしていたのが、稲川会系暴力団林組である。

GMビルがどの組のシマ内なのかを調べるのは簡単だった。鎌倉街道を挟んだ伊勢佐木町の反対側に中郵便局がある。その裏手付近の路上にいつも数名のヤクザがたむろしているので、直接質問したのだ。横浜の中心部にはヤクザの事務所が多い。ハマっ子なら誰でも何カ所か知っているのではないだろうか。

ヤクザといえば女。街娼の多くは所場代をシノギとする地回りヤクザと接点を持っている。であれば、彼らはメリーさんのこともよく知っているはずだ。私たちが知らないような、なにか特別な情報を持っているのではないか？　なぜ誰も取材しないのか、不思議でならなかった。

二〇〇八年の八月中旬、私は林組の事務所を探すため福富町に足を運んだ。林組を興した故・林喜一郎は稲川会最高顧問だった人物で、映画や書籍で何度も取り上げられている超大物である。福富町で客商売している人であれば、なじみ深い。事務所はなんなく見つかった。

それにしてもこの事務所は規格外だった。路上に面したシャッターに二メートルはありそうな巨大な文字で「林」とペンキ書きされていたのだ。市中に君臨する王者のようである。「街に巣くう悪」などというイメージからほど遠い。逃げも隠れもしない潔い極道の事務所だった。

ここならばなにか分かるのではないか。

その日は月曜日の午後だった。定例会が行われていたらしく、黒塗りの車がずらりと駐車していた。

そのうちの一台から凄みのある組員が顔を出し、丁重に対応を断られた。

改めて別の日に出直してみた。もとはクラブかなにかだった場所を転用しているらしく、扉を開けると鏡の並んだ楽屋のような部屋だった。その真ん中で壮年の組員が仁王立ちしている。白髪交じりの五分刈り。ふてぶてしい立ち姿。年格好からして、この人に聞けばメリーさんのなにかが分かりそうな気がした。

私が来意を告げると、彼女のことは何も知らない、と期待に反する答えが返ってきた。

「あの人に客が付くわけがない。だから金を取るような真似はしなかった。逆にGMビルに行くたびに、千円ずつ渡していたよ。オレたちはみんなそうしてた。ルールみたいなもんだった」

メリーさんはヤクザから戦力外と見做され、所場代を徴収されるどころか逆に施しを受けていたのである。ヤクザがメリーさんに挨拶しているのを見た、という目撃談を聞いたことがあるが、この辺のことが関係しているのかもしれない。

「あの人のことは何も知らない。全然話さないから分からないんだよ。故郷がどこかも知らないし。オレが横浜に来た四十年前には、もういたね。福富町のメインストリートの焼鳥屋で、よく一人で飲んでたよ」

この焼鳥屋の話は初耳だった。重要な証言である。礼を言って焼鳥屋を探した。

メリーさんを見つづけた四十年

この焼鳥屋はすぐに分かった。「鳥浜」という店で、ここがメリーさんの行きつけだということは知る人ぞ知る話だった。開店したのは一九七二年。全部で十一坪しかないアットホームな店である。

メリーさんは開店当初からの常連だったという。

この店は彼女を取材する上でカギとなる場所の一つだった。長年の交流を物語るかのように、「鳥浜」の座敷席の壁には紫式部が印刷された色紙が額装されていた。余白に細くて流麗な墨跡が躍っている。メリーさん直筆の書だった。しかも下の名前だけではあるが、本名で署名が認められている。元次郎さんに対して「西岡雪子」と名乗っていたのとは対照的だった。オーナーの中川肇さんは語る。

「彼女は開店当初から九〇年代半ばまでずっと通っていました。来店するのは深夜。入り口を入ってすぐの席、カウンターの右の端が指定席です。日本酒を熱燗で一本、つまみはねぎま二本につくね一本がおきまりの注文でした。味つけは塩です。

熱燗が二本だったりするなど、たまに違うこともありましたが、頼むものは始終一貫していました。ご存じの通り有名人でしたが、周りにいる客から『ご馳走するから』と言われても、絶対に断るんです。そして会計時に小声で『困っちゃうわねぇ〜』と言うのが、なぜかかわいらしく感じられました。その頑なさが印象に残っています。三十五年以上営業してましたが、その間ご馳走になったのを見たのは、一、二回だけですね。

晩年の彼女はGMビルの前に立っていましたが、私がエレベーターに乗ると口癖のように『千円頂戴』と言われました。恵んでくれ、というより挨拶代わり、といったニュアンスだったと思います。実際にくれるかどうか問題ではなくて、とりあえず会えばそう言う、という感じです。私はずっと長い間、彼女と顔見知りだったからそう言われていたんでしょう」

「鳥浜」では近隣の店への出前も受けており、GMビルに出向くこともしばしばだった。ところが三千円の売り上げがあったとしてもメリーさんがいると二千円になってしまう。だから遠目から彼女の姿が見えたときはビルの裏口から配達していたそうだ。

意外だったのが、GMビル時代になってもメリーさんはほとんど毎日来店していたということだ。二十年も前の話なので、中川さんのなかで若干脳内補正されている可能性もある。ただ今から十年ほど前に「鳥浜」の雇われ店長に話を聞いたときにも確認したが、最後の最後まで彼女がこの店に姿を現していたことは間違いないようだ。この当時、彼女はホームレスだった。焼鳥など頼まず、もっとちがうことに金を使おうとは思わなかったのだろうか。酒だって酒屋やコンビニで買った方が安上がりだ。

考えれば考えるほど彼女の謎は深まっていく。

GMビルはすっかり彼女の縄張りのようになっていた。よく知られているように、夜はこのビルの七階で眠りについた。深夜一時頃、テナント店が営業を終えると七階にあがり、廊下に出した二つの椅子を向かい合わせに並べて横になる。店の女の子のプレゼントで「メリーさん大好き」と中国語で書いてある椅子だ。

あるとき私は店の灯りが消えたGMビルの七階に行ってみた。緑色に光る非常口のサインが唯一の光源で、あたりは一面の漆黒。冷え冷えとしたコンクリートの床。狂おしいほどの静寂。とても長居出来る環境だとは思えなかった。

不安定な生活のせいか、メリーさんは徐々に体調を崩していった。GMビルのトイレで血を吐くこともあった。

このビルに寝泊まりしていた時代は長く、エレベーターガールを買って出る姿がなんども目撃されている。酔狂なお客に抱きつかれたり、チップを渡されたりすることもあった。ビルの関係者はどう思っていたのだろうか。

「あの人は無許可で長期間寝ていたんですよ。大体二年くらいだと思います。許可を得ていた、という人もいますがウソです。私は管理人を通じて何度も追い出そうとしたんですが、頑固に居座っていたんです。

彼女をお芝居にした人がいて『天使のような目が……』『気品があって……』というけれど、なにを言ってるんだか！　あの人は売春婦ですよ。売春婦をヒロインみたいに扱って！

あの人が客を引いているところを見た人は、あまりいませんけどね。客を引くときはしつこいですよ。袖を強引に引いて。私はあの女優さんには常々抗議しようと思っていたんですよ」

だからというわけではないだろうが、メリーさんはGMビルだけに執着していたわけではなさそうだ。「鳥浜」で雇われ店長をしていた女性の証言によると、メリーさんは「鳥浜」の斜め向かいにある国際ビルの前に立つことも多かったという。フィリピンパブやキャバクラなどが入っている大きなビルで、福富町のメインストリートの角地ということもあり、ちょっとしたランドマークになっている。ここに立てば、人目につくこと請け合いである。「街角の女優」である彼女は自分の存在を印象づけることにこだわりつづけたのだ。

「鳥浜」はどんな場所だったのか

話が横道に逸れるが、「鳥浜」の歴史を紐解いていくと、メリーさんがどんな場所に立っていたのか分かって興味深い。

「福富町で商売していると他業種との交流がほんとうに多いんです。常連客や同業者だけでなく、ヤクザも含めた交流がありました」と中川さん。

ヤクザは土地にしがみついて生きている。彼らは自分のシマでいい顔を見せたがるので、手持ちがあると必ず派手につかう。そうした金で街も飲食店も潤っていく。

「鳥浜」に足繁く通った客の一人が、稲川会系の林一家組長・林喜一郎だった。東映映画『修羅の群れ』（一九八四年）の「林俊一郎」のモデルである。無数の武勇伝や伝説があり、若い頃は近寄りがたい威圧感を撒き散らしていたという。

「鳥浜」に飾られていたメリーさん直筆の色紙

「晩年は穏やかな感じで、見た目は一般人と変わりませんでしたが、酔うと眼光が鋭くなるんです。毎日のれんを掛ける前にやって来て『冷たいのおくれっ！』と生ビールを呑んでいかれました。

『お前も若い時から頑張ってきたよなぁ？』と言っていただいたことが印象に残り、忘れることが出来ません。

ヤクザの世界では、偉くなったらどんなに近くに行くときでも車で移動するのがふつうです。でも『鳥浜』にはかならず歩いてきました。組員を四、五人引き連れてね。表に二人、中に一人見張りをつけるんです。滞在時間は短いときで十五分。長いときで一時間くらい。林会長が店にいるときには、営業時間になってものれんが出せなかったので困りましたよ。

ビールはつまみなしで一杯だけ。それまではジョッキを冷やしていなかったんですが、会長へのサービスとして冷やし始めました。いまでは当たり前のサービスですけど、その当時はまだあまりやっている店はありませんでした。うちにとってジョッキを冷やしはじめるきっかけでしたね」と中川さんは回想する。

メリーさんは林組をはじめとした地元のヤクザにも知られた存在ではあったが、遅い時間のお客だったため、あまり居合わせることはなかった。店内で顔を合わせても会釈する程度。まれに酔って話しかけるヤクザもいたようだが、トラブルになったことがないので印象に残っていないと中川さんは言う。

この店に出入りしていたのはヤクザだけではない。たとえば東南アジアのホステスと男性客の組み合わせが、同伴とアフターで飲みに来ることが多かった。女の子の方が上手で、男から金だけ引っ張り出してしまう、などというネオン街らしい光景がたびたび繰り返された。

ソープランド全盛時代には、この店はソープ嬢のたまり場だった。「鳥浜」には全部で二〇席しかなかったが、一席だけ残して全部「お風呂のお姉さん」で埋まったこともあるという。そのときは店の中がなんとも形容しがたい独特な雰囲気になり、扉を開けたお客は一歩足を踏み入れただけですぐさま逃げだしてしまったそうだ。

彼女らのお目当てはホストクラブなので「鳥浜」で羽目を外すことはまずなかったようだが、それでも飲む勢いはすごかった。ときにはホストたちが来ることもあったということで、夜の世界にどっぷり浸かった場所だったことが分かる。

「『鳥浜』には音楽関係の常連さんも結構いました。市内の『箱バン（クラブやレストランなどと一定期間契約して演奏するバンド)』の人たちは、大抵来たことがあります。数回だけですが、柳ジョージやミッキー吉野も来たことがありますよ。

店の従業員も徐々に入れ代わってバンドマン崩れが多くなってですね、いつのまにか音楽業界から『「鳥浜」はバンドマンの墓場だ』とまで言われるようになってしまいました」

物言わぬ「静のイメージ」がつよいメリーさん。エネルギッシュで騒がしい水商売の世界とは水が合わない気がするのだが、これは偏見だろうか。夜の街に立ち続けたメリーさんにとって、ネオン街は案外居心地良い場所だったのだろうか。

白粉が落ちて、ストレートティーがミルクティーのように

ところで中川さんとメリーさんの付き合いは、「鳥浜」の開店以前にまで遡る。中川さんの両親は横須賀のドブ板通りで米兵相手の商売をしていた。その関係で中川さん自身も十代の頃から飲食店を経営していた。「鳥浜」の前に手がけていたのが、親から受け継いだドブ板の喫茶店「ポニー」。そこにメリーさんが通っていたのが、そもそもの馴れ初めだった。私が知りうる限り、彼女の横浜時代と横須賀時代を両方知っているのは中川さんだけだ。

メリーさんが注文するのは、いつもストレートティーだった、しかし頼んでも飲むことはない。座席で紅茶を置いたまま、かならず化粧直しをするのだ。すると白粉が落ちて、ストレートティーがミルクティーのようになってしまうのが常だった。

見兼ねた店員が紅茶を換えてあげると「ありがとう」と言って素直に好意に応じる。周囲からどう見られようとお構いなしの姿勢は、この頃から一貫していた。

『ポニー』はふつうの喫茶店でしたが、『ビンゴゲーム（ピンボールやスマートボールのようなゲーム）』導入を境にゲーム喫茶のようになりましてね。そうしたら彼女は来なくなりました。昭和四〇年代後半のことだったと思います」

横須賀にせよ、横浜にせよ、流れ者の多い街である。必然的に「マレビト」とか「異人」とでも呼びたくなる人々を目にする機会は増える。横浜の街角の有名人代表をメリーさんだとするならば、対する横須賀のそれは「サイパン」である。戦後のドブ板通りに大勢いたという米兵相手の靴みがき「シューシャンボーイ」。その最後のひとりだ。このサイパンも「ポニー」の常連だった。

モジャモジャ頭に大きな目玉。割と小柄で人なつっこく、人を騙すより騙される性質だった。商売道具を入れた小さな木箱を抱えて現れるや、路上のみならずバーやナイトクラブのなかでも靴磨きを始めてしまう。ところが、それを大目に見てもらえることから伝説化していった。

あだ名の由来は「俺はサイパンの大地主の息子なんだ」とほらを吹いていたため。実際は山形出身でサイパンからの引き揚げ者だった。晩年は酒に溺れ、米兵にからんでは殴り飛ばされるすさんだ日々を送った。そして一九八一年一月、ドブ板の路上で倒れて冷たくなっているのを発見された。四八歳だった。

「話が前後しますが、親から受け継いだ『ポニー』を改装して『エレクトリック・レインボー』っていう外人向けライブハウス兼ロック喫茶にしたんですよ。私がハタチになる前のことです。この店にサイパンも来てましたね。『ポニー』のときも来てたんで、同じ気持ちでいたんでしょう。『今は客層が違うから』と言っても、『シューシャイン?』って言って店内で靴磨きを始めるんですよ。しかも客がついちゃうんです。参りましたよ。もうその頃は昭和五〇年代になっていたはずです」

サイパンは「鳥浜」にも姿をみせた。靴磨きを本業としながらも、ポン引きや輪タク（人力車を改造した自転車タクシー）こぎ、はては二重スパイや脱走兵の手引きまでこなしていたといわれるこの人物は、遊びにかなりの金を使っていた。

「サイパンは横浜や東京にも遊びに行ってましたね。『鳥浜』にもスーツをビシッと決めて来ることがあって。サイパンは子供の頃からの顔なじみですが、横須賀ではスーツ姿をみたことがなかったので、びっくりしましたよ」

メリーさんの影に隠れがちだが、現在のように無菌化がすすみ社会から陰翳が薄らいでいく前は、不思議な人々を見かける機会が少なくなかった。社会には彼らの居場所もあったし、懐の深さもあった。そうした人々を目にすることで、子供たちは通り一遍の教育では知り得ない社会の一側面を知った。メリーさんやサイパンはそうしたことを思い出させてくれる存在だ。

中川さんは高校を中退して商売を始めたため、同年代の少年たちと比較して大人になるのが早かった。とはいえやはり十代である。見るからに若い。若いというより、まだ子供に見えた。だからメリーさんから「僕ちゃん」と呼ばれていたそうだ。この呼び方は最後まで変わることがなく、白髪が目立つようになった中川さんが「いつまでたっても、僕ちゃんなんだね」って言って笑ったのが彼女との最後の会話となった。

現在「鳥浜」は福富町の商売仲間に売ってしまったため、のれんはそのままだが、別の店になっている。店の奥には外タレのサインなど中川さんの私物を置いたまま。他人から見ればガラクタだが、中川さんの思い出がたくさん詰まっている。そのなかにメリーさんの色紙もあるという。

ジャズの音を背に立つ皇后陛下

横須賀でメリーさんを見かけたのは中川さんだけではない。元次郎さんのメモによると、メリーさんが横須賀に現れたのは昭和三一年。三五歳のときだ。

若者の定番ファッションとして根強い人気を誇る「横須賀ジャンバー」、通称「スカジャン」を発明した店として有名な「プリンス商会」のご主人はこんな風に話してくれた。

『皇后陛下』のことを調べに来たんですか。確かにいましたね。白い服を着てふらふらしてましたよ。この辺りでは有名でした。将校しか相手にしないんです。(街娼なのに)決まった場所には立っていなくって、現れる時間も決まっていない。ただ船が来ているときはいつもより早い時間から立っていたかな。……白い服でないときもあったけど、どんなだったかは覚えていませんねぇ」

ここでも白ずくめで目立つ存在だったのだ。羽根飾りの付いた鍔広の帽子に純白の姫様ドレス、白いパラソルに白いレースの手袋。ビーズのバッグを提げ扇を手にしたその姿は、宝塚の舞台から抜け出してきたかのよう。そうしてGMビルのときのように、自分の姿が映える場所を選んでは客待ちしていた。レコード店の店先もお気に入りの場所のひとつ。漏れ聞こえるジャズの調べは、まるで彼女のテーマ曲のようだった。

でも、なんていうのかしらね。服装が変わってるからじゃなくて、たとえば若い女の中に混じったとしても、どこか違う雰囲気……オーラ?　そういうものがあったわねえ。どっかおかしがたい気品っていうか……。皇后陛下っていうあだ名は、服装のせいだけじゃなかったかもね。

いいえ、顔はまだあんな白塗りじゃなかったわよ。むしろ薄化粧だったと思うけど、色白できれい

だったわねえ。(当時外人バーで働いていた女性の証言。山崎洋子・著『天使はブルースを歌う』毎日新聞社、一九九九年より)

同書によると、この頃から既にいろいろな伝説がささやかれていたという。夫はいたのだが東京で未亡人になったらしいとか、鎌倉に家があってそこから横須賀に通ってるとか、弟と暮らしていて彼を養ってるとか、母親と二人暮らしで、母親が死んでからもしばらく死体と一緒にいたとか、鎌倉の家で警察の手入れにあって全財産を没収されたとか……。

朝鮮戦争が始まるまで、ドブ板通りはさびしい通りだったそうだ。最盛期は朝鮮戦争時で、ベトナム戦争時にも好景気を迎えた。この二つの戦争の間、つまりメリーさんが横須賀に現れたという時代、世の中は高度経済成長期に突入し、東京は接収解除でアメリカの租界状態から脱していた。しかし横須賀は京急線・横須賀中央駅から汐入駅を経て旧・国鉄横須賀駅に至る広い範囲が租界のまま。ドブ板の賑わいようも相変わらずだったという。

ドブ板通りで「テネシー」というバーを営んでいた藤原晃さん(一九二九年生まれ)は著書『ヨコスカどぶ板物語』(現代書館、一九九一年)のなかでメリーさんに関するエピソードを披露している。

藤原　(略)昔ね、皇后陛下っていう人もいたことあるよ(笑)。
女の子A　知ってる知ってる。あんまり、体は大きくなくてね。
藤原　それがね、体格はね、七等身くらい。すらっとしてる。もの言わない。立ってる。街角があるでしょ。そこにこう、立ってるんですよ。皇后陛下の帽子かぶってるんですよ。で、メガネがね、金縁なんですよ。これ、皇后陛下のメガネだって。で、軽ーいハンドバッグか何か持ってるの。動かないの。あれ、セーラーが話しかけても相手にしない。もっと、階級が上の者じゃなきゃだめだ、って。

——見た目は何かそういう雰囲気あるわけだ。

藤原　で、そば行ってね、ひやかすんだ、ときどき。あ、皇后陛下が立ってる、敬礼！　ってやってもね。こうやって立ったまんまだよ。で、そこに三十分立ってた、と思ったら、今度、場所変えて、今度あっち。

——角に行くわけね。

藤原　それで今度、将校とか階級が上の人だとね。こちょこちょ話して、すーっとどっかへ消えてくの。だからその人の前通ると、どこに住んでる、どこで泊まってるか、一切誰も調べようがない。横須賀に住んでることは事実なんだ。あれ、十年くらい立ってたかねえ。この皇后陛下は、有名だった。ああまた立ってる、っていうの。その帽子がいつも毎晩違うんですよ。金縁のメガネかけてさ。髪の毛なんかもう真っ白でしょ。日本人が話しかけても、セーラーが話しかけても、絶対、返事しない。

——ある程度、上の人じゃないとだめ。

藤原　そう。

——若いんですか。

女の子Ａ　いやあ。もう。

藤原　あの当時で四十くらいかなあ。

女の子A　おばさんだったよ。
藤原　いわば、外パンだよなあ。街頭立ってっから。日が暮れると立つんだから。ああまた皇后陛下立ってる。それが毎日じゃないのよ。たまーになのよ。どこ行くか、どこ寝るのか、わからない。それからね、四、五年したのよ。そしたら、あるチーフの人が来たのよ。そしたら、パパさんよ、おまえ絶対人に言わないから教えてやる、って。何だ、って言ったら、実は、あいつと寝たらね、おちんちんがあった、って。俺、逃げて来た、って（笑）。
――男だった（笑）。
藤原　おかまだった、って言うんだ。

メリーさんを揶揄したオカマ話の一因がその派手な格好にあることは想像に難くない。白いドレスをまとったその姿は、ある種の人たちをして思わずからかいたくさせたのだろう。もし、「皇后陛下」の服装が地味だったならば、「このご時世にパンパンなんて珍しいな」という程度で誰も気に留めなかったにちがいない。人びとはメリーさんの容貌や体型には触れず、全身白ずくめの（老）女として伝え広める。つまり女を売る街娼だったのにもかかわらず、メリーさんの器量は問題とされていなかった。「世間の常識からはずれた人物である」ことだけが取りざたされたのだ。

藤原さんの本の中ではメリーさんのみならず「サイパン」のことも「タイガー」とよばれる人物のことも出てくる。こうした人々が活躍したのは、ドブ板が死と隣り合わせの兵士たちで殺気立っていた時代である。地元の子供たちは親から「行ってはいけない場所」だと言い含められていた。

前述の中川さんは言う。

「（ドブ板）商店街の人間は世間から冷たい目で見られるんですよ。『アメリカ相手に商売してんのか』ってね。こちらとしては『悔しいから、アメリカからぶんどってるんだ』って思って商売してたんですけどね」

米兵相手の飲食店や米軍基地従業員の収入は、日本の平均的な家庭より何倍もよかった。それに対するやっかみもあったのだろう。

ドブ板は鉄火場だった

世間の風は冷たくても、ドブ板は鉄火場だった。今村昌平が監督した『豚と軍艦』という映画がある。公開は一九六一年。基地の街に暮らすしがないチンピラの空回り人生を描いた架空の物語だが、当時のドブ板や臨海公園、安浦など横須賀の臨港地区でロケ撮影されている。基地の町特有の猥雑さやいかがわしさを掬い上げた貴重な記録だ。

「私の実家もロケ地になってるんですよ」と中川さん。

中川さん自身が映画を見ていないので、どの場面に出ているかは分からないということだが、実家はドブ板通りにある大きな一軒家で、一階に店が三軒入っていた。そのうちの二軒は母親が経営し、一軒は人に貸していた。母親の店は米兵相手の「ビーハイブ」というゴーゴーバーと「パラダイス」というクラブだった。

中川さんは言う。

「小学生の頃から店を手伝っていました。最初は掃除。バーのシートの隙間にドル札が挟まっていることがよくありました。一ドル三百六十円の時代。二十ドル札が一枚見つかれば七千二百円ですからね。当時の大卒初任給が一万五千円くらいでしたから、金持ち小学生でした。よく親に『店の掃除していい？』って訊いてやらせてもらってました。床にコインも落ちてましたし、お小遣いなんてもらったことがありませんでした。

なぜシートの隙間に紙幣が挟まっていたか、ですか？　ホステスが金をちょろまかしていたんです。外人バーはキャッシュオンといって注文の都度支払いするのですが、客の財布からちょろまかして隠していたんです。店には少し抜いた金額を渡していた。でも接客している兵隊が『ベトナムに戻ったら死ぬかもしれない』と言ってヘビーな状態で呑んでいると、ついついつき合って深酒してしまう。そしてシートに隠した金のことを忘れてしまう……という具合ですね」

外洋からアメリカの船が入ってくると、基地の町は一気に騒がしくなる。まず、どこで聞きつけたのか、着飾った女たちが次から次へとやってくる。遠路はるばる東京から来る者も珍しくない。横須賀駅は若い女たちでにぎわいを見せる。

ドブ板は特別な場所だった。あらゆる意味で現実離れしていた。よその町では、まだ街角の電柱は木製で、商店もペンキで手書きした漢字の看板を掲げていた。そんな風景が一般的だったにもかかわらず、ドブ板では派手な英字のネオンサインが躍っていた。

京浜急行の汐入駅前に町の顔ともいうべき建物があった。米軍の「ＥＭクラブ（Enlisted Men's Club＝米海軍兵員クラブ。接収前は日本の横須賀海軍下士官兵集会所）」である。このクラブ周辺の大通りには、おびただしい数の輪タク（首都圏では一九四七年に登場し、五二年頃にはほとんど見かけなくなった）が客待ちしていた。物不足の時代、自動車のタクシーなどなかったのだ。客はもちろん米兵で、ブロークンイングリッシュで交渉する。

無手勝流の英語の使い手は、輪タクの運ちゃんだけではなかった。身元の知れないポン引きやドル買い、米兵にしなだれかかって嬌声を上げる女たちも日本語混じりの英語を話した。その声に被せるように、米兵たちの怒号が渦を巻いた。

横須賀の人々は米兵相手にあの手この手でめざとく商売していた。

『ロッカークラブ』って知ってますか？　文字通り私服を入れておくロッカーを貸す店です。米兵は基地から制服（純白の水兵帽とセーラー服）でないと出れなかったので、こんな商売があったんですよ。着替えが出来て、シャワーを浴びれて一服出来るという。うちもロッカークラブを経営してました。かなり大きな店でしたよ。うちも含めて本町だけでも六軒はあったはずです。私服で出歩けるようになってなくなってしまいましたけどね」

朝鮮戦争時代の横須賀には、五千人もの女たちが集まったという。そのほとんどが米兵相手である。神奈川県全体では横浜、厚木などの基地も存在するため、総数にして一万人程度にもなったといわれる。前述の『豚と軍艦』のラストシーンも国鉄・横須賀駅に降り立つ女たちの群れだった。

一九五二年にサンフランシスコ講和条約が発効して占領が解かれると、都心から闇の女たちの姿は消えた。その代わり横須賀をはじめ、立川や成増などの基地の街に全国各地から米兵相手の女たちが集結した。

まだ日本は貧しかった。海の向こうでの生活を夢見て、金を取らずに米兵と寝る女たちもいたのではないか。

八〇年代から九〇年代にかけて基地のゲート前で待ち伏せする黒人ぶら下がりの女たちが社会問題になった[3]。ドブ板通りの商店で聞いた話によると、彼女らは米兵から金を取らないだけでなく、逆に強い円を背景に貢いでやっていたという。つまり金は必ずしも問題ではない。人はパンのみにて生きるにあらず。売春は食うのに困ってするとは限らない。

斎藤憐の『昭和のバンスキングたち』(ミュージックマガジン、一九八三年)にはこんなエピソードも載っている。語り手はミュージシャンのディック・ミネ。終戦後の思い出話だ。

(前略)女の話で言うとね、キャンプ(米軍基地)の一室で兵隊たちと遊んでたんだよ。それが9時ちょっと前になったら、兵隊の一人が枕とブランケット持って『すぐ帰って来るから』って出て行くんだよ。三、四十分すると帰って来て『ヘイ、ジム、次だよ』って言う。ジムってやつは枕とブランケットを受け取ると出て行くんだ。こいつら何やってんだろうと思ったら、基地の近くの農家のおかみさんの所へ行ってるんだ。……売春じゃないんだよ。チョコレートとか缶詰とかは持ってくんだけどね、ほら、戦後で旦那は食ってくために必死だから、夜はクタクタでワイフにサービスしてねえんだよね。それで、英語もできないのに昼のうちに『離れの納屋で9時に』なんて手真似でうちあわせておいてね。三十五、六のおばさんだけど、兵隊としたら女郎買うより素人の方がいいんだよな。農家の納屋ったって、連中だって郷里へ帰ればファーマーだしさ。気が合ったんだろう」

僕は、ミネさんの「郷里へ帰ればファーマーだ」って表現がおかしくて、吹きだしてしまった。

(前掲書)

その一方、洋娼(洋パン)たちは日本人相手の娼婦(和パン)を低く見ていた。これは基地の町の女たち特有の心理だ。この心理を丁寧に描いているのが、市川汀の実録小説『街娼記　蝕める肉体の挽歌』（朋文社、一九五七年）である。この作品は著者が少年鑑別所に勤務していたときに接した街娼たちから聞き取った内容を元にしており、当事者でないと分からない心の機微がドラマチックに描かれている。

この小説はいくつかの連作からなるが、サリーを主人公にした「最後のピューリタン」という一篇は興味深い。高級娼婦たちの描写にメリーさんの心理と通じるものがあると感じるからだ。

彼女らは身体一つで生きているからこそ、人一倍プライドが高く見栄も外聞も大事にする。そしてそれを仕切る娼家の主（パンパン・ホテルのマダム）は男に頼らず、いっしょに生活しながら彼女たちの身も心もじっと窺っている。娼家の主・りん子は「うちにはパンパンはいるけど淫売は一人もいない」と言い放つ。

ヨコスカの街娼三千人、みなそれぞれのホテルやハウスを根城にして娼売している。しかしりん子のいう「本当のパンパン」はその一パーセントの三十人にも満たない。（あとの九十九パーセントは）

「あんなの夜鷹、白首、だるま、じごくのたぐいじゃないの、パンパンだなんてあつかましいよ」

この筋目正しい（？）パンパンがいるのは、このオリエンタル・ホテルの他に僅か三・四軒に限られている。

りん子はパンパンの伝統を守るためにオリエンタル・ホテルの家風（？）に合わないものは遠慮なく、住込みの者は即座に追出し、常連のパンパンでも出入りを差し止める。だからこれらのホテルのパンパンは俗に言えば高級パンパン、古めかしい言葉で言えば高等内侍なのだ。(『街娼記』)

ルネッサンス以降、西欧の神々はその多くが裸身だ。神のようにうつくしい肉体とエキゾチックな艶やかさ、そして気品をもつ娼婦こそ、りん子の言う「パンパン」である。

事実、終戦直後、名実ともに良家のお嬢さんが身を挺して彼らのイメージを立派に満足させてくれた。彼女たちこそそれっきとしたパンパンだったのだ。

(あたしはパンパンとは違うわよ)とつんとしていた女性たちこそ、実は堂々とした押しも押されもせぬパンパンだったのだ。(前掲書)

パンパンはその場しのぎで始めた素人上がりの女性が多く、その半数は旧制女学校や新制高校出だった。オリエンタル・ホテルのりん子も横浜の「F女学院(フェリスのことか?)」というミッションスクール出身という設定になっている。もとから水商売や遊郭で働いていた女性は街角に立ったりせず、店で働きつづけたり、あるいは抜け出そうにも身請けの借金に縛られ苦界で働きつづけざるを得なかった。

きちんとした教育としつけを受け、うつくしい容姿に恵まれた女性たち。

自分たちは選ばれた女たちだ。ただのパンパンではなく、「立派な」パンパンだ。

こうした気位の高さがあるから、彼女ら「高級なパンパン」は世間から向けられる視線にも躊躇しない。瞬き一つせず、軽やかな足取りで我が道を行く。

しかしいち早く新しい世の中に順応したパンパンたちはその矜持とは裏腹に、嫉妬と侮蔑の対象として身の危険にさらされていた。それは『神奈川新聞』一九四六（昭和二一）年四月一〇日の「ジープ」という小さな囲み記事に、以下のような事件が平然と掲載されていることからも窺える。


三四日前の出来ごと――湘南追浜駅前にゆう然と自動車を乗り付けた男女があった。人目の関もあらばこそ、抱擁するやら、接ぷん一歩手前までの露わなち態を露呈。駅前には某候補の街頭演説で聴衆二三十人、血の気の多い青年も十人あまり居ったからたまらない。

「日本女性の風上にもおけぬバイタだ」と青年たちは制裁のチャンスを窺っていたが、やがて自動車は帰って残ったのは女一人、その姿が街角に消えるや飛行靴を履いた二十二三の青年はツーと女に近寄ったかと思うと間髪を入れずに蹴倒して「ヤイ売女」。

どやどやと集まった連中、これを押しとどめるかと思えば、そうではなく、ボカボカと蹴って、パッパッとつばを吐きかけたものだ。バイタ行為に制裁の第一章。これをバイタファストとこそ言うなめれ。（新字体に訂正済み）

「自動車を乗り付けた男女」は米兵とパンパンだと考えられる。当時は報道管制が敷かれていたため、「米兵」「白人」「黒人」などという言葉はむやみに使えなかったのだ。「バイタファスト」の意味は不明だが、たぶん「レディーファースト」と「売女」をもじったのだろう。

もし経済的に追い詰められ、やむにやまれず街角に立ったのがパンパンだったのであれば、白昼堂々このような無体は行われなかったのではないか。当時の人々は、パンパンから金銭目的以外のなにかを感じ取っていたのである。

一九四九年に労働省婦人少年局が国立世論調査所に委託して集計した「風紀に関する世論調査」という報告書がある。

この報告書によると、七七パーセントの回答者がパンパンを法的に禁止するべきだと考えていたが、七〇パーセントは遊郭を禁止することに反対している。世論は娼婦全般を憎んでいたのではない。パンパンを「道徳や風俗を乱す悪徳」だと考える一方、遊女は必要悪として社会的に認知されていたのである。

---

3 マスメディアはアフリカ系アメリカ人兵士と交際する日本人女性のことを「ぶら下がり族」と呼び、尻軽女のレッテルを貼り付けた。『噂の真相』一九九四年八月号の記事「六本木と横須賀に見る黒人男性とぶら下がり族の生態は、いま…。」（中島恵子）によると、「これ（ぶら下がり族）は、黒人男性と連れだって六本木界隈を闊歩する日本人女性につけられた総称で、一九八〇年代初頭、彼女たちは様々なメディアで紹介された。語源は、黒人男性に細い腕を絡ませて歩く彼女たちの姿が、その巨体にぶら下がっている様に見えることからつけられた名称である」という。ただしその当時をリアルタイムで知っている私は、「ぶら下がり族」という言葉はメディアのなかでだけ使われており、一般化していなかったという印象をもっている。
後に米軍横田基地に所属する黒人男性と結婚し、文壇にセンセーションを巻き起こした山田詠美が登場したのもこの時期であった（脱走した黒人兵との恋愛を描いたデビュー作発表は八五年。結婚は九〇年）。

彼女は昔から年を取ってました

映画『ヨコハマメリー』によると、メリーさんが横浜にやってきたのは一九六二（昭和三七）年ということになっている。しかしそれ以前の時期に横浜で彼女を見たという人もいる。

柴田武郎さんにお話を伺ったのは二〇〇七年の五月だった。メリーさんのことは昔から知っていて、遅くとも一九五五（昭和三〇）年には横浜にいたはずだ、という。

「一九五五年当時、私は伊勢佐木町二丁目の角にあるスーベニアショップ（土産物屋）で働いていましたが、メリーさんが買い物に来たことがあるんです。うちでは着物など外国人受けする商品を扱っていましたが、半被と扇子を買って行きました。誰かにプレゼントするのかな、と思ったら、明くる日それを着てました」

当時半被は「ハッピーコート」とよばれ英語の「Happy」にこじつけた縁起物として外国人に売り出され、人気を博していた。ビートルズが一九六六年に来日したとき、四人が揃ってJAL特製の半被を羽織っていた写真は有名だ。あの和洋折衷の衣裳を姫様ドレスのメリーさんも着ていたのである。

三年後、柴田さんは山下公園前の「シルクセンター」の地下街で宝石店「三晃」を開店する。

このシルクセンターというのは、一九五九（昭和三四）年にオープンした建物だ。当時の神奈川県知事・内山岩太郎の命で横浜開港百周年事業の一環として建設された。かつて「世界一の生糸輸出国だった」という日本の歴史を踏まえ、オープン当初はシルク博物館（二、三階）、横浜生糸取引所（四階）、シルクホテル（高層階）の三本柱で運営していた。横浜がまだ港町らしかった一九六〇年代から七〇年代初頭にかけてはブラジル、アルゼンチン、台湾、キューバなどの外国公館が入居していたほか、日本航空、全日空、パンアメリカン航空をはじめ、空路や海上関係の案内所が入館するなど横浜港の玄関口だった。しかし開館当時ホテル周辺は接収の関係でなにもなく、陸の孤島のような感じだった。

「私は一九五九年にシルクセンターが全館オープンする前から店を出しています。周りにはまだ米軍基地のフェンスがありました。山下公園が将校の住宅だったんです。接収が解除されたのはシルクホテルのオープンとほとんど同時でしたね。

いまでは見る影もありませんけど、ここもオープン当初は優秀な店しか入居を許されなくて、ミキモト、コスヤマモトなどが入居していましてね。トランジスターラジオなど外国人向けの電気の専門店も入っていました。東京オリンピックの頃がピークだったでしょうか」

マダム風のメリーさん
（東京三世社『セクシーフォーカス』1983年6月号より）

建設当初、日本国内には洋風のホテルは数える程しか存在せず、日本風の旅館だらけだった。国際都市と呼ばれた横浜も例外ではなく、港のホテルと言えばニューグランドとバンドホテルくらいしかなかった時代だ。シルクホテルは花形だった。

「大桟橋に船が入ると外国人のお客さんがアーケードにたくさん来たもんです。客船がたくさん入ってきた時代でした。飛行機は高くてまだ一般的ではありませんでしたし。

我々はみんな外国の名前で呼ばれてました。

名前を付けられたり、自分からこう呼んでくれ、と言ったり。私は『ジャニー』と呼ばれていました」

まだ背中がしゃんとしていたころのメリーさんはシルクセンターがお気に入りで、毎日のように散歩に来ていた。

「シルクセンターのオープン当初は気づきませんでした。気が付いたらいつのまにかいた、という感じです。地階のアーケード前のイスによく座っていました。よくウロウロしていましたよ。あの人のいないシルクセンターは考えられませんでしたね。

パイラー（「客引き」を意味する横浜や横須賀の言葉）も使ってなくて、当時から目立ってました。チンドン屋みたいな格好でしたよ。土産物のコートとか羽根が付いた扇子を持って、白粉をべたべた塗って、香水をプンプンさせて。私たちは『クレオパトラ』なんてよんでました。『皇后陛下』と呼んでる人たちもいましたけど、ちょっとその呼び方はね。

シルクセンターが開業した昭和三〇年代前半、伊勢佐木町でメリーさんと張り合えるくらいの存在感を発揮していたのは『おっぱい小僧』くらいなもんでした。『小僧』っていっても女の人ですよ。パイラーが付いていない一匹狼で。背が小さくて胸が大きくて。稼ぎがよくて。良い娼婦でしたよ」

浅草に同じ芸名のストリッパーがいた。またの名を川口初子という。二十年ほど前に『週刊実話』編集長から聞いた情報によると、川口初子は浅草のスターで一九四七（昭和二二）年の「額縁ショー」（ストリップ黎明期のヌードを売りにした見世物。舞台上の踊り子は自由な動きを規制されていたので、額縁の中で裸になり三十秒ずつポーズを取った）にも出演していたという。内外タイムス主催の「昭和二六年度ストリッパー・ベスト10」で彼女は二〇位にランクインしている（同年、伝説の踊り子ジプシー・

ローズの名が一八位に上がっている)。

彼女の売りはなんといっても豊かな胸で、顔を隠した踊り子たちがならんで男たちに彼女を当てさせたところ、胸のかたちが見事だったため簡単に見分けられてしまった、という逸話が残っている。川口は一九五五(昭和三〇)年頃横浜に流れたと噂された。ハマの劇場にも出演したという話だが、その後の消息は不明である。

なお、「おっぱい小僧」というのは、かつてポピュラーなあだ名だったらしい。一九七〇年代半ば頃横浜の中区相生町で評判を取っていた「ブルー」というクラブの五味まり子ママも、その抜群のプロポーションから「おっぱい小僧」と呼ばれていた。

柴田さんの話は続く。

「メリーさんは最後までそのすぐ前をウロウロしていましたよ。カモになりそうなじいさんの船員を狙ってね。男は朝起きてメリーさんの顔を見たらびっくりしたんじゃないかな。最後は一年中真っ白でした。最初の頃は高いヒールだったけど、段々ペッタンコになっていったね。最後の方は男たちから『あのおばあさんに声かけられたら一万円やるよ』などと、からかいの対象になっていました。

彼女は昔から年を取ってました。酔っぱらいを騙してたんじゃないかなぁ。(他の娼婦のように連まずに)ひとりだけ一匹狼で、ものすごい厚化粧で。言葉遣いはものすごい上品なんだけど、シルクセンターの守衛さんとケンカするときは『てめえ、バカ野郎!』すごいんですよ」

時の流れにとり残され閑散としたシルクセンターの地下で、賑やかな話に花が咲いた。メリーさんがいたのはミナトが華やかな時代だった。激動の時代でもあった。メリーさんの思い出をたぐっていくと、昭和の栄枯盛衰に話が及んでいく。

「朝鮮戦争後のノースピア（神奈川区にある瑞穂埠頭の英語名）は輸送船でいっぱいでした。米兵はここで下船して、市電を使って中華街や伊勢佐木町へ繰り出していったんです。繁華街は米兵であふれかえってましたね。そして二、三日間休暇をとって、戦場へと旅立っていくんです。

そこら中パンパン宿だらけでした。この店をはじめる前、市役所の前にもいろいろなパン助（パンパン）がいましたね。

ベニヤでつくったパンパンハウスという三畳くらいの広さの家もあったけど、その下のランクになると外でやっちゃうんです。当時は外でやってるパン助がいっぱいいてね。

さすがに冬になったら表では出来ないはずだから、冬場のパンパンハウスは儲かったんじゃないですか？」

朝鮮戦争に参戦していたのはアメリカだけではない。エチオピア、ギリシャ、トルコ、ベルギーの兵隊も横浜にやって来た。国連軍だったのだ。休暇中の兵士は大変な浪費ぶりを発揮した。

朝鮮戦争中、パイラーに捕まった米兵はみんな本牧に連れて行かれて腕時計まで身ぐるみ剝がされるようにして金を使わされた。彼らの休暇（つまり日本滞在期間）は一週間。情けのあるパンパンはすかんぴんになった兵隊に土産を買ってやったものだった〉（白土秀次・著『ホテル・ニューグランド50年史』ホテル・ニューグランド、一九七七年）

バラ色の貴婦人

前述の通り、「三晃」の柴田さんは「遅くとも一九五五年にはメリーさんは横浜に来ていたはずだ」という。

つぎに一九五五年から五八年にかけてメリーさんを見た、という城井友治さんの証言を紹介しよう。

『ヨコハマメリー』という映画がこの春上映される。その宣材を貰った。五大路子さんが一人芝居で上演しているが観に行ったことはない。なんとなく白けた気分になってしまうのだ。それは我が家の軒下に立っていた娼婦のことだからである。名前は知らないが、私たちは「バラ色の貴婦人」と呼んでいた。ピンク色のうすいドレスを身にまとっていたし、ほかの娼婦とはちょっと違った雰囲気を持っていた。

私の家は、伊勢佐木町4丁目の角にあって、1階は『パール食堂』という大衆食堂の店で、2階が住居であった。四辻の向かいの奥に『根岸屋《ママ》』があった。そして店の裏の路地が『親不孝通り』と称する小さな飲み屋さんが並んでいた。

そこで働く店員さんたちが、始終食べにきていた。夜中の12時近くに店が閉まると、入り口の軒下が四つ角を見渡せる格好な場所になる。店の明かりを消しても、伊勢佐木町通りの街灯でほのかに明るい。『根岸屋《ママ》』から酔っ払ってふらついて出てくる客が獲物だった。うちの軒下は彼女のショバで、ほかの誰も立たなかった。そんな話をしたら、亡くなった友人のカンちゃん（中野寛次）が、わざわざ泊り込みで見に来た。丁度フランス映画の『娼婦マヤ』が評判になった頃で、興味を持ったのだろう。2階の小窓からは彼女の動作が見え難く、睡眠不足になった思い出も懐かしい。

この手記は「文学横浜の会」というウェブサイト[4]にアップされていたもので、投稿日は二〇〇六年二月四日になっていた。こういう目撃情報が見つかるのがネットのスゴい部分である。ガセも多いだろうから注意が必要なのは言うまでもないが、ネットでネタを見つけて書き手に連絡を取り信憑性を確保していく、という手法はいまや一般的だ。

私は城井さんとメールで連絡を取った。返事は早かった。

白塗りのメリーさんを見かけた人は多くいますが、私は知りません。昭和三三年半ばから本業のハム製造（城井さんは鎌倉ハムで働いていた）を手伝うようになったからです。私の知っているメリーさんは、元次郎さんが慰問された施設にいた品のいいおばあちゃんにその面影を見ました。私たちが「バラ色の貴婦人」と呼んだふっくらとした可愛い女性で、街頭に立たなかったら普通のお嬢さんでした。

「三晃」の柴田さんが「彼女は昔から年を取ってました」と証言し、老醜を塗りつぶすかのような白粉姿とともに記憶しているのとは対照的である。こんな具合だから目撃者の証言を頼りに記述していっても、真実にたどり着くことはないかもしれない。人々の脳裏にうかぶ残像の最大公約数こそが、一個人の肉体を超えたメリーさんという「現象」の姿なのだろう。

城井さんが結婚を機に、山形県酒田市から妻の家族が住む横浜へ居を移したのは一九五五年のことである。義父が「敷島座」という芝居小屋の跡地を借りて一九五〇年ごろ開店した「パール食堂」を三年間だけ手伝ったという。

当時の伊勢佐木町は横浜で最高の繁華街で、城井さんの義父も「商売するなら伊勢佐木町で」との思いがあったそうだ。手記の中に登場する「根岸家」だが、戦後の横浜を語る上で欠かせない存在として、今なお多くの人の興味を惹いている店である。

その特徴として、世の中が物資不足で喘いでいた終戦後から二十四時間営業していたことが上げられる。さらに客層が傑作だった。若干の誇張も交えて言ってしまえば、半分ヤクザ、半分警官、そしてオカマや聾唖の娼婦といった有様で、そこに進駐軍兵士も一般客としてやって来た。

一階がカウンターにテーブル席、二階が座敷で百人くらいの客は楽に収容できた。今で言えばキャバレーよりちょっと落ちた大衆酒場といったところ。酒はもちろん、和・洋・中なんでも揃っていた。若いお姉さんはいなかったが、白い割烹着を着たおばちゃんが傍に座ってお酌もしてくれた。一階にはステージもあり、バンドが音曲を奏で、紫煙が漂い、女たちの嬌声と男たちの怒号が飛び交う。そんな混沌とした空間だった。黒澤明の『天国と地獄』(実際には根岸家をセットで再現して撮影)、藤田敏八の『新宿アウトロー　ぶっ飛ばせ』、矢作俊彦・大友克洋の『気分はもう戦争』などさまざまな作品に登場する。

この「根岸家」が終夜営業していたのに影響されて、周辺の飲食店も夜中の一二時まで営業していた。「パール食堂」もそのひとつだった(昭和三〇年に城井さんの代になると一時間繰り上がって、午後一一時に閉店するようになった)。

「パール食堂」の入り口はちょうど「根岸家」の方を向いており、出入り客を見渡すことができた。すでに伊勢佐木町本通りには終夜灯が設置されていたため、真夜中過ぎても通りが暗がりになることはない。根岸家周辺で酔客と娼婦の駆け引きを観察することは容易だった。

メリーさんが現れるのは決まって一二時前後だった。すぐに客が付くらしく長居することはなかったそうだ。四つ角には娼婦が何人もいた。しかし暗黙の了解があったのか、メリーさんがいる間は誰もそばに立つことはなかったという。「パール食堂」の店先は半円形の大きな軒になっていたので雨に濡れることもない。だからメリーさんは雨降りの日にも姿を見せていたかもしれない、と城井さんは語る。

4 http://www5a.biglobe.ne.jp/~bunyoko/

メリーさんのブリーチ

城井さんが客待ちするメリーさんの姿を見下ろしていた一九五五年から六〇年にかけての流行語は、電気洗濯機、電気冷蔵庫、テレビを指す「三種の神器」だった。時まさに高度経済成長まっただ中で、日本は飢えから脱出。国民は明るい未来を信じてがむしゃらに働いていた。

その一方で横浜随一の繁華街・伊勢佐木町には、夜ごとに現れる女たちの姿があった。

私の「さよならメリーさん」を読んでウェブサイトに情報を寄せてくれた方がいるので紹介したい。投稿者は「横浜在住の年配の女性」としておこう。

何度も書いてはやめていました。

私はある時期毎日のようにメリーさん（私たち、皇后陛下と呼んでいました）、マリア、爆弾と呼ばれていた人たちに見送られながら仕事を終わって家に帰ってきました。そこは別世界のような場所でした。彼女たちが立っていることが自然のように思うほどでした。山下町時代のメリーさんでした。

あるアメリカ人は皇后陛下と結婚したいから次に来るまで英会話の学校に行かせたいと言ってました。その頃一緒に働いていた人たちは知っていると思います。とても景気がよかったところなので最後の華やかな舞台だったと思います。ギャラも最高によかったのでは。メリーさん英語は結構話してたみたいでした。マリアと言う人はモンローとも呼ばれていました。メリーさんたちが白いドレスなら彼女は黒のタイトスカートに黒のハイヒールでした。彼女も出身地を言わず横浜で他界しました。

「横浜に巣食う売春」と題された一九六二（昭和三七）年九月九日付けの『神奈川新聞』の記事によると、このころ横浜市内に出没する街娼は約五百人いたという。伊勢佐木署の管轄である日ノ出町、黄金町、曙町付近の一帯に娼婦の八割が出没。年齢層は二十代が五〇パーセント。三十代が三二パーセント、未成年が七パーセント。

動機は「バー、キャバレー勤めからの転身」「離婚、夫が病気」「家出」「外国人のオンリーから離れて」の順となっている。

同記事によると、メリーさんのような外国人専門の女性は「常時二、三十人が伊勢佐木町通りにたむろして交渉成立と同時にタクシーでホテルに乗り付ける。街しょうが一見してそれとわかるのに、外国人相手の女性は良家の子女ふうでなかなか見分けがつかない」ということである。

外人相手の女性、当時の言葉で言う「洋パン」が娼婦のように見えなかったのは、日本人相手の場合と異なり素人が参入していたからかもしれない。当時は現在よりも貞操観念が厳しく、娼婦になることはまっとうな市民生活からの決別を意味した。その一方世間体を気にせずに済む外国人が相手で、なおかつ管理売春とは無縁のフリーランス娼婦であれば、相対的に抵抗感は減少しただろう。前述の市川汀著『街娼記　蝕める肉体の挽歌』やバブル期のぶら下がり族たちのことを思い起こせば、想像に難くない。

素人は毎日同じ場所に立つわけでもなく、服装でそれと分かりづらいから客を引くのには不利だが、警察につかまる危険性は格段に低下する。目立てば存在感をアピール出来るが、それは諸刃の剣である。

メリーさんとて最初からあの出で立ちだったわけではない。メリーさんと言えば白塗りだが、若い頃は金髪でも知られていた。そのブリーチのきっかけは「横浜在住の年配の女性」が語る「爆弾」こと「爆弾ミッチ」、またの名を三浦八重子さんという街娼との出会いだという。

この件は元次郎さんからの又聞きで裏は取れていない。三浦さんの所在地が分からなかったからだ。かつて福富町西通に住んでいたことまでは分かったが、現住所は調べきれなかった。しかし映画『ヨコハマメリー』で有名になったエピソードでもあるので、書いておきたい。

街娼たちは危険と隣り合わせである。タチの悪い客を掴んでしまう可能性もあるし、警察に捕まる可能性もある。検挙の対策をしなければならないし、逮捕されたら誰かに交渉を頼んだり、差し入れしてもらったり、外部と連絡の橋渡しをお願いする必要もある。入院したときの保障も必要だ。だから彼女らは自衛のために互助会的な組織を作る傾向がある。人望のある女がリーダーになるが、根岸家周辺のグループのリーダーが三浦さんだった。オキシドールで髪を金髪にし、付けまつげをしていたそうだ。

ある日三浦さんが伊勢佐木町の「松坂屋」から出てきたところ、通りに姫様ドレスを着たメリーさんが立っていた。自分のことをじっと見る彼女。それが気に障り、「あっちに行ってよ」と言ったところ、メリーさんは何も言わずに立ち去った。しかし翌日もメリーさんは同じ場所にいた。その髪は三浦さんとそっくりの金色に輝いていたのだった。

それ以来メリーさんは金髪がトレードマークになった。この当時はまだ白塗りも薄く「上品な顔の年増婦人」といった風だったという。

もし可能であれば三浦さんに会って金髪にした理由を訊いてみたかった。単なる憶測だが、おそらく「格好良かったから」とか「目立ちたくて」という程度のものでしかなかったと思う。そこには世間に対する反骨精神のようなものもあったかもしれない。かつて日本人の髪の色は黒か白しかなかった。染めた髪は水商売か不良の象徴のようなものだった。三浦さんには「堅気ではない自分」に対する誇りもあったかもしれない。単なる傍証でしかないが、そこからメリーさんのなかのなにかが推し量れたかもしれない。少なくとも周囲が髪を染めた娼婦をどういう目で見ていたのかは分かっただろう。もし可能なら、そういう部分を確認したかった。

その三浦さんだが、街娼から卒業すると伊勢佐木町裏の親不孝通り（現在、関東最大のファッションヘルス街になっている）にギリシャバーを開いた。店の名前は「パブ・ビクトリア」。最初は雇われママで、あとで自分で店を買い取った。

このエリアにはたくさんのギリシャバーが並んでいた。というのも当時ギリシャ人は人件費が安かったため、各国の外航船が水夫として雇っていたのだ（現在はフィリピン人に取って代わられてしまった）。そういうわけで日本とはなじみのないはずの彼らが、横浜や神戸といった港町に上陸する機会は多かった。

中華街や関内エリアでレストランを数軒経営している「横浜でもっとも有名なギリシャ人男性」ジョージ・マルケジーニスさんも、三浦さんの店によく来たそうだ。彼女はもう引退してしまい、店のあった場所も現在は駐車場である。

その駐車場の隣は終戦後から営業しているクリーニング店だが、店主の話によるとメリーさんは親不孝通りにも来ていたという。街娼をつづけるメリーさんと、足を洗って店を持った三浦さんが顔を合わせることもあったのではないだろうか。

元次郎さんが語ったメリーさんの半生

メリーさんは過去を語らない人だった。しかし断片的にではあるが、周囲の人間に自らの来歴を漏らすことがあった。たとえば後述する清水節子の監督映画『今晩いいでしょ　港のメリー』撮影中には

桃の花がきれいに咲く故郷の村の話、貧しい農家に生まれ、小学校六年のとき金持ちの家にもらわれていったこと、神戸、大阪、芦屋を転々としたこと、東京と横須賀で外人兵相手に体を売っていたこと……

などをぽつりぽつりと話したそうだ。

タウン誌『浜っ子』一九九〇年一一月号には、記者がメリーさんにインタビューを敢行し、

メリーさんが横浜に来たのは三十年くらい前だという。それまでは進駐軍でダンサーをしていた。白いドレスが好きなのは、ダンサー時代からである

という話を掲載している。

元次郎さんが話してくれたのはつぎのような内容だった。

岡山の山間部、宮本武蔵の生まれ故郷からほど近い村の出身。主要産業は林業でメリーさんの実家も材木屋だった。大正生まれなのに女学校を卒業しているので、きっと戦争前は金持ちだったのだろう。子どもは多分いなかったと思う。旦那は戦死したのだろうか？

戦時中は皆、家を建てる余裕などあろうはずがなく、材木屋の経営は苦しかった。終戦の翌年二五歳のとき、芦屋で料亭の仲居になった。しかし「料亭」とは名ばかり。実際は米軍将校相手の慰安所で仲居は慰安婦だった。ここでメリーさんはひとりの将校の専属（オンリーさん）となった。彼が東京に移るとメリーさんも一緒に東京で暮らし始めた。二八歳のときだ。住まいは国会議事堂裏の「グランドホテル」。

この頃が幸せの絶頂で、その日の暮らしにも困る庶民を尻目に基地に入りびたりパーティー三昧の暮らしを送った。しかし朝鮮戦争が勃発すると将校は戦地へ。休戦後も日本へは戻らずアメリカの家族の許へ帰って行った。独り残されたメリーさんはすでに三十代半ばだった。

彼女は新橋駅前の第一ホテルで米人将校相手の高級娼婦に転じた。ここは焼け残った数少ない西洋風のホテルで若手将校たちの宿舎になっており、陸軍の婦人部隊（ＷＡＣ）の宿舎から近かったため頻繁にパーティーが開かれていた。一年たってブタ箱に送られたものの、めげずに今度は横須賀に移った。神戸で三年、東京で七年、それから横須賀でも外国人専門だった。横浜にやって来たのは東京オリンピックの前年。四二歳のとき。

それ以降のことはご存じの通りだ。元次郎さんは先述の「爆弾ミッチ」こと三浦さんのエピソードをはじめ、さまざまな人々とメリーさんの関わりを物語ってくれた。

そんな元次郎さんは九一年八月に関内ホールで行ったワンマンライブをきっかけにメリーさんと親しくなり、週一回のペースで会っていたという。しかし彼女はどこかで一線を引いていたようである。

「自宅によびたくて誘ったことがあるんだけどね。私は男の姿してるじゃない？　誘うと『今日お風呂入ってないから』なんて勘違いしちゃって。もう、呼んであげたかったんだけどね」

大雪が降ったある日のこと。元次郎さんはメリーさんを眼科に連れて行く約束をしていたが、メリーさんが来ない。心配になってＧＭビルへ探しに行った。七階で休んでいたメリーさんは元次郎さんの姿を見るなり、襲われるのかと思って「やめて！」といったそうだ。老齢になっても彼女は女だった。そして心を許した人間はいなかったのではないだろうか。

「ゆっくりできるお部屋が欲しいわ」

週一回の割合で会っていた頃、メリーさんがそう呟いた。それには住民票が必要だ。役所の窓口では「保険の恩恵を受けるにも生活保護にも住民票は必要です」と言う（法的には誤りだが、門前払いの常套句の一つである)。メリーさんの本籍を知った元次郎さんは岡山の役場へ出向いたが、融通のきかない法の壁がありどうにもできなかったという。

横浜でも似たりよったりで「本人が市役所まで出向いてくれれば一日六五〇円分のパン券と寿町(大阪の西成、東京の山谷とならぶ横浜のドヤ街)の無料宿泊券を出せるのですが」というばかりだ。プライドの高いメリーさんに出来るわけがない。元次郎さんは市の福祉課とメリーさんのことで大喧嘩したという。

ちょうどその頃、五大路子の一人芝居『港の女・横浜ローザ』の横浜公演が行われた。五大が「芝居になりますよ」と言ったところ、「そう」と高い声で言って手をぎゅっと握られたそうだ。やわらかくてひんやりした手だった。しかしメリーさんが『横浜ローザ』を見ることはなかった。

同じ頃日ノ出町駅周辺が再開発され、大きなマンションが建つことになった。元次郎さんは自分が経営するシャンソニエの立ち退きや再入居に伴うごたごたで日ノ出町を離れていた。その隙をつくように、一九九六年一一月末。横浜の街からメリーさんの姿が消えてなくなったのである。

元次郎さんは必死で行方を捜し、救急病院にまでくまなく問い合わせた。居所はいっこうに分からずじまい。かなりたってから読売新聞の記者が「岡山にいる」のを発見した。

メリーさんは故郷に戻っていた。ただ家族とは折り合いが合わず、老人ホームで暮らさざるを得なかったそうだ。

私が元次郎さんから伝え聞いた話は以上である。何回かに分けて上記の話を聞いたほか、元次郎さんが撮影したメリーさんの写真、元次郎さんの手記の複製、メリーさんと元次郎さんの会話を録音したテープのコピーを譲り受けた。

私は元次郎さんの語ってくれた物語を検証し、可能な限り裏を取ることを心掛けた。改めて考えると、さまざまな疑問が湧いてくる。

そもそも元次郎さんの情報源は何だったのだろうか？

すべてメリーさんから直接聞いたことなのだろうか？

もしそうだったとして、メリーさんは真実だけを伝えたのだろうか？

インタビューによる証言というのは、当てになるようでいて当てにならない。例えば五大路子はメリーさんの話をしばしば語っているが、『横浜ローザ』の横浜初演に先立って、メリーさんと握手をした。「やわらかくて冷たい手だった」と私は五大から直接聞いたが、彼女は別のインタビュアーに対して「あたたかい手だった」と答えている。

大きな事件の関係者へのインタビューなどで起こりがちなことだが、同じことを何度も話しているうちにウケるポイントを学んでしまい、話が大げさになったり、ウケの悪い部分に触れなくなったりしていくうちに、話が事実からすこしずつ乖離してしまうことがある。

だからこそ元次郎さんの話も信憑性を疑わなければならない。元次郎さん経由の情報ではなく、できれば元次郎さんの話のなかに登場する人たちと直に会って、一次情報を得るべきだろう。すでに知っている話を確認していく作業になるから、一見すると非効率的で無駄なことをするようにも思える。しかしこの作業の意味は大きかった。多くの有益な情報を得ることが出来たからだ。そしてこれは元次郎さんからの「親離れ」のような作業でもあった。

グランドホテルはどこに

まず最初に手を付けたのが、東京時代のメリーさんが宿泊していたという「グランドホテル」の特定である。

メリーさんが東京に来たのは一九四九（昭和二四）年。二八歳のときだ。将校の異動に合わせての上京である。馴染みになった外国兵の姿を求め移転先までついていく。そういった女性は多く、基地の街から基地の街へと渡り歩いて生活していた。転がる石のようなその手の女たちは佐世保から横須賀、あるいは三沢から横田というように海軍なら海軍、空軍なら空軍と同種の基地間を移動するのが常だ。

メリーさんが愛した将校だが、陸・海・空どの軍の所属だったのだろうか。佐藤洋一・著『図説占領下の東京』（河出書房新社、二〇〇六年）によると、東京に駐留していたのは空軍が主体だったという。

> 軍隊としての米軍のうち、東京に駐留していたのは主に空軍であった。空軍にはＦＥＡＦ（Far East Air Force：極東空軍）のほかにＦＥＡＭＣＯＭ（Far East Air Material Command：極東空軍資材司令部）という組織があって、前者は明治生命ビル（丸の内二丁目）に司令部があり、後者は府中に司令部があった。そこからまた多岐にわたる部門が都内各地にあり、後者は多摩地域を中心に展開していた。

ただし六本木に「ハーディー・バラックス」という陸軍第一騎兵師団の兵舎があったし、外縁部には「キャンプ・ドレイク」(朝霞)と「キャンプ・オウジ」(王子)というふたつの陸軍基地もあった(逆に海軍の施設は少なく、都内でめぼしいのは後述する「山王ホテル」くらいである)。将校は空軍あるいは、もしかしたら陸軍に所属していたのだろう。であれば航空機あるいは連合軍専用列車(いわゆる「白帯車」)に乗って東京入りした可能性が高い。[6]

この「白帯車」というのは、進駐軍専用の車両に旧・国鉄の一等車のマークである白帯を真似て白線が引かれていたことに由来する呼び名だ。『(復刻)占領下日本の英文時刻表&連合軍客車』(アテネ書房、一九八三年)によると、当時、特急は神戸〜東京間を一一時間四〇分で運行していたようである。[7]

さて一九四九年といえば、ドッジラインにより中小企業の倒産が相次ぎ、国鉄や専売公社で人員整理が行われている。さらに下山事件など「戦後三大ミステリー事件」とよばれる事件がおこるという混迷の年だった。

人びとを力づけたのは童謡だった。「里の秋(一九四五年)」や「みかんの花咲く丘(一九四六年)」「めだかの学校(一九五一年)」「ぞうさん(一九五三年)」など学校教科書にのるような歌が傷ついた日本人の心を慰めた。戦後流行歌第一号で並木路子が歌った「リンゴの唄(一九四五年)」もそうしたテイストの歌だった。

その一方、米軍放送局(AFRS)から流れるポップスが大ヒットした。「煙が目にしみる」や「センチメンタル・ジャーニー」など黄金時代のポップスである。「敵性音楽」として規制対象だったジャズも解禁され、基地内のクラブには日本人バンドが登場し大金を稼いだ。[8]外国映画、とくに西部劇が盛んに上映されガンマンごっこが流行るなど、日本人のアメリカかぶれはこの頃から始まったといってもよい。アメリカン・ウェイ・オブ・ライフは豊かさの象徴。幸せのシンボル。みんなそう信じた。

フェンスの向こう側の生活に誰もが憧れていた頃、メリーさんはフェンスの向こう側に入りびたっていた。そうして国会議事堂裏のグランドホテルで暮らしていたという。

しかし、GHQが作成した"City Map of Central Tokyo during the Occupation, from 1948"や『図説 占領下の東京』ほか複数の地図やリストを調べたが、グランドホテルという施設は見あたらない。[9]そもそも霞ヶ関や永田町地区は、あまり接収されていないのだ。なぜかと言えばGHQが日本を直接統治せず、日本政府に命令する形で間接統治を敷いていたため、国会議事堂などの政府機関が手つかずで残されたからだ。したがって娼婦を住まわせるようなホテルが国会周辺にあろう筈がない。

少し離れた赤坂見附の日枝神社そばに「山王ホテル」がある。「山王ホテル」は二・二六事件の舞台として有名だが、一九四六年に接収されている。最初は米軍家族向けのアパートメントとして、後に将校向けの宿舎として一九八三年まで使用された。皇居からむかってちょうど議事堂の裏手にあたるが「山王ホテル」が、「グランドホテル」とよばれた記録はなく、決め手に欠ける。「山王ホテル」の向かい側に屹立する「東急ホテル」も気になるが、こちらも決定打になるほどの裏付け資料が見つからなかった。

メリーさんは将校夫人ではなかったので、彼と一緒に住んでいたとは考えにくい。[10]将校はメリーさんを軍の宿舎ではなく民間ホテルに住まわせたかもしれない。あるいはアパートや一戸建てといった別宅をあてがわれた可能性もある。

一九六一（昭和三六）年刊行の『東京風土図　城南・城西篇』（社会思想研究会出版部）には、「赤坂と麻布の両部隊跡が米軍に接収されたので、戦災を受けた六本木通りは、全く米軍のためにできた町といってよい。バー、カフェーだけでも十軒以上、べたべたと横文字で書かれた看板、真っ昼間でも奇声が聞こえ、付近のホテル、アパート、民家の二階貸間には、たいてい女が住んでいて「都心の基地」であった」と記されている。

半村良・著『昭和悪女伝』(集英社　一九九四年)は慰安婦上がりの女性をモデルにした実録小説だ。主人公の津島映子はある将校のオンリーである。彼女は一九五五(昭和三〇)年当時、港区網代町の麻布ハウスというアパートをあてがわれていたという。麻布ハウスは、俗に言うGIアパートだ。米軍将校のために建てられた木造二階建てのツー・バイ・フォーで、当時の日本人には眩しく見えたという。メリーさんもこうした部屋に住んでいたのではないだろうか。いずれにせよ、「グランドホテル」と思しきホテルは見つからなかった。

5　米空軍は一九四七(昭和二二)年九月に陸軍の航空隊から独立して創設された。

6　防衛省の研究機関である「防衛研究所図書館史料室」に問い合わせた所、以下のような回答が寄せられた。〈当時の進駐軍に関わる史料は所蔵していませんが、陸海軍の別か高級将校か否かによって手段は異なっています。陸海軍の高級将校(大佐以上)で軍務で急用ならば航空機による移動が主です(なお、当時は日本の民間航空は禁止されていました)。それ以外は陸軍なら鉄道、海軍なら艦船を利用しています。当時は進駐軍専用の鉄道車両が運行しており、皆これを利用していたと聞いています。ただし、航空機と鉄道・艦船は厳密に区分けされておらず、かなり個人的な好みもあったようです〉

なお連合軍専用列車というのは全車両が占領軍向けだった訳ではなく、山手線や東海道線は先頭車両だけ占領軍専用という形で運行されていた。

7　一九四九（昭和二四）年九月一五日、国鉄でダイヤ改正が実施され、特急列車が運行を再開した。

8　進駐軍のクラブで演奏するためにはアーニーパイル劇場（東京宝塚劇場）でオーディションを受ける必要があった。しかし進駐軍兵士の大半は、日本に来るまでジャズを聴いたことがなかった。だから半分素人のような日本のミュージシャンの演奏でも立派に通用した。斎藤憐の『昭和のバンスキングたち』（ミュージック・マガジン、一九八三年）のなかでディック・ミネはこんな風に説明している。

戦後、ジャズメンの数が、女性の数とともに足りなくなり、東京駅の北口改札口にバンドマンの市場ができた。キャンプ回りのバンド・マネージャーが「ラッパ2本、ドラム一人」と呼びかけると、たむろしていた老バンドマンが集まって、即席のジャズ・バンドができ上がり、キャンプ行のトラックに乗ったという。ミネさんによれば、「あの頃は楽器さえ持っていればジャズ屋になれた」のだそうだ。しかし、その素人野球チームのようなバンドがジャズの本場で育ったアメリカ人が聴くに耐えられる演奏ができたのかという疑問が湧く。だが、そのへぼバンドが非常に喜ばれたのである。何故か？（中略）

アメリカのGIたちが、日本人のジャズを喜んだのは、彼らの多くがジャズを知らなかったからである。つまり、戦後日本に進駐したGIたちはアメリカ南西部の言わば田舎者たちであり、日本で初めてジャズを聴いたというのが多かったのである。

「なにしろね、交通信号を日本で初めて知ったやつがいるんだからね。それに、ネクタイの結び方を知らないんだ。（後略）」

この件を読んで思い出したのが、お世話になっている横浜市磯子区の郷土史家・葛城峻さんの体験談である。父親の仕事の関係で、子供時代の葛城家には米軍の兵士がちょくちょくやって来たという。

あるとき米軍のレーダー・オペレーターがマニュアル本を見せてくれたのだが、お堅いはずの軍の計器の説明書にもかかわらず、ミッキーマウスのイラスト入りだったという。なぜかと言えば、当時の米軍には文盲や簡単な文章しか読めない下級兵士が大勢いたからだ。彼らにも分かるように漫画入りのマニュアルが配付されたのだった。

9 九段下の目白通り沿いにホテル・グランドパレスがあるが、議事堂からはかなり遠い。一九七三年八月、このホテルの二二一二号室で金大中事件が発生した。

10 川崎洋は『サイパンと呼ばれた男』（新潮社、一九八八年）のなかで「米F下士官は、京都から連れてきた女（日本人）をEMクラブ（横須賀にある米軍の兵員用クラブ。前述）の中に住まわせようとして、劇場の裏に部屋を造ろうとして軍事裁判にかけられ、階級を下げられた」という実例を挙げ、軍規の乱れをほのめかしている。常識的に考えれば現地妻を宿舎に泊めることは不可能だが、可能性はゼロではない。

第一ホテルに娼婦は連れ込めたのか？

メリーさんがオンリーさんから米軍将校相手の高級娼婦に転じたのは朝鮮戦争後だったという。終戦から八年。三十代前半。パンパンとしては遅いスタートである。しかしいい年になってからこの世界に入る女性がいたのは事実だ。

朝鮮戦争休戦の前年にあたる一九五二年にサンフランシスコ講和条約が発効し、日本は主権を回復している。占領軍の時代は終わりを告げた。残った米軍は都心から姿を消し主に東京西部に移動している。つまり福生や立川、あるいは東京北部の成増など郊外に機能移転したのである。夜の女たちもついていったため、都心の雰囲気は一変した。盛り場が日本人街の姿を取り戻しはじめたのだ。

日本が独立を回復するまでの間、東京はアメリカに侵食された状態だった。

銀座、丸の内地区は進駐軍司令部などの接収物件が多く、日本でありながら日本人が立ち入るのに抵抗を覚えるエリアになっていた。まず道路標識が英語だった。日本人が運転するよれよれの木炭自動車や輪タクが砂利道をガタガタ走っていたその一方で、皇居周辺の一帯はさっそうとしたキャデラックやジープタクシーでいっぱいだった。丸の内地区には軍用オフィスのみならず宿舎も集中していた。正確な数は不明だが、この地区だけでも数千人の米兵が住んでいた。職住近接が実現していたのだ。そうすると近場に遊び場も欲しくなるのが人情というもの。日本の商売人はその期待に応えた。こうして赤坂が将校の、六本木が一般兵の遊び場になっていたのである。

ところが基地が東京西部に移動したことで、租界のような雰囲気は都内から急速に薄れていった。娼婦の需要も急落したはずである。

もし本気で稼ぐつもりなら、メリーさんは仕事場を立川や朝霞など郊外の基地にすべきだった。しかし彼女が仕事場にしたのは新橋の第一ホテルだったという。大都会に未練があったのだろうか。少しちがうと思う。郊外の街角では、都心のような劇場効果は薄い。彼女はあの衣裳を人に見てもらうために、都会に留まる必要があったのだ。

第一ホテルはいまも新橋駅のそばに立つあの大きなホテルである（正確には一九九三年に建て替えられている）。当時もっとも部屋数が多かったホテルの一つで竣工は一九三八年。一九四〇年に予定されていた「幻の東京オリンピック」のために建てられ、焼け残った数少ない西洋風のホテルだった。当時、ここは米軍に接収され若手将校たちの宿舎になっていたが、七階は婦人将校と看護婦の専用階だった。陸軍の婦人部隊（WAC）の宿舎から近かったせいもあるのか、生バンドが入り頻繁にパーティーが開かれていた。都内ではじめて冷暖房を完備したのはこのホテルだったという。

メリーさんがこのホテルに狙いを定めた理由として考えられるのは、下級兵士を無視して将校クラスに的を絞ったためだと思う。つまり彼女は街娼の需要のある郊外を捨て、大物狙いの戦略に徹したのではないだろうか。

ところで士官宿舎であるこのホテルに、後ろ盾を失ったメリーさんは本当に入り込むことが出来たのだろうか。

まず私は第一ホテルの広報課に問い合わせてみたが、残念ながら「進駐時の資料は一切ない」とのことだった。次に『図説 占領下の東京』の著者である佐藤洋一氏に問い合わせてみたが、「すくなくとも公式的には中で仕事をすることは禁じられていたと思われます。しかし何事にも奥の手はあるので、こっそり忍び込んで、ということも考えられなくはありません」と曖昧な回答しか得られなかった。第一ホテルと娼婦を結びつける証拠は見つからないと思われた。ところが意外な本に証言が残っていることに気づいた。

官邸のパーティから二、三日たった土曜日の晩、今度は進駐軍の将校達が私達夫人連を第一ホテルのディナーダンスに招んでくれた。

それは私にとっては異様な光景だった。会場はアメリカの将校と、ワック、少数の特殊な日本の女達（パンパンガールとも呼ばれていた）でムンムンとしていた。外国人には驚かないが、今までの外交官の集まりとは違った、粗野で活気に満ちた群衆にはびっくりしてしまった。（鳥尾多江『私の足音が聞える　マダム鳥尾の回想』文藝春秋、一九八五年）

これは子爵夫人だった鳥尾鶴代（のちに改名して多江）の回想録からの引用である。後述するが鳥尾夫人は首相官邸（官邸は接収されていたので、ブリヂストンの石橋邸が臨時の官邸として使われていた）や大磯の滄浪閣（旧伊藤博文邸）などで行われた米軍将校を歓待するパーティーで政府筋から参加を要請されるような人物だった。その彼女が「第一ホテルで行われた進駐軍主催のパーティーにパンパンがいた」と書き残しているのだから、ホテル内に娼婦が出入りすることは頻繁にあったのだろう。もちろん華族学校だった頃の学習院を卒業した鳥尾夫人らには、パンパンと席を同じくするパーティーは愉快とは言えない場所だったにちがいない。女性兵士のWACも同席したのに彼女らからひんしゅくを買わなかったのか、と首をかしげざるを得ない。そのせいか回想録にはそのときの心境は記されていないし、「特殊な日本の女達」に関する描写も最小限に留められている。

ところでメリーさんが第一ホテルで客を取っていたのと同じ時期に、やはり第一ホテルでパンパンをしていたとされる有名人がいる。プロ野球監督の野村克也さんの妻で二〇一七年に亡くなった野村沙知代さんである。実弟である伊東信義さんの著作『姉野村沙知代』（ラインブックス　一九九九年）によると、沙知代さんは第一ホテルで皿洗いなどをしつつ、進駐軍兵士相手の「パンパン」として生計を立てていたという。彼女が米兵にしなだれかかっていたのはメリーさんと同じ朝鮮戦争直後である。もしかしたら二人には面識があったのかもしれない。

芳枝（沙知代さんの出生名）は大学どころか高校も出ていない。コロンビア大学に留学していたと主張している53年から57年の期間に芳枝がやってたのは、当時『パンパン』って呼ばれてた職業だ。皿洗いのアルバイトをしながら、ホテルの回りにいる米兵相手に商売してたんだ。（前掲書）

信義さんによれば、沙知代さんは妹や弟の学費の援助をするなど、堅実で家族思いな一面を持っていたようだ。お金の出所については口を閉ざしていたようだが、米兵に肩を抱かれてホテルの周りを闊歩する姿を見てしまったり、華美な服装や化粧などを考えれば、どんなお金なのかは一目瞭然だったという。

このような様相だから、メリーさんが第一ホテルでパンパンをしていたという話は、真実味がある。もちろん状況証拠でしかない。

占領者である米兵と歩く女性に対し、世間は冷たい視線を投げつけた。パンパンであるかどうかは問題ではなかった。勝ち組の側についたことが許せないのだった。

市川汀が書いた前述の実録小説『街娼記　蝕める肉体の挽歌』のなかには、次のようなエピソードも紹介されている。

オリエンタル・ホテルを出てからのサリーの生活は躓き通しだった。彼女はパンパンから足を洗って（洗うことを余儀なくされて）知り合いのスーベニヤ・ショップに勤めた。

スーベニヤ・ショップというのは表看板はどこもみやげ品販売だが、裏口ではドルまたは外国品の闇取引をしているのだ。スーベニヤ・ショップの上客とは、それを大口に扱うアメリカ兵だ。

そういう上客は三度目には女の店員を外へ連れ出そうとする。三度誘われれば、店の主人から、
「君、つき合ってやってくれないか」
と言われる。もし断わればその客はもう店へ来なくなるからだ。アメリカ兵と外出すれば一度目は映画、二度目はドライブ、三度目がホテルと相場が決まっている。

当時、政府は男性雇用を助長するため女性の雇用を制限する政策をとっていた。その結果ただでさえむずかしかった女性の就職が困難になった。[11]ところが米軍基地勤めに関する限り性差別は存在しなかった。おまけに基地で働けば給料は日本の民間企業の倍以上である。したがって今日想像するより基地勤めする女性は多かった。そしてなにより当時の日本には最盛期で四三万人もの進駐軍兵士（そのうち四分の三が米兵）がいた。夜の世界に入らなくても、米兵と知り合う機会は多かったのである。

当時第一ホテルは米軍に接収されており、軍の施設だった。メリーさんにしても沙知代さんにしても、最初から我々が考えるような意味でパンパンだったのかどうか。それこそプロと素人の境界線は薄氷を踏むようなものだ。

当時米兵と交際したのは米軍に雇用されたタイピスト、図書館司書、電話交換手、ウェイトレス、メイドをはじめ、ホステスから夜の女までさまざまだった。そのなかには真面目な恋愛もあれば、火遊びもあったにちがいない。女の方に娼売という意識がなくても、チョコレートやストッキングなどをもらうこともあったかもしれないし、世間が色眼鏡で見ることもあっただろう。

彼女らのゴールは自分らに向けられた偏見を振り切って米兵と結婚し、渡米することだった。沙知代さんは渡米こそしなかったもののアメリカ人将校のアルヴィン・エンゲルさんと結婚し、二人の息

子・ダン（団野村。後の野村克晃）とケニー（野村克彦）を授かっている。メリーさんにしてもいっしょに上京した将校と別れた後も、めげずに頑張ればいい出会いに恵まれるチャンスはあったはずだ。しかし元次郎さんの話によれば、彼女はわずか一年で逮捕されてしまったらしい。収容期間は三カ月だったそうなので、おそらく拘置所に収監されたのだろう。

出所後、彼女は判断した。もう都心にいるべきじゃない。空軍基地のある東京西部へ行く選択もあったはずだが、メリーさんはそうしなかった。メリーさんが選んだのは海軍基地のある横須賀だった。山国育ちゆえの海へのあこがれだったのか、それとも別れた将校を忘れるために敢えて異なる軍種を選んだのか。すべてはメリーさんの胸の内である。

11　敗戦を迎えた日本は外地からの引き揚げ者や復員兵を受け入れることとなり、深刻な失業問題を抱えていた。

占領軍対策以上に、敗戦後二年間の失業者は六百万人と見込まれ、そのために厚生大臣は四五年十一月十六日、失業者対策に関する要望を閣議にはかり了解された。

この閣議要望事項は、

(1)国民ノ労働生活並ニ之ガ基本タル道義生活ノ確立

からはじまっているが、注目すべきは、

(10)其ノ他で、「女子、高年齢者、年少者ハ可及的ニ男子青壮年者ヲ以テ代替スルコト」と明記していることである。

（傍点筆者）

一千三百二十四万人の復員者の就業対策に関して「現在就職セル女子等ヲ家庭ニ復帰サセル」こととしている。男子青壮年の就労を図るために女性を職場から締め出す対策をとったのである。それゆえ、東京では少なく見積っても約六万人、全国では四十万人以上の若い女性が職を求めていたと言われている。

敗戦後の女性たちにとって、食べていくため、生きるため、内務省の役人が発明したと言う「特別挺身隊員」の肩書きを持つ占領軍の慰安婦になることは、そんなに不自然なことではなかったのだろう。(いのうえせつこ・著『占領軍慰安所』(新評論、一九九五年)

失業者のために取った政策が他方で新しい失業者(つまり戦争未亡人など女性の失業者たち)を生み出したことになる。その一方、厚生大臣・芦田均は知識階級離職者(もちろん男性)の失業対策には特記して手を打った。なお、いのうえのこの記述は村上貴美子・著『占領期の福祉政策』(勁草書房、一九八七年)を参照したとみられる。

神戸芦屋の慰安所

メリーさんが郷里を離れて最初にやって来たのは芦屋だという。元次郎さんから譲ってもらった手書き原稿のコピーにはこんな風に書かれていた。

先日の話だと終戦の年、メリーさん二五歳のとき岡山の田舎から神戸の芦屋に料理屋へ仲居さんとして働きに来た。あの頃は日本全体が大変だったよね。(中略)不思議なことにものがなかった時代だといってもある所にはあるんだ。ヤミ屋というのがいて、どこからかものを探してくるんだ。

だから高級料亭など大金持ちやアメリカ兵の将校がお客で、ずいぶんと賑わっていたそうだ。そこで知り合った将校と東京へ出てきたメリーさん。二八歳のとき。

実際のところ、岡山から出てメリーさんが居着いた先には(1)神戸、(2)大阪、(3)芦屋という三つの説があり、かなりあやふやだ。元次郎さんの手書きの手記にしても、同じページの欄外にメリーさんの年齢と行動、年号の対照表が走り書きされているが、そこには昭和二一年、二五歳のとき神戸に出たと書いてある。神戸なのか、それとも芦屋なのか。メリーさんから直接話を聞いたであろう元次郎さんでさえこんな具合だ。

とりあえず私は神戸と芦屋の慰安所について調べてみた。詳細に説明するとかなりのボリュームになってしまうのでかいつまんで書く。

兵庫県警察史編さん委員会・編『兵庫県警察史　昭和編』によると、神戸には五千五〇〇人の米軍兵が進駐し市内の基地は三十カ所にも及んだという。慰安所も設けられており、人員不足のため一般の婦女子から慰安婦を募っていた。慰安所に限らず、その手の店はたくさんあっただろう。したがってメリーさんが居着いた先が芦屋ではなく神戸だとしたら、働き口として米兵相手の店はかなりあった筈だ。

つぎに芦屋だった場合。メリーさんが仲居として入った料理屋だが、元次郎さんは「それは表向きで実際は慰安所だった」と説明していた。ところがリストを調べたが、芦屋には米軍向けの慰安施設は存在していなかった。慰安所はあくまで日本の警察のバックアップで（つまり警察が業者をすべて把握しており）民間業者が運営していたのだが、そもそも芦屋には米軍基地がなかった。したがって需要がないのだ。

芦屋は米軍将校たちの住まいとして利用されていた閑静な地区だ。慰安といっても「旧・山邑邸（現在の「淀川製鋼所迎賓館）」に進駐軍が運営する社交場兼ダンスホールが設けられていた程度で、落ち着いたエリアだった。娼婦が常駐するような場所ではない。

メリーさんが働いていたのが芦屋だったとするならば、値が張るだけのありきたりな（つまり接収されていない）料亭だったと考えられる。店は接収された邸宅が建ち並ぶ山側ではなく海側にあったのだろう。そこへ米軍の将兵が来ることもあった、ということにちがいない。小林大治郎と村瀬明の『みんなは知らない 国家売春命令』（雄山閣、一九六一年）によると、一般営業していた東京向島の料亭に米軍将校がよく来ていたという。芦屋も同様だったのではないか。この当時のメリーさんはいわゆる娼婦ではなかったのだろう。ただし水商売であるから、店外デートのようなことはあったかもしれない。

この芦屋時代の話だが、つぎに紹介する映画プロデューサーの福寿祁久雄さんは元次郎さんとはすこしちがうことを言っていた。芦屋時代の彼女はさる大尽の所に子守として入っていたというのだ。福寿さんから聞いたところによると、そのお大尽は季節ごとに掛け軸を取り替えるような人だったそうだ。そのとき美術の素養や教養的なことを教え込まれたのではないか、というのが福寿さんの意見だった。

メリーさんが達筆で絵を描くのが趣味だったというのは割とよく知られた話である。しかし戦中戦後の期間、富裕層にそれだけの余裕があったのかどうかは確認しようがない部分だ。

絵に関して補足すると、横浜時代のメリーさんはあの風体なので立ち入りを断られる店が少なからずあった。そこで「絵を売りに行く」という建前なら問題ないのではないか、と考え「弟が描いた」という触れ込みで絵を持ち込み一般の小売店や飲食店に売り歩いていた時期があるという。

真偽のほどは不明だが「弟が銀座の画廊で個展を開いたが、そこにメリーさんが花束を持って行くと嫌がっていた」という伝聞もある。しかし実際のところ、絵を描いたのはメリーさん本人だったのではないか。

メリーさんはお世話になったお礼に自分で描いた絵を贈ることがあったらしい。この点についてあまり多くの情報は持っていない。絵を贈られた方たちがどこかに仕舞い込んだまま紛失するなどしたため、彼女の作品を目にする機会が殆どないからだ。ただわずかな作例から察すると、ビートたけしの画風にちょっと似ていると思う。楽しみながら我流で描いている人の多くがそうであるように、明るい色彩で緻密な描写、かつ遠近法を使わない平面的な空間構成という、ナイーブアート的な作風だったようだ。元次郎さんは源氏物語の挿絵を模写するメリーさんを見たそうだが、伝統的な日本絵画の空間描写の影響もあるのかもしれない。

絵に対してメリーさんは熱心だったようだ。次に紹介するのは、森日出夫が出版したメリーさんの写真集『PASS』の制作に参加した人物の体験談である。

メリーさんに「今したいことはありますか？」と訊いたところ「画集を出したい」と答えたそうだ。そこで「いま絵はありますか？」と尋ねると「実家に送り返してしまった」と言う。「実家はどこ？」……彼女はもう何も話してくれなくなった。

この人物はメリーさんが馬車道のベンチに座って絵を描いているのを見たこともあるという。きちんとした大きな用紙に風景画を描いていたそうだ。

芦屋時代の話に戻ると、この頃のことは追求しようがない部分だが、「あのメリーさんにも人の下できちんと働いていた時期がある」ということだけは間違いないのではないか。白塗り姿の彼女を知っているだけに、不思議な感慨を覚える。

終戦後は彼女と我々の間にちがいなんてなかった

結局のところ元次郎さんの話は裏を取ることがむずかしく、かといって否定するほどの決定打もなく、想像を働かせながら曖昧模糊としたまま受け入れるしかない状態だった。風来坊のような人物の身の上話である。しかも又聞きだ。虚実入り混じってしまうのは仕方のないことだろう。

そんな謎多き老女に直接取材しながらドキュメント映画を撮ろうとした一派がいた。映画の制作が行われたのは一九九三年。制作陣は一流揃いだった。

撮影監督は映画『たそがれ清兵衛』や坂東玉三郎・監督作『夢の女』の長沼六男。脚本は映画『同棲時代』『愛と誠』『青春デンデケデケデケ』、テレビ『ザ・ガードマン』『必殺仕事人』など一千本あまりを書き上げている石森史郎で、制作陣の中には『私立探偵 濱マイク』シリーズの仕掛け人である福寿さんの名前も見受けられる。そこに映画初監督の清水節子（「テレホンセックスを発案した」と自称するタレント）が参加する、という布陣だった。

この映画のことは元次郎さんから聞いていた。元次郎さん自身協力を申し出ており、関係者と会って資金の一部を工面したり素材を提供するなどした、と言っていた。この映画の話は是非とも聞いておきたい。

最初に会ってくれたのが福寿さんだった。福寿さんは一九三五（昭和一〇）年生まれ。二〇〇四年まで『濱マイク』シリーズの舞台となった「横浜日劇」ほか、いくつもの映画館を経営する中央興業有限会社の専務取締役だった人物だ。引退後の現在も、映画に関わる活動をつづけている。

福寿さんは開口一番「僕は彼女をメリーさんとは呼ばないんだよ。メリーと呼んでいるんだ。彼女にさんづけするのはどうもね」と言った。

こういう反応は初めてではない。年配者に取材する際「メリーさんについて調べています」というと、見下すような態度を取られたことがなんどかあった。「もっと別のことを調べた方が良い」と言われたこともある。街の有名人と言っても、あの風体だ。しかも娼婦。地元社会は底辺の住人だと考えているのだった。

晩年の彼女がねぐらにしていたGMビルの関係者も、彼女を嫌っていたのは前述の通りだ。

さらに伊勢佐木町の裏を走る「親不孝通り」の飲食店経営者は

「あの人（メリーさん）のためにどんなに苦労したことか。どれだけ迷惑したか。あの人が来ると、香水の匂いがすごくて客がみんな出て行っちゃう。だからうちでは出入り禁止にしていたよ。元町のとあるレストランでも、あの人が入ってきた途端、客が全員帰っちゃったことがあったっていうし」

「(中村監督の）映画の客は、あの頃ここに来れなかった女の人が中心でしょ」

と忌々しそうだった。

メリーさんの物語が支持されたのは、彼女が白眼視されるような社会の下層に属していたにもかかわらず凛として己の生き様を貫いたからだし、あたたかい心で支える人たちとの交流があったからだ。しかし地元社会全体が彼女の存在を肯定していたのかと言えば、決してそうではなかった。『ヨコハマメリー』がヒットしたことで風向きが変わったのは確かだ。心情的に味方したいという人も増えた。彼女が金になると分かって態度を改めた者もいる。それでも彼女に対して苦い思いを忘れていない地元民は健在なのだ。

私が「彼女は私から見て年長者ですから、さんづけするのが自然な感覚なんですよね」と言ったところ、福寿さんは一応納得してくれた様子だった。

ここで幻となったプロジェクトのあらましについて尋ねたところ、始まりは野上真果という男が訪ねてきたことだという。野上は福寿さんと同年代で中肉中背。髪をオールバックにしており、肩書きのない名刺を差し出すと、企業や学校などのPR映像を制作していると自己紹介した。そして「映画人を集めてなにか作りたい、作品化していきたい、継続的にやりたい、色々な人を知っている……」と言ってきた。福寿さんがプロデューサーをしていることは、映画のエンドクレジットを見て知ったらしい。

具体的なプランやアイデアがあったわけではない。とにかく映画の企画を実現したい、というのだ。

「なにか怪しいな、というのが率直な印象だった」と福寿さんは語る。

「『色々な人やノウハウを知っている』と言って、知っている自分を売り込む奴は危ない、と思ったね」

しかし福寿さんは野上とその後も五回程度会ったという。そのとき野上が出してきた企画がメリーさんの半生の映画化だった。

福寿さんはメリーさんのことをかなり前から知っていた。自分たちが経営する「横浜日劇」の前がメリーさんの通り道だったからだ。メリーさんから声をかけられたこともあるという。

「メリーは行動範囲が広いわけじゃないし、こちらもいつも同じようなルートを通るでしょ。だから同じ人が何回も声を掛けられてるんだよね、向こうが憶えているか分からないけど。彼女は目が悪いしね。僕、（メリーの）タイプなんですよ。友達でまじめに公務員しているのがいるけど、彼も何度か声をかけられてる。若い奴には声かけないんだよ。なにされるか分からないから。中年できちんとした人がいいみたい。

どうやって誘われたか？　すっと寄ってきてね、肘をつかむんです。で『今晩いかがですか？』って。非常にプロに徹していました。計算尽くでね。最後まで客を捜していましたよ」

福寿さん自身、メリーさんを主人公にした映画のことを漠然と考えていた（じつは現在もまだアイデアを温めているという）。しかし情熱を持っているのは劇映画の制作で、ドキュメント映画にはほとんど関心がない。そんな状況での相談だった。

「野上は週刊誌のモノクロ・グラビアに四ページも載っているメリーの記事を見たんだ。それで『これはなんだ？　映画になるぞ』と思ったらしい。それまでも野上はなんどか僕の所に通ってきてはいたけれど、具体的な企画はなかったんだ。その記事が掲載されたのは、映画の企画が動き出す少し前。僕も見たけど『週刊誌の記者も興味があるんだ』と思ったね」

すっかり乗り気になった野上とは裏腹に、福寿さんは慎重な姿勢を崩さなかったという。

まずメリー本人から承諾を得なければならない。それは可能なのか？

メリーは主人公だし、老人を騙すわけにはいかない。本人が嫌だと言ったらやらせられない。

もしメリーが「出ない」と言ったらどうするつもりか？

もし本人が病気にでもなったら？

もし途中で彼女がいなくなっても、映画は出来るのか？

「みんなそのリスクを考えない。出来ないものは待っていても出来ない。途中で止めるくらいなら最初からやらない方がいい、と思っていたんだ」

しかし野上は聞き入れなかった。

「みんなメリーに興味を持っているのは分かっている。誰に会っても興味があるという。やらない手はない」

野上は走り出し、時折時間を合わせては「誰々と会ってこうなっている」と経過報告してきた。横浜が舞台の映画ということで、横浜の映画業界の顔である福寿さんの協力をどうしても取り付けたかったのだ。

野上は福寿さんと接点のない清水節子を引っ張り出して監督の座に座らせた。そうして『スポーツニッポン』に売り込み華々しく映画の制作を宣伝した。

1993年（平成5年）8月18日（水曜日）　スポーツ
ドキュメント「ハマのメリー」
映画
83歳現役娼婦
監督はテレホンSEXの女王・清水節子さん
逮捕歴なんと22回
今も決まった場所に立ち…
女ですもの…
昭和女性史を…
フジ 大坪アナ漫才転向!?
今井美樹3年ぶりの緊張

『スポーツニッポン』1993年8月18日付

映画制作の目的は、好奇心の目で彼女の生涯を暴いていくことではありません。ただ、どうして娼婦になったのか、今はどんな暮らしをしているのかをカメラに納めて、ドラマチックな女の一生をありのまま映像に記録したいのです。（清水節子の発言、『スポーツニッポン』一九九三年八月一八日付より）

清水は清水で、このプロジェクトに商機を見出していたらしい。彼女は「この映画を企画したのもスタッフを集めたのも自分だ」と言い、野上との出会いは覚えていない、と主張した。自分は随分時間を掛けて取材と撮影をこなした。あと少しで完成するはずだった。『ヨコハマメリー』よりこの企画の方がずっと早かった。自分はメリーさんから生い立ちや生き様を細々聞き出している。しかし誰にも話すつもりはない……。

「いかにして自分を大きく見せるか」ということに腐心しているようで、話しているうちに鼻白んだ。もし彼女がスタッフをキャスティングしたのであれば、商業映画の制作経験のない野上を起用した意図が見えない。彼とは仕事仲間だったわけでも、長い付き合いだったわけでもないらしい。脚本家やカメラマンは一流どころを揃えているのだから、プロデューサーもそれに見合った人材を登用するのが自然ではないだろうか。

「ドラマチックな女の一生をありのまま映像に記録したい」と意図するこの映画が目論見通り完成していたら、メリーさんの謎の多くが白日の下にさらされ伝説は霧散しただろう。今あなたが読んでいるこの本も書かれることはなかったはずだ。

福寿さんとしては「何が何でもやりたい」という程ではなかったが、「もし実現させるとしたら、どういう風にしたら良いか」ということは考えていた。清水の構想とは異なるが、基本路線として彼女の謎を追うようなものにはしたくなかった。「横浜でどう生を終えるか」という部分を描きたかったという。

普通じゃないものを被写体にして「おもしろいだろ」はちょっと頂けない。テーマとして深いもの、高いものが必要だ。

終戦後は彼女と我々の間にちがいなんてなかった。

焼け跡に彼女はいたし、我々もいた。

「生き抜くためにはどんなことでもやってやる」

そういうことを言える時代だった。

彼女を見ていると、今でも「戦後」なのかもしれない、と思う。しかしそれだけでは映画として足りない。

娼婦の世界に踏み込んだままいつまでも足を洗わないのは、動機に違いがあるからだ。「食うため」などという一般的な理由からではない。

もし波瀾万丈の人生だったら、途中で止めたのではないか?

いつまでも白塗りを止めないという妙な執念も、一般的な必然性からではなく個人的な理由に起因しているのではないか。

メリーさんが誰に言ったのかは不明だが、福寿さんが伝え聞いた話によると、彼女は「美しい男、見とれるような男に会えるはずだ」と思って立ち続けていたという。軍人に惹かれたのは、軍服が似合う男は凜々しく美しいからだ、と。

だから好みの男に片っ端から声を掛ける。相手が信号待ちしていても袖を摑む。男が自分を選ぶのではない。自分が客を選ぶのだ。文字通り客を摑まえる。福寿さんの説によるならば、彼女が男をみるとき確認するのは次の三点だ。

・日に焼けているか　（日に焼けているのは健康な証拠）
・メガネをかけているか　（教養がある証拠）
・ネクタイをしているか　（きちんとした仕事をしている証拠）

おそらく戦前のハリウッドスター、タイロン・パワーのような男が彼女の好みなのではないか、と福寿さんは言う。

しかし前述の通り、同じ男がなんども彼女に袖を摑まれている。白粉オバケのようなメリーさんに二度も三度も捕まると、大抵の男は彼女から逃げるようになる。

こんな彼女を対象にして、制作陣はどんな撮影プランを考えていたのか。

福寿さんによると、ドキュメント映画なので厳密なシナリオはないが、一ページを八つくらいのコマに分けた「箱書き」は書いていたはずだ、という。その詳細は不明だ。

結局この映画は野上が資金を着服したり、勝手にテレビ局に売り込んだりしたことが原因で頓挫した。福寿さんは「フィルムや資料は誰に頼まれても出せない。そういう終わり方をしたんだ」と言うばかりだ。

しかしドキュメント映画のラストシーンのプランは教えてくれた。それによると撮影クルーが岡山駅で待ち伏せし、メリーさんが新幹線から降りるところを撮影する計画だったという。そのまま故郷の山道を登っていくところを撮っていく。満開の桃の花のなかへ消えていくメリーさん。役者による再現劇ではなく、本人が歩くところを追っていく。

このアイデアはメリーさん本人の許諾を得ていたという。しばらく故郷に帰っていないという彼女に対し、「じゃあ行ってみるかい？」と言ったところ、二つ返事でＯＫしたそうだ。

実際のところ彼女の実家は駅からすぐの平地にあり、山道を登るシーンは撮れない。また岡山と言えば桃で有名だが、彼女の故郷が桃花の名所だという事実はない。しかし福寿さんによれば、「桃が綺麗に見える」という主観こそが映画では重要なのだという。

私と福寿さんはメリーさんを題材にしたお互いの作品プランを巡って、四時間半もの議論と情報交換をした。福寿さんのプランは膨大な映画の知識に下支えされており、構想中だというメリーさんの劇映画は回想シーンを織り交ぜた一幕ものだった。彼女の物語はくりかえし語られて古典化していく。彼女の死で終わったわけではない。

第二部

老いた体に盛装を

メリーさんのことは誰もが見て知っていた。彼女は街並の一部であるかのごとく振る舞い、横浜にいれば自然と会えたものだった。

朝早くメリーさんは関内の街に現れる。伊勢佐木町一丁目の「森永ラブ」（現「焼鳥じらい屋　伊勢佐木町店」）に来店。必ず三番レジにならび、食事とトイレを済ませる。

このハンバーガー屋にはいつでも「予約席」があった。カウンターに向かって右側壁際の奥の方の席だ。メリーさんはその席にしか座らない。壁際だから落ち着けるのだ。もし誰かが座っていたら、睨みつけてどかせる。頑固と言ってしまえばそれまでだが、彼女にはそのこだわりが大切なのだ。一度こうと決めたら自分のスタイルは決して変えない。昔気質なのである。

女を売って生活している以上、外出中の化粧直しを忘れてはならない。ときどき何軒か先にある化粧品店「柳屋」でメイク道具や安物の香水を仕入れることもある。元気があるときは横浜駅前の「高島屋」へ足をのばす。地下商店街を通って地下鉄関内駅へ移動。ベンチに腰掛けて電車を待つ間、小さなウイスキーボトルを取り出してちびり。ため息をつく。それから目の前にならぶ広告の看板を端から端まで舐めるように見る。

横浜駅の地下街と「高島屋」は関内に次いで目撃談が多い場所だ。横浜駅の地下街にどこからともなく現れ、一人歩きするメリーさん。その間ずっと無言である。老いた体に盛装した女をとがめる者はいない。

裕福な家庭に育ったためか、メリーさんは品の良いものが好きだ。お気に入りは家具売場で、高級家具に囲まれてうっとりする。ピアノ売場も好きだ。「海」や「バラが咲いた」などを片手で、というより一本指で、たどたどしく弾きながらささやくように歌う日もあった。

「海」(作詞：林柳波、作曲：井上武士)

海は広いな　大きいな
月がのぼるし　日が沈む

海は大波　青い波
ゆれてどこまで続くやら

海にお舟を浮かばして
行ってみたいな　よその国

将校が待つ海の向こうへの思いを乗せているようにも聞こえ、切なくなる。

「高島屋」には二十年以上通っていたというだけあって店員も慣れたもの。好きにさせている。帰り際、地下の洋酒売り場を探索する。ウイスキーのラベルが斜め向きなのを発見。正面向きになおす。店員の話では、「よく来てやっています」とのこと。

まだ腰がしゃんとしていた頃は、馬車道や山下公園通りを歩くのが日課だった。「シルクセンター」と並んでお気に入りだったのが「ホテルニューグランド」。戦前はチャップリンやベーブ・ルースが旅装を解き、戦後はマッカーサー元帥が滞留していたというハマの名門だ。

横浜がもっとも横浜らしかった頃、すなわち一九六〇年代半ば頃まで、このホテルの利用客はほとんど外国人しかいなかった。見上げるほど大きな船が海の向こうから着岸するたびに、たくさんの西洋人がはき出されホテルは賑いをみせた。ここは小さな外国だった。「ニューグランド」を利用する日本人は政財界の一流だけだった。

米兵がのさばっていた頃からのなじみであるメリーさんは、当時の横浜を知っている。街が変わり、なじみの店が消えていったが、このホテルは健在だ。昔と変わらぬ雰囲気は、なつかしい時代へ誘ってくれる。

こうして夕方まで時間をつぶす。日が暮れると仕事の時間だ。街の灯りが魔法のようにメリーさんを包み込む。

ひょんなことから、私はメリーさんの客になったという男性と知り合う機会を得た。それは男性が定年退職した一九九三（平成五）年の少し後のことだった。

その夜、男性は軽く飲んだ後、伊勢佐木町からほど近い鎌倉街道の辺りでメリーさんから呼びかけられた。

「一万円しかないよ」と答えたところ、メリーさんは一旦引き下がったという。ところが彼が歩き出したところ、両手に荷物をもったメリーさんが追いかけてくる。「一万円でいいわよ」。ＯＫされてしまった手前、なんだか断るのも悪い気がしていっしょに大通公園沿いのホテルに入った。

メリーさんも彼もシャワーは浴びなかったので、あの白粉は行為の最中もそのままだった。首から上は白かったが、身体には何も塗っていない。終わった後は「ありがとう」と言われたそうだ。

福寿祁久雄さんもメリーさんのお客と出会ったことがある。それは一九九六（平成八）年のことだった。たまたま飲み屋で居合わせたタクシーの運転者が、「ついこの間のこと」という前置きでメリーさんの客になったときの話を披露していたそうだ。

男たちは老婆を買ったのではない。伝説に金を払ったのだ。彼女の伝説には対価を払うだけの希少性が生じていたのである。

戦前の名物娼婦・メリケンお浜とメリーさんを結ぶ不思議な偶然

メリーさんには米軍将校のオンリーだったり、金払いのいい客を摑まえたりして羽振りの良い時代もあった。彼女は旅館やホテルで暮らすことを好んだ。家に縛られることを嫌っていたように思える。長く利用していたのは、福富町西通にあった「一力」という連れ込み旅館（現ソープランド「角海老」）らしい。

その一方でアパートに関する証言もある。後述する舞踏家の大野慶人さんは語る。

「シルクセンターで船具商（船舶の装備品や食料品、燃料などを調達する職業。船から離れられない船員に土産物を売ることもあった）をやっていた人がいてね。電気製品とかが売れたんですよ。その人が関内の文化体育館のすぐそばに住んでいたとき、メリーさんが同じアパートに住んでいたっていうんですよ。昭和五〇年代後半の話だったと思います」

「三晃」の柴田さんは「メリーさんは松影町（広義の寿町の一部、ドヤ街として知られる）の辺りのアパートに住んでいました。シルクセンターのスーベニアの店でメリーさんがランタンを買ったんですが、店の人と一緒に届けに行ったことがあるんですよ。古いアパートの一階に住んでいました。ドヤではなくきちんとした月極のアパートでしたよ」と回想している。

一九六七年頃の彼女は横須賀線沿線に住んでいたらしい。ＪＲ山手駅前で洋食屋を営んでいるご主人は一九五〇年生まれ。高校生だった十七歳頃、通学途中の横浜駅で横須賀線の保土ヶ谷方面からの上り列車にメリーさんが乗っているのを毎朝見かけていたという。

彼女は乗り換えのためにこの駅で降りるのだが、夏も冬も白い服で手に扇子を持っていた。当時は背が高い人だと思っていたというから、厚底の靴でも履いていたのだろうか？

毎日同じルートを使っているとはいえ、ターミナル駅だから初めて彼女を目にする人は多い。そのときの反応を遠目に眺めるのが、ご主人の秘かな楽しみだったという。

『ヨコハマメリー』が公開された頃、インターネットの掲示板「2ちゃんねる（現5ちゃんねる）」にはこんな情報が書き込まれた。[12]

406：名無しさん@6周年：2006/01/31（火）16:32:38 ID:uxfc/MSz0
あの白いファンデ　どのメーカーの何だろう？っていつも不思議に思ってた。

私が最後に見かけたのは１９８６年の冬、山下公園のそばだった。
メリーさん、70年代後半〜80年代初頭まで磯子区に住んでいたみたい
たぶんだけどホームレスになる前の住まいは滝頭近辺にあったんじゃないかと思う
その辺を午前９時半頃に神奈中バスで移動していると
テクテクと歩いているメリーさんを見かけたものだった
長々とスマソ

（中略）

490：名無しさん＠６周年：2006/02/01（水）03:04:46 ID:fNzllhgA0
蒔田とか滝頭とかあの辺の人だったの？

（中略）

494：名無しさん＠６周年：2006/02/01（水）03:28:13 ID:N2iACNp90
>>490
一時期、滝頭の方に住んでたって噂だね
朝方か知らんけどほぼ毎日 目撃してる人も居たみたいだし

「滝頭」は磯子区の山手寄りのエリアである。美空ひばりの生地と言えば通りが良いかもしれない。と同時に「メリケンお浜」と呼ばれた戦前の白塗り娼婦（後述）の菩提寺（海照寺 磯子区坂下町）のそばである。お浜の実家からも近い。「引き寄せの法則」が働いたのだろうか。
晩年のメリーさんはホームレスである。曲がった背骨を貫くなけなしの矜持は健在だった。しかし

白いドレスは薄汚れはじめ、香水の匂いが薄れて無防備に体臭を漂わせている日もあった。白内障が進行したせいでアイラインが上手く描けない。何度も失敗して重ね描きするので目元が黒くなった。異様さが際だつ風体のままキャスターのついた大きなボストンバッグを曳き、両手に紙袋をぶらさげてさまよい歩く。折しもバブル崩壊の時期だ。

悪いことは重なるものだ。一九九〇年に中区の黄金町から強制送還されたタイ人女性が、エイズに感染していたことが明らかになった。これをきっかけに娼婦への偏見が目に見えて高まりだした。メリーさんも無関係ではいられない。

それまでメリーさんは馬車道の「相生」という喫茶店（二〇一五年閉店）を贔屓にしていた。一九三一年創業の老舗で八割がなじみ客。「常連の誰が何を食べ、何を飲むのか」店員が把握しているような所だった。彼女は化粧もここのトイレでするほど入り浸っていたし、店も周囲の人もそれに対して苦情など言わなかったようだ。

ところがエイズ騒ぎをきっかけに彼女はマイカップを持参してきた。「これ、あたし専用にしてほしいの」と言って。きっと細やかな神経の持ち主だったのだろう。それでも居づらくなったのか、使い捨てカップのファストフード店「森永ラブ」に鞍替えしたのだ。

しかしこの店もまた安住の地ではなかったようだ。ここで六年間アルバイトをしていたという女性によると、メリーさんはデパートの紙袋をいつも三つ持ってやって来たという。そして座席に置いたまま出かけてしまうことが多かったそうだ。どうも「松坂屋」など近所の店に行っていたらしい。だから腹を立てているマネージャーがいた。

ある晩のこと。メリーさんは座席で横になって寝込んでしまった。寝込んでしまうのは初めてではなかったが、閉店の時間になっても起きあがる様子がない。マネージャーはしびれをきらせた。メリーさんの全財産が入った紙袋を表に放り出すと、

「ババア、出てけ。ここはホテルじゃないんだ」

と言って追い出した。

「ごめんなちゃい、ごめんなちゃい」

メリーさんは手をばたばたさせながらあわてて出ていった。

「森永ラブ」に通い始めたのと同じ頃、やはりエイズを理由に行きつけの美容院からも入店を断られている。殺伐とした現実が広がるなか、徐々に行き場をなくしていくメリーさん。白内障も進行し、街を歩くことさえ不自由になりはじめていた。彼女が三十年以上通い詰めたという伊勢佐木町の化粧品店「柳屋」の福長正夫さんは言う。

「あるとき階段で転んで背中が曲がっちゃったんだよ。骨粗鬆症じゃないかと思ってるんだけどね。それまで背筋はすっとしていてね。背筋が曲がってから声がか細くなって。服も薄汚れてきた」

年取ってからメリーさんは二度救急車で運ばれている。入院先は横浜橋商店街にある野村病院（二〇二〇年に閉院）だった。ここは先述の名物娼婦「メリケンお浜」が晩年掛かり付けになっていた病院でもある。残念なことに病院の規定により、メリーさんのカルテは退院してから五年後に破棄してしまったという。担当医も看護師も職業柄入れ替わりが激しく、当時を知る人は残っていなかった。従って入院に関する詳細は明らかにならなかった。

階段で転んで骨折したのは一九八〇年代後半だそうだが、入院費がどこから出ていたのかは分からない。晩年のメリーさんは元次郎さんから毎週一万円ずつ渡されていた「お花代」と、GMビルのエ

レベーターでもらうチップで生活していた。入院費用はとても捻出できそうにない。考えられるのは実家からの援助である。しかし昔の娼婦の多くは実家と疎遠になっていることが多い。メリーさんの場合はどうだったのだろう。

前述の「『森永ラブ』でアルバイトしていた女性」を教えてくれた私の友人の母親はデパートで働いていたが、メリーさんが実家の弟にお中元のそうめんを送る姿をみたことがあるという。入院費の出所ははっきりしないが、彼女は故郷とつながりつづけていた希有な娼婦だったようだ。

12 【人】〃伝説〃の娼婦 ヨコハマメリーさん —— ドキュメンタリー映画、今年4月公開
https://news19.5ch.net/test/read.cgi/newsplus/1138583658/

生身のメリーさん

メリーさんが「森永ラブ」に来るようになったのは一九九三年頃のことだったとされる。メリーさんといえば伊勢佐木町のイメージが強いが、それまでは馬車道や山下町を歩きまわっていた。「森永ラブ」に出入りするようになってから伊勢佐木町にいる時間が延びたようだ。

この九三年という数字は、黄金町の娼婦のエイズ感染が明らかになったタイミングから考えて間違いないと思われる。伊勢佐木町の商店街からの証言もある。伊勢佐木町一丁目にあった「港屋時計宝石店」の店主・渡辺政次さんは言う。

「メリーさんが伊勢佐木によく来るようになったのは九三年くらいから。以前は川っぷちの旅館に泊まっていたな」

私はメリーさんに会ったことがない。なんだか白昼夢のような捉え所のない存在。それが彼女の印象だった。しかし友人から「森永ラブ」のアルバイト女性を紹介してもらったことで、少しイメージが変わった。彼女の証言が生々しさに彩られていたからだ。改めて「メリーさんも人間だったのだ」と当たり前のことを思った。

メリーさんが「森永ラブ」に来る時間帯は決まっていなかった。朝から昼までいるときもあれば、夕方から夜までのときもあった。雨が降ってもやって来たが、だいたいレインコート姿だったという。店内には一〜二時間、長いときで半日いた。荷物を整理したり、銀行の袋からお金を出して数えたり、化粧を直したり。寝ているときもあった。

彼女のふるまいはたくさんの決まり事から成り立っている。例えば決まったレジにしか並ばない。三番レジだ。座席も決まっている。レジに向かって右側の壁際の席だ。

注文も決まっている。彼女の定番オーダーは海草サラダとコロッケとスティック三本の砂糖を入れた白湯。砂糖はサラダにもかけていたという。コロッケはサラダに載せてからぐしゃぐしゃにつぶして食べる。ポテトサラダのつもりなのだろうか？　ソースは使わない。

フォークの持ち方が独特で、ひじを張って水平にしたまま上げ下ろししていたという。純西洋風のスタイルだ。こうした何気ない仕草から西洋仕込みが垣間見える。

ハンバーガーは滅多に頼まない。あるとき気が向いたのか、照り焼きバーガーを注文した。ちょうど照り焼きバーガーの具が変わってシメジが入ったときのことだった。白内障を患っているメリーさんは極度に目が悪く、何が入っているのか分からなかったらしい。わざわざ「こぽこぽしたものが入っている」とレジに報告に来たのだった。女性は「いいの。それは入っているの」と言ってあやしてあげたそうだ。

この女性は知らなかったのだが、メリーさんは総入れ歯だった。だからときどき食べづらそうにしていることがあった。傍から見ていて「歯が悪いのかな」と感じたという。最後の方はフライドチキンも食べていたそうだが、しんどかったのではないだろうか。

メリーさんといえば化粧だが、「森永ラブ」では客席で化粧直ししていたという。手鏡と白粉はいつも忘れない。しかし白内障の目で納得のいく出来映えに仕上げるのは困難だ。化粧は徐々に貧相になっていた。アイシャドウを買うお金にも事欠いていたようで、口紅を使って描いた。最後の方は手のひらなどの白塗りはまばらだったという。

髪型も昔は芸者のように膨らませていたのが、きゅっとタイトになっていた。髪に腰がなくなったのだろうし、もう髪型に凝る余裕もなかったのかもしれない。

彼女は財布を持っていなかった。腹巻きみたいなところから、縒《よ》れてぐしゃぐしゃの銀行の袋を取り出し、そこからお金を支払った。かつてはいつもピン札だったと言われるが、この頃になるとお金を払うので精一杯だったように見える。靴やバッグも最後の方は汚れていたそうだ。

そんな状況だったのにも関わらず、お店への付け届けは欠かさなかった。この女性はお中元に「松坂屋」の包装紙につつまれた「ラコステ」のタオルをもらったり、バレンタインデーにウイスキーボンボンを渡されるなどしたという。

メリーさんに干渉する者はいなかった。黙って放って置かれていたため、店内は平和に保たれていた。ところがあの風体である。見知らぬ客から黙って写真を撮られたことがあり、かなり怒っていたという。現在のようにスマートフォンが普及していたら、彼女の居場所はもっと限られていただろう。彼女はときどきわけもなく不機嫌なときがあり、誰に対するでもなくぶつぶつ言いながら当たり散らしていることもあったそうだ。

「そんなメリーさんに悪戯したことがあるんです」と、女性は告白した。

あるときしょうゆ味付きのフライドチキンに「ケチャップを付けてくれ」と頼まれた。彼女はケチャップの皿の底に塩を入れ素知らぬ振りをして出した。メリーさんはぶりっ子しながら「しょっぱいの、しょっぱいの」と言ってレジにやってきた。彼女は「おかしいわね〜」と恍けながら、新しいケチャップに替えてあげたそうだ。

ドキュメンタリーに客観性なんてない

ある程度進んだ時点で調査は行き詰まってきた。取材拒否が相次いだからだ。「メリーさんの話は駄目とマネージャーから言われているので話せない」というタレントがいるかと思えば、「メリーさんのことを本にしたら、ただじゃおかないから覚えておけ」と脅迫してきた人物もいた。この人物は横浜のローカル有名人で、名前を出したら横浜の読者は驚くと思う。「もっとちがうことを調べなさい。若いうちは戦争とかメリーさんのような極端な話はやめて、日常的な事柄を取り上げた方があなたのためになりますよ」と諭してきた年配の表現者もいる。

取材に協力してくれたのは、主に一般人や映画『ヨコハマメリー』に関わらなかった文化人たちだった。

協力を快諾してくれた人物のなかに評論家の平岡正明さんがいた。平岡さんは中村監督の映画への協力を断っていた。しかし映画が評判になったのでひどく後悔しており、「だから君の本には力を貸すよ」と言ってくれた。

とは言えその頃の平岡さんは病床にあった。電話口の声はお元気そうだったが、外出することも出来ず、食事やトイレなど必要なとき以外は臥せっていたようだった。したがってエールをもらったくらいで具体的には何もして頂いてはいないのだが、それでも平岡さんのような大物から自分のしていることを肯定してもらえるのは心強かった。初めてメリーさんの故郷に行ったとき現地から平岡さんに電話したのだが、ひじょうに喜んでくれたことを覚えている。

映画『ヨコハマメリー』の公開から数年の間、関係者、とくに映画に出演した文化人たちは過剰な警戒心を持っていたらしい。映画のヒットでとりまかれる機会が増え、神経質になっていたようなのだ。どこの馬の骨とも分からない書き手の取材など受けたくないと考えていた様子だった。その証拠に、時間を十年おいたところ、かつて取材を拒否したり、当たり障りのない形だけの対応を取っていた関係者たちのうちの何人かが、私と向き合ってくれるようになった。そんなわけでこの本には「二十年」という充分過ぎる取材時間を掛けているからこそ、聞けた話も収められている。

さて。第一部で書いたように、フリーの編集者から執筆の依頼を受けていた私は限られた条件のなかで取材や調査をすすめ、なんとか一冊の本を書き上げた。ちょうど仕事を辞めたタイミングだったので時間はあった。メリーさんの故郷への旅なども含め、三カ月の間取材と執筆に専念した。そうして一章書き上がるごとにメールで送信した。全部で八章あったので八回に分けて送った勘定になる。先方からはまったく音沙汰がなく、連絡が来たのはすべての原稿を納品した後だった。

電話口で先方が伝えてきたのは「この内容じゃあ売れません。今回の話はなかったということで」という宣告だった。

「駄目なら駄目で構いませんが、どこが駄目だったかだけでも教えてくれませんか?」

相手は無言で電話を切った。

これですべて終わりである。三カ月間、無収入で打ち込んできたのに何にもならなかったわけだ。こちらが自発的に売り込んだのなら諦めもつくが、依頼してきたのにも関わらずこの仕打ちはないだろうと思った。率直に言ってはらわたが煮えくりかえった。私はなにがなんでも絶対に出版してやろうと誓った。

まず考えたのは、おそらくこのまま他社に売り込んでも勝ち目は薄いだろう、ということだった。そのときはどこが駄目なのか良く分かっていなかったが、レベルアップした方が売り込みやすくなることは間違いない。そのために更なる取材が必要だと感じた。

しかしその一方で取材が手詰まりになっているという現実もあった。どうしたらこの現状を打開出来るのだろうか?

ここで考えたのは『ヨコハマメリー』の関係者のうち、メディアに登場する機会の少ない一般人であれば取材を受けてくれるのではないか、ということだった。

『ヨコハマメリー』と似たような話になってしまうのを避けるために、あの映画の出演者に取材するのは極力避けたいと思っていた。これは出版の世界の話だが、取材した内容のうち実際に記事になるのは半分程度である。後の半分は紙幅の制限や企画の方向性などの都合で表に出ることはなく、取材者の胸の内に収まったまま世に出ることはない。それは映画の世界でも同じではないだろうか?

仮に同じ現場で取材に立ち会ったとしても、作り手なり書き手がちがえばアウトプットの内容は異なってくるはずだ。ボリュームの制限があるなかで、どの部分を中心に物語るのか。どの部分を拾いどの部分を捨てるのか。それによってたったひとつの事実から、無数の真実が生まれる。

一つの例として、ミュージシャンの巻上公一さんから聞いた話を書きたい。アメリカのテレビで放送されたというドキュメンタリー番組の話だ。巻上さんは中央アジアのトゥバ共和国の伝統的な歌唱法「ホーメイ」の歌い手であり、ライフワークのような形でトゥバとの交流をつづけている。あるときトゥバで民謡のコンテストが行われ、地元民に混じって巻上さんたち外国人も参加した。そのなかにテレビクルーを引き連れたアメリカのブルースマンの姿もあった。このクルーたちはトゥバ人とブルースマンだけを抜き取るように撮影した。だから放送された番組を観た限りでは、トゥバ人のコンテストにたった一人の外国人として、このブルースマンが乗り込んでいるように見えたという。

日本のドキュメント映画についてもよく似た話を耳に挟んだことがある。大なり小なり、この手のことは当たり前のように行われているのだろう。これを「演出」と捉えるか、「捏造」と考えるかは、受け手次第だ。

カメラのフレーミングのみならずインタビュー時の質問次第で、作品内容は大きく変わる。どの部分を掘り下げて訊いていくか。上手な質問で本質をえぐり出すことが出来れば、自ずと作品は深くなる。逆に稚拙な質問しか出来なければ、それなりの答えしか返ってこない。

著名なドキュメンタリー映画監督であり、作家でもある森達也さんは『ドキュメンタリーは嘘をつく』（草思社、二〇〇五年）という有名な本を出している。「ドキュメンタリーは客観的な事実の集積で作られるという考えは大間違いです。表現行為である限り、主観からは逃れられません」というのが森さんの主張だが、まったくその通りだと思う。

中村監督が見聞きした内容のうち、作品に活かされた映像は半分もないのではないか。映画は上映時間が限られているため、監督の判断で情報が絞り込まれてしまう。使われなかった部分に面白いエピソードが残っているかもしれない。カメラに映っていない部分に、なにか重要なヒントが隠されているかもしれない。監督の世界観や描きたかったことにそぐわないという理由から撥ねられはしたものの、私の興味を惹くようなストーリーがそこに待ち構えている可能性は大いにある。

中村監督が元次郎さんを中心に取材した、という経緯もあり、元次郎さんの話のなかには映画『ヨコハマメリー』に登場する人物も多い。しかしもう気にするのはやめた。私は『ヨコハマメリー』の出演者に取材してみようと考えた。

必ず胸元から一万円のピン札を出すんです

まず最初にあたったのは舞踏家の大野慶人さんである。

若き日の慶人さんは生業として、妻が営むシルクセンターの薬局を手伝っていた。その頃メリーさんと接していたという。

私は慶人さんと父親の大野一雄さんが主催する「大野一雄舞踏研究所」に一九九六年から九八年にかけて通っており、その後も年に何回かは顔を出していた。したがって中村監督が撮影したとはいえ、私にとっても慶人さんの話を聞くことは自然な流れだった。

とは言うものの、慶人さんがメリーさんと繋がっていたという話は映画を観るまで知らなかった。メリーさんと慶人さんの取り合わせは、私にとって不思議なもののように思えた。

それというのも実際に写真を見るまで、私の頭のなかにあったメリーさんのイメージは大野一雄さんの姿だったからだ。大野さんの代表作である「ラ・アルヘンチーナ頌」のハイライト「花」と「鳥」の場面で、大野さんは白塗りにドレス姿で女装して踊る。その印象が強烈で、そのままメリーさんのイメージとして自分のなかで出来上がっていた。もちろん実際は似ても似つかなかったわけだが、そんな大野さんの息子である慶人さんがメリーさんと接点を持っていたという事実に、私は不思議な感慨を覚えていた。大野一雄さんがメリーさんに触発された部分はなかったのだろうか。

「メリーさんと大野一雄が直接会ったことはありません。でも間接的にだったら、あるいは影響を受けているかもしれない。というのも僕は毎日メリーさんには会っていたし、メリーさんをイメージして舞台で『ハムレット』のオフィーリアを演じたりしているのでそうした空気は持ってきたかな……。一緒に生活しているからね。大野一雄はメリーさんのアウトサイダー的な生き方には共感を持っています」

考えてみたら、慶人さんとダンス以外の話をするのは初めてだった。

「『シルクセンター・ドラッグ』へは毎日来ていましたね。散歩コースだったみたいで。雨の日も風の日も毎日来ていた。時間帯は昼間。服はいつも白い服でした。白しか着ませんでしたね」

慶人さんはメリーさんから「パパ」と呼ばれていたという。舞踏家らしく「雨のなかを歩いても後ろにハネを飛ばさないんですよ」と観察が細かい身体運びにまで及んでいた。

「必ず胸元から一万円のピン札を出すんです。絶対に折れたのは出さない。ピン札なのはきっと毎日銀行からお金を下してくるからだろうな。細かいお金はチップでくれるんですよ。ふつう薬局にチップくれる人、いないでしょう？　それからお釣りの千円札だけしまうんです。

買うのは化粧品。薬は買いません。化粧落とし用のガーゼもよく買ってました」

「シルクセンターのロビーにイスがあったんです。メリーさんのことは『きんきらさん』と呼んでいたんですが、きんきらさんがよく座ってました。そうすると守衛が追い出しにかかるわけです。だからうちの店で買い物すると、店の名前が入った大きなバッグに商品を入れてあげてました。そうするとシルクセンターのお客さんだから、怒れないんですよ。追い出せない。守衛さんとはしょっちゅう追いかけっこしてましたよ」

「シルクセンターの上は『シルクホテル』なんです。女性の従業員に聞いた話なんだけどね、『シルクホテル』にくる娼婦はその日のうちに帰されるのに、きんきらさんだけはかならず朝食を食べて帰るっていうんです。別格っていうのかな。人を惹きつけるものがあったんでしょうね」

そんなメリーさんだが、芝居好きだったという噂がある。彼女はクラシック音楽やオペラも好きで、観に来た舞台は「かならず当たる」といわれたため、興行主は白塗りしたその顔を見ると非常に喜んだそうだ。横浜市が発行した『横浜市史稿　風俗編』（臨川書店、一九八五年）の幕末期のページには「当節はラシャメン（外国人専門娼婦あるいは外国人のお妾さんに対する蔑称）全盛の折柄、此の女達の評判を取らない芝居は不入りであったといわれている」との記述がある。外国人専門娼婦と芝居の客入りにはある種のジンクスがあるのだろうか？

慶人さんは語る。

「ボリショイ・バレエが来日して『白鳥の湖』を上演したことがあるんですよ。僕は二階席から見ていたんだけど、開演するんで照明が暗転した後、白い影がささっと動いて前の方の良い席へ行ったのね。きんきらさんでした。ボリショイ観るんだ、ってショックを受けたね」

ボリショイ・バレエ団のチケットは安くない。一階前列席ともなればなおさらだ。メリーさんはこういうことにお金を使っていたのだった。きちんとした教養があったのだろう。

かつて慶人さんは師匠である及川廣信さんの演出でシェイクスピアの戯曲『ハムレット』のオフィーリアを演じる機会があった。役作りに頭を痛めた慶人さんは、ふと「毎日顔を合わせるきんきらさんのことを思い浮かべた」という。

「きんきらさんが店頭に飾られた宝石を愛おしむようにじいっと見つめる様子。その様子をそのまま演じたんです。舞台はたいへんな評判になりましたね」

人間の記憶というものは案外当てにならないものである。しかし殊メリーさんの話に関する限り、正確な事実関係よりも曖昧な回顧談の方が興味深い。語り手が無意識にいだいている願望や価値観が反映されているからだ。

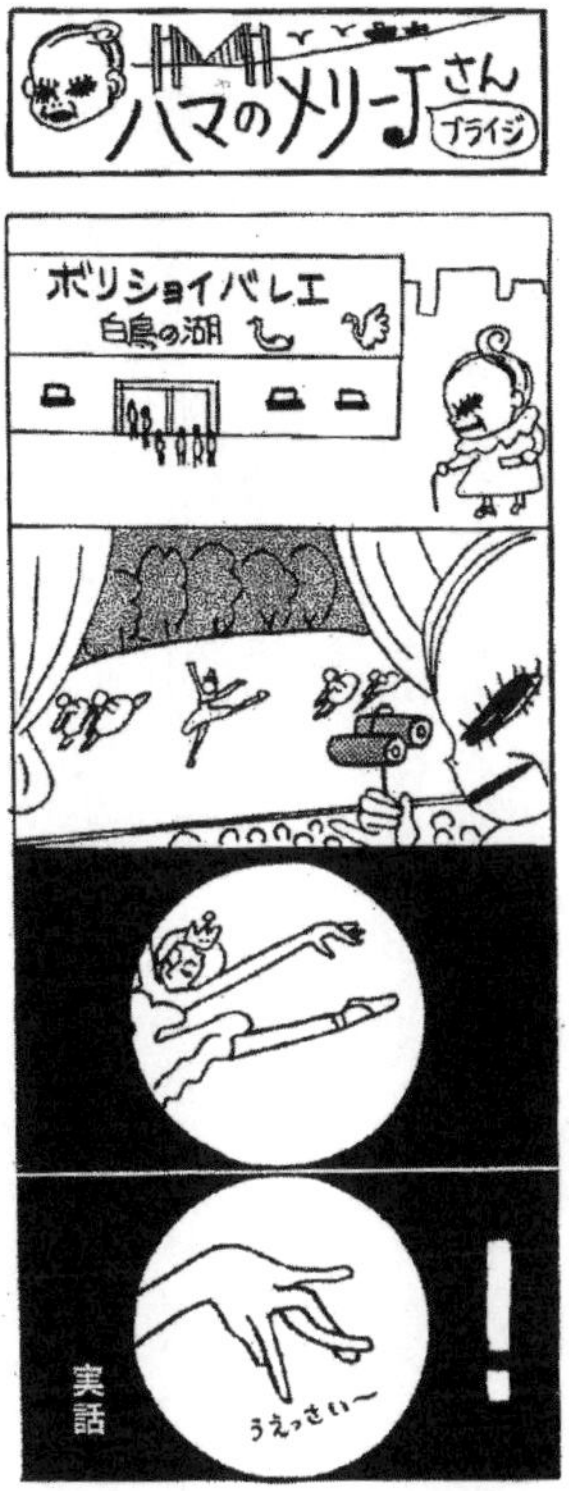

©YUTSUKO CHUSONJI

中尊寺ゆつこ
『ハマのメアリー・Jさん』
（ブルース・インターアクションズ）より

メリーさんが見つめていたという宝石だが、じつは慶人さんの記憶違いらしい。妻の悦子さんによると、実際は輸入物の香水の瓶だったそうだ。

「彼女は香水の瓶をじっと見ていますが、後ろにも目があって男性がいると意識しているんです。相手に視線を向けたりはしません。貴婦人を演じているんです。すると男性は惹き寄せられてしまうんですね。

あるとき若くてハンサムな外国人男性がきんきらさんを背後から見ていました。彼女は彼の存在に気づいていたはずですが、目もくれずに同じフロアーにある喫茶店に入っていきました。それを追うようにして男性も同じ店に入っていったんです。好奇心を刺激されて、私も後から入りました。するときんきらさんは彼と向かい合って座っていたんですね。交渉が成立したんだと思いました」

悦子さんからお話を伺ったのは、慶人さんにインタビューして十年以上経ってからだった。悦子さんは慶人さんの話を補足するようにさまざまな話をしてくれた。なかには前述の宝石の話のように、二人の間に相違点もあった。しかしそんなときこそメリー伝説成立の過程を垣間見ているような気分になった。

悦子さんによると、シルクセンターで見かけるようになった当初、メリーさんは白ではなく金や銀のアイテムがお気に入りだったという。「シルクセンター・ドラッグ」で「きんきらさん」と呼ばれていたのはそのためで、「金色の化粧ポーチを何度も買っていきました」と悦子さんは回想する。

「彼女はすごい美意識をもっていました。お会計のとき胸元にしまった二つ折りの財布から紙幣を取り出しますが、財布がハンカチに包まれているんです。いちいちハンカチ包みを開いて財布を開けるんですね」

彼女はつよい香水が好きだったらしく、店からレブロンのオードトワレ「インティメイト」をプレゼントしたことがあるそうだ。愛用していた化粧品はマックスファクターの「パンケーキ」。ファンデーション類のなかでもっとも早い時期に人気を集めた商品だ。ヴィヴィアン・リーが『風と共に去りぬ』の撮影中パンケーキを使っていたが、燃え盛る戦乱のシーンでも汗で流れなかった、という売り文句で知られていた。

メリーさんの白塗りが濃くなったのは、伊勢佐木町の化粧品店「柳屋」の女将・福長恵美子さん（大正一三年生まれ）が薦めたからだと言われる。晩年経済的に困窮した彼女を見兼ねて、安価な歌舞伎用の白粉を提案したのだとか。全盛時代は薄塗りだったと言われるが、そのころ愛用していたのが「パンケーキ」だったのだろう。

慶人さんは「彼女は真っ白で少し異様な感じだけど、外国人には異様じゃないんだろうね」と語っていた。

私たち日本人は白塗りから舞妓さんや芸者さん、歌舞伎役者などのメイクを連想する。しかし白塗りは日本だけの風習ではない。

エリザベス一世が君臨した中世後期からマリー・アントワネットが断罪されたフランス革命の頃まで欧州の王侯貴族たちも白塗りしていたのだ。メリーさんのイメージはこっちだろう。

欧州古典への憧れを装った逸脱。私たちは洋風のドレスに白粉という取り合わせを奇異に感じる。しかし彼女のお客であった西洋人たちの目には、メリーさんが一六～一八世紀の欧州王室から抜け出て来たように見えたにちがいない（もっとも当のメリーさん本人がそのことを自覚していたかどうかは分からないが）。

シルクセンターは客層に恵まれていた。各国の領事館員、上海銀行の行員、港のパイロット（湾内の水先案内船の船員）、関内地区のオフィス街で働くビジネスマンなどがやってきた。場所柄外国人との出会いも多く、センター内の商店街には「島を持っている」というブラジル領事館の男性と結婚した女性もいた。そんな環境だったからこそメリーさんは引きつけられたのだろう。

その実、この建物で見かける毛色の変わった人物はメリーさんだけではなかった。

たとえばシルクホテルの宿泊客で毎日赤チンを買っていく男性がいた。気品のある美男子で六法全書を丸暗記しているほどのインテリだったが、仕事はしていなかった。彼は極度の潔癖症で、お風呂に入るたびに必ず丸々一本分の赤チンを注ぎ込み湯船を消毒していた。

一九七〇年代から九〇年代にかけて週刊誌を賑わせた「クヒオ大佐」も現れた。一億円もの金を騙し取ったという稀代の結婚詐欺師である。「アメリカ空軍パイロットでカメハメハ大王やエリザベス女王の親類」という支離滅裂な経歴を名乗るこの男は、つなぎの航空服を着てシルクホテルに泊まっていた。「シルクセンター・ドラッグ」でも何度か買い物しており、悦子さんはクヒオの部屋まで届け物をしている。そのときジュラルミンのアタッシュケースに仕舞い込んだ秘密の書類やさまざまなライセンスを見せられたそうだ。「北海道にしゃぶしゃぶを食べに行こう」。そんな誘いも受けたということで、現実離れしていたのはメリーさんだけではなかった。

山手で暮らすシスターボーイも顔なじみだった。彼はミニスカートを穿いていたが、メリーさんが慈しむように眺めていた香水の瓶を男のような股開きの座り方で見入っていたという。

この彼のせいばかりではないが、「シルクセンター・ドラッグ」の店員の間ではメリーさんの性別が議論の的になっていた。それは彼女の声がつくったように高かったからだ。存在そのものがつくりもののようなメリーさんならではのエピソードといえよう。

そんなメリーさんが、悦子さんの許へすがりついてきたことがあるという。

「一度血相を変えて私の所に来たことがあるんです。『取られちゃった』と言って泣きついてですね。どうやら男に騙されたらしいんですが、詳しい話はしてくれませんでした。彼女はいつもこちらの質問には答えてくれなくて、自分が話したいことだけ話すんです」

男と女の間のことだ。騙し合いになることもあるだろう。悦子さんの友人のなかに「シルクセンター・ドラッグ」で知り合った娼婦がいた。娼婦と言ってもメリーさんのような街娼ではない。中華街の外人バーで働いていた。決まった給料はなく、客のオーダーしたドリンクからのバックで生計を立てた。もちろん客に連れ出されることもある。

彼女はある男を夢中にさせ、結婚の申し込みを受けた。ところが彼女は旦那持ちだったのだ。端から本気で「惚れた腫れた」とやるつもりなどなく、男は単なる金づるだった。まだ生々しいドラマがミナトを吹き抜けていた時分の話だ。


ここでもう一度慶人さんの回想に戻ろう。メリーさんの素顔を見た、というのである。

「『根岸家』のオーナーの息子がよくうちに買い物に来ていたんですよ。その関係でときどき遊びに行っていました。

あるとき友だちと一緒に『根岸家』に行ったら友だちだけがいなくなってね。『困った』と思ったら伊勢佐木町の裏通り、曙町まで行かない辺りにある旅館で寝てたんですよ。首にキスマークつけてね。その友だちは結婚してるからまずい、と思ってレモンでキスマーク消して。そうこうしていたら二階からきんきらさんが降りてきた。ノーメークに浴衣で。化粧落としたのははじめて見たね。化粧落としててもすぐに分かった」

当時は青江三奈が「伊勢佐木町ブルース」を大ヒットさせた時代。ミナトの周辺では「ナイト・アンド・デー」や「ブルースカイ」といったナイトクラブが華やかな世界をつくりあげていた。はるばる東京から社用族がやって来てたくさんの金を落としていく。おこぼれに与かる娼婦も大勢いたことだろう。

一切手を触らせませんでした

『ヨコハマメリー』のなかで重要な役割を果たしていた人物の一人が、福富町にあったクリーニング店「白新舎」の山崎きみ子さんである。私が取材したのは二〇〇七年か〇八年だったと思う。メリーさんはこのクリーニング店を贔屓にしており、何十年も利用していたという話だった。

取材当時すでに「白新舎」は閉店しており、山崎さん夫妻は住まいも兼ねていたこの店を引き払っていた。老齢になったので引退したのだ。私は近隣で聞き込みを行い、夫妻が福富町の綺麗なマンションに移っていることを知った。電話番号が分からなかったのと、いきなりインターホンで来意を告げられても困るだろうという思いから、ポストに手紙を投函して反応を待った。するときみ子さんから連絡があり、取材を受けていただけることになった。

山崎さん夫妻はひじょうに物腰が柔らかく、メリーさんのことを喜んで話してくれた。きっと現役時代の思い出の一つとして、懐かしかったのだと思う。ご自宅のリビングでお茶など頂きながら、私は夫妻の声に耳を傾けた。

夫の正直さんもきみ子さんもともに福富町育ちである。きみ子さんは女学校を卒業し、二〇歳のとき横浜大空襲と終戦を経験している。一方正直さんは満州で終戦を迎え、三年間シベリアで抑留生活を送った。シベリアでは毎日、木を切っていたという。

後述するが、メリーさんは女学校にコンプレックスを抱いていたらしい。きみ子さんの学歴がメリーさんを惹きつけた要因のひとつだったのかもしれない。

空襲で横浜の中心部は焼けてしまい、そのまま米軍に接収されてしまったため、山崎夫妻は西区赤門町（最寄り駅は京急線黄金町駅）に店を出した。その後一九五七（昭和三二）年になってようやく福富町へ戻ることが出来た。

夫妻によると、メリーさんは遅くとも一九六五（昭和四〇）年には店に通い出していたという。それまでメリーさんは正直さんの友人の中島さんというクリーニング店を利用していたそうだ。ところがある日中島さんに荷物を放り出されてしまい、「白新舎」に来るようになったという。残念ながらその時期ははっきり覚えていないそうだ。

彼女が店に来るのはきまって午後の三時か四時頃で、毎日のように二、三〇分立ち寄って帰って行くのが常だった。きみ子さんは言う。

「私は『ママ』と呼ばれてました。店に入ってくると『ママー』って。

最初はフリーのお客さんだったんですけど、店へ来ると勝手知ったる顔ですたすた上がって、奥の従業員用更衣室へ行くんです。ロッカーが三つありましたが、いつの間にか一つがメリーさん専用になっていました。ふつうはお客様のお荷物はその都度持って帰ってもらうんですけどね、あの人には置いておく場所がなかったから。荷物は戸棚一杯になるほどありましたね。

あるとき更衣室の戸が閉まったまま、いつまでも出てこないので様子を見に行ったら、壁に寄りかかって寝入っていたこともありました」

メリーさんは正直さんとまったく口をきかなかった。従業員が三人いたが、彼らにはお金の受け渡しのときでさえ一切手を触らせなかったという。

「僕はあんまりいい感じに思ってなかったけど、家内はすっかり頼りにされてましたね。彼女はほんとに口数が少なくて、僕は彼女と話したことがないんですよ。僕が市内のクリーニング屋一七軒で共同出資したクリーニング工場で働いていたこともあって、店のことはほとんど家内がやってました」

とは言えメリーさんは決してご主人のことを邪険にしていたわけではなく、正直さんはワインのボトルを渡されたことがあるという。きみ子さんはこの話を今回の取材で初めて知ったそうだ。

「私はタオルが三本入ったセットを頂いたり、『松坂屋』のお菓子をもらったことがあります。絵を描くのが好きだったみたいで、確かどこかにメリーさんからもらった絵があったと思うんですが、どこかに行ってしまいました」

「お金はかならずピン札で払いますが、他の方にしていたようなチップを頂いたことはありません。荷物の保管料をいただきたいくらいでした。メリーさんが店にいるときはお客さんが表にたまっちゃって困りましたね。

お茶くらいは出しますけど、一切飲まないんです。『口のきれいな人』という印象があります。お酒が強かったって聞きましたけど、うちでは一切何も飲まないんです」

老齢になってからの彼女は白内障だった。そのせいか店でクリーニングの仕上げ作業をしている職人が、街でメリーさんに誘われたことがあるという。きみ子さんは「彼女は人の顔をよく見ないで袖を引くから」と言っていたが、目が悪くて人の見分けがつかなかった可能性もある。

ところでメリーさんが待ちつづけたという将校だが、山崎さんたちはどう思っていたのだろうか。正直さんは「陸軍の将校を待ってたんですよ」と即答した。

「ある男性の写真家がメリーさんを連れて本牧で撮影したことがあるんです。陸軍の人と付き合っていたから本牧の将校クラブで写真を撮ったんですよ」

きみ子さんが付け加えた。

「その撮影のときメリーさんが『ひとりじゃ不安だから』というので、私が軽自動車で本牧埠頭まで送っていったんですよ。あの人は本牧が埋め立てられて、行き場所がなくなってしまったのよね」

横浜は港町だが、戦後この街に駐留していたのはほとんどがアメリカの陸軍だった。正確に言うと、関内など中心部を接収していたのが陸軍第八軍。本牧や新山下三丁目の施設（一九五二年建設）は海軍の管轄（横須賀基地の飛び地という扱い）だった。つまり山崎さんの証言は一部間違っていたわけだが、無理からぬ事情がある。というのもGHQの実行部隊である進駐軍は大部分が米陸軍だったからである。進駐にあたって武装解除した日本側と海戦や空中戦を行う可能性は著しく低かったため、投入された部隊はほとんどが陸軍だった。首都東京は空軍が中心の配置だったが、これは局地的な現象である（前述の通り、そもそも空軍の創設は一九四七年で、進駐開始の時点では存在していなかった。空軍基地の設置は時代の流れのほかに、朝鮮戦争の影響もあるのかもしれない）。

当初は陸軍の第六軍が西日本を、第八軍が東日本を統括する予定だったとされる。しかし占領が円滑に進んだため、ほどなくして日本全体を第八軍が統括することになった。その司令部が置かれたのは東京ではなく、横浜の税関本庁舎だった。日本全土を武力支配する実行部隊の中枢が横浜にあった。その軍は陸軍だった。したがって米軍による統治を体験した世代のハマっ子には、〈進駐軍＝米国陸軍〉というイメージが刷り込まれている。

メリーさんが出没した地域は山下町、馬車道、伊勢佐木町など陸軍が統治していたエリアばかりだ。後年は横浜駅周辺も含まれるが、その頃はアメリカの影はほとんど消え去っていた。そうすると山崎さんが言うように、将校は陸軍に所属していたと考えたくなる。しかしこの仮説は「東京は空軍中心だったので、兵庫で出会った将校は空軍に属していたのではないか」という推測と矛盾する。

兵隊相手の女たちには、暗黙の了解事項があった。海軍相手の女たちは海軍の男一筋、陸軍相手の者は陸軍の男一筋というのがふつうなのだ。同様に白人相手の女は白人オンリー、黒人相手の者は黒人オンリーである（人種に関しては、当時のアメリカにおける人種差別が関連していた。一度でも黒人と寝た女を白人は相手にしなかったのだ）。

ところがメリーさんの場合は、少々様子が異なっている。彼女は横須賀のドブ板通りでも客を引いていたのだ。横須賀は海軍。横浜中心部は陸軍。そして東京は空軍中心だ。彼女は他のパンパンたちのようなこだわりを持っていなかったらしい。なぜだろう。

帰郷

老いさらばえて寄る辺なく、福祉の世話になり、挙げ句無縁仏になる。それが流転の性を生きた女の典型的な最期だ。ところが、伝説に生きたはずの「港のメリー」の晩年は、ちがっていた。まるで死期を悟った飼い猫が姿を消すようにしていなくなったと思いきや、故郷で静かに暮らしていたのだ。

「歩けるうちに故郷へ帰ったらどう？」年々身体が不自由になっていくばかりのメリーさんを見かねて、きみ子さんはこう諭したそうだ。

メリーさんの反応は、それはもう大変な嫌がりようだったそうだが、結局きみ子さんの勧めに従い帰郷することになった。一九九五（平成七）年一二月一八日のことである。

この日、きみ子さんは写真家の常盤とよ子さんと二人で、新幹線に乗るメリーさんを新横浜駅までタクシーで送っていったそうだ。常盤さんも「白新舎」の常連で、メリーさんと親しく付き合っていた。

「新横浜で駅長さんに『頼みます』と言って身柄を預けたんです。途中で気が変わるといけないと思って列車が出るまで見送っていました。タクシー代も新幹線代も私持ちでした。三日後の二一日に預かっていたクリーニングの荷物を宅急便で送っているのですが、それもうちの負担です。タクシーの領収書も宅急便の領収書も取ってあるので、日時に関して間違いはありません」ときみ子さんは言う。

帰郷の時期について、『ヨコハマメリー』の出演者の間でも九五年と九六年という二通りの証言がある。中村監督は領収書という物証を根拠に、山崎夫妻の言う九五年一二月一八日を帰郷の日としているようだ。

ところがである。九六年にメリーさんを目撃したという人物が複数いるのだ。一人は作家の山崎洋子だ。彼女は著書『天使はブルースを歌う』（毎日新聞社、一九九九年）のなかで、この年起こったふたつのエピソードを記している。ひとつは「柳屋」の福長恵美子さんがメリーさんの体調を気遣い「いい医者を紹介する」と申し出たところ、行きつけの総合病院の診察券を取り出し「大丈夫」と言われたこと。もうひとつは山崎自身が、この年の暮れに椅子の上で背を丸めたメリーさんを見かけた、というものだった。

もう一人は私のウェブサイトに投稿してくれた女性で、この頃福富町で水商売のアルバイトをしていたという。「ホステスのアルバイトをしたのは九六年二月から十一月末日の間だけです。メリーさんを目撃したのはちょうどこの仕事をしていた年の八月なので絶対に間違いありません」と断言している。同僚のなかには、この年の夏、メリーさんに会って千円渡した者もいたそうだ。

ただホステスをしていたこの女性も、九五年末からメリーさんの目撃情報が激減していることは認めている。GMビルの廊下で生活していたはずなのに戻ってこない日が多かったそうだ。当時彼女の仲間内では「昔のなじみが大出世してメリーさんの生活費から住居まで用意している。今までは甘えたことがなかったが、寒さしのぎで世話になっていたのかもな」と噂していたという。

また前述の通り、福寿さんも九六年に「ついこの間のこと」という触れ込みで、メリーさんの客になったというタクシー運転手と遭遇している。さらに元次郎さんも「メリーさんの帰郷は九六年」だと話していた。

メリーさんは山崎さんらに見送られて帰郷した翌年、こっそり戻ってきたのではないだろうか。故郷は居心地が悪かったのか。あるいはもっと別の理由があったのか。そのあたりははっきりしない。彼女は何事もなかったかのように元次郎さんとの交流をつづけた。

一方きまりが悪かったらしく、山崎さんたちの前には姿をみせず仕舞い。夫妻はメリーさんの帰浜をまったく知らなかったという。この件を伝えたとき、きみ子さんはショックを受けたらしくかなり腹を立てていた。私は軽い罪悪感を覚えた。

ちなみに、メリーさんの友人として真っ先に名前があがるのは元次郎さんだが、彼女は常盤さんともかなり親しかったようである。取材を拒否されてしまったので詳しいことは分からないが、プロローグで述べたとおり、シャネルの香水をおねだりできる関係だったようだ。

大晦日のしきたり

じつは彼女の帰郷は珍しいことではない。毎年正月は故郷に里帰りしていたのだ。きみ子さんによると、年の瀬になるとメリーさんはかならず「白新舎」にやってきたという。

「大晦日くらい本当は休みにして旅行に行きたかったのですが、毎年メリーさんが来るので店を開けていました」

メリーさんは従業員休憩所でお馴染みの姫様ドレスに着替える。顔や手足には入念に白塗りが施されている。年が押し詰まっても出で立ちが変わる様子はない。

「毎年『この人、本当は男の人じゃないかしら』と勘ぐりたくなるくらい両手一杯の荷物を持ってね、いつものあの格好のまま岡山に帰郷するんですよ。いつも白塗りで素顔は見たことがありません。毎年大晦日になると『行って参ります』と言って、一月の五日か六日になると『ただいま』って」

一匹狼のイメージが強いメリーさんだが、故郷は忘れがたい場所だった。実家に住む家族との絆も断ちがたいものだったらしい。実家には頻繁に贈り物を届けていた。「松坂屋」から実家に住む弟宛にそうめんを送っていたことは、前述の通りだ。

彼女はミュージカルが大好きで、「白新舎」にパンフレットを山ほど置いていた。保管場所に困ったのか、コレクションしたミュージカルのパンフレットを実家に送ったこともあった。きみ子さんは言う。

「メリーさんは実家に送金していました。本人が『田舎へお金送ってあげるの』と言ったわけではありません。でもそれとなく分かりました。初めの頃はまだ現金書留がなくて為替で送金してましたね。為替の半券が束にしてあって、こんなに厚くなってました」と言ってきみ子さんは手で厚みを表すジェスチャーをした。

「チッキ（旧国鉄による手小荷物輸送業務。一九八六年に廃止）で荷物を送ることもありましたよ」

その一方、家族の話や故郷の話は一切しなかったそうだ。

「私たちの年代の人間であれば、親しくなったら身の上話くらいするのが普通ですが、そういったことはありませんでした。兄弟の話も一切しないし、所帯を持ったという話も聞いていません。同棲もしていないと思います。万が一結婚していたとしたら、横浜に来る前の話でしょうね」

「故郷に弟さんがいることは聞いていましたし、弟さんの奥さんから私宛に電話がかかってきたことがありますね。どうして私にかかってきたのかしら？　すこしだけ話をしたんですけど、悪い人ではありませんでしたよ。

弟さんと話したこともありますが、『姉さんがすっかり世話になって』という話は出ませんでした」

きみ子さんは電話をもっていないメリーさんに代わって、実家に電話をかけてあげたことさえあったという。

「（メリーさんが）『実家に電話をかけたい』というので、携帯電話でいわれた番号（実家の番号）にかけ『ここにお姉さんがいるんですが』と言って弟さんに取り次いでから電話を代わってあげました。車の中で私と二人きりの状態で、実家と話していましたね」

この取材のハイライトは、私の目の前できみ子さんがメリーさんの実家に電話を入れてくれたことだろう。

元次郎さんから聞いていた話ときみ子さんの話で食い違う点があった。それはメリーさんの本名だった。

元次郎さんから聞いていたのは「○○緑子」という名前だった。平岡正明さんからも同じことを聞いていた。

ところがきみ子さんは「いえ、私はこう聞いています」と言って、メリーさんの本名と実家の住所が書かれたメモをみせてくれた。そこには「○○緑恵」という文字が認められていた。

私が不思議がったからであろう。

「ご実家の弟さんと数回電話でお話したことがありますから、間違いありませんよ」と言って、その場でメリーさんの実家に電話をかけてくれたのである。

電話口に出たのはメリーさんの弟の息子さん、つまりメリーさんの甥御であった。そして、弟さん夫婦は既に他界されていること、メリーさんのことは話したくないこと、きみ子さんの主張する名前で間違いがないこと、などがはっきりした。元次郎さんが「本名」だと聞いていたのは「愛称」らしい。

ただ彼女の名前を知っていたきみ子さんも、そして元次郎さんも彼女のことはペンネームで「西岡さん」と呼んでいた。

「西岡さん」はプライドが高かった。しかし寄る年波に負け「自分のお部屋が欲しいの」と弱音をこぼすことがあった。

「どうしてマンションとか買わなかったんでしょうね？　むかしは相当な収入があったのに」

インタビューの最中、きみ子さんは言った。私はメリーさんの実家の写真をお見せした。

「きっとなにかあったら実家に帰ればいいという頭があったから、家は買わなかったのね」

きみ子さんは合点がいった様子だった。そして「そう言えば彼女には悲壮感がなかったわ」と言った。

しかし故郷に戻ったメリーさんは「横浜に帰りたい」と言っていたそうだ。彼女の故郷はどんなところなのだろうか。

先に紹介した「GMビル時代にメリーさんと一緒に飲みに行ったことがあるという男性」はこんな話を教えてくれた。

「この話は真実ではないかもしれません。ひとつの噂として聞いてください。

私が聞いた話では、メリーさんは故郷で結婚していて子供もいたそうです。旧家の長男ではない旦那さんと子供の三人暮らしでした。しかし戦争で旦那を亡くし、子供を置き去りにして故郷を離れ、娼婦になりました。子供を捨て、すべてを捨てて生きていました。

そのメリーさんが故郷へ帰るにあたって、本家の長男やメリーさんの子供は彼女を許しませんでした。実家にいられないメリーさんは、故郷から少し離れた老人ホームへ入所することになったのです」

きみ子さんは帰郷後の様子を知らなかったという。

「老人ホームで『山崎さんに会いたい』と言っていた、と聞いたけれど、それまで老人ホームに入ったのさえ知らなくて。ずっと実家にいるものだと思っていました。岡山に帰ってから一度も便りがありませんでしたしね。一度くらい老人ホームを訪ねようかと思っていたんですが、クリーニング屋の仕事が忙しくて行けずじまいでした」

その一方で隠遁したメリーさんを訪ねた人たちもいた。

二〇〇〇年の正月、元次郎さんはふたりの友人と共に岡山へ向かった。弟の七〇歳を過ぎたお嫁さんと話をしたが、メリーさんを嫌っていた風だったという。

はじめてメリーさんの故郷へ

岡山県北部の中核都市、津山を発ったJR姫新線は一路西へ向かった。津山はロックバンドB'zの稲葉浩志や俳優のオダギリジョーらの出身地で人口一一万人。古くから美作国津山藩の城下町として、また出雲街道の宿場町として栄えてきた。

とはいえ岡山市の人間にしてみると、津山は「県外」のような感覚だという。その「県外」からさらに奥に進む。

姫新線のドアは乗客が開け閉めする押しボタン式だった。おまけに二両編成である。ふだんは一両編成とのことだったが、ちょうど地元の中学校の試験期間にあたっていた。そこで学校側が要望を出して二両編成にしてもらっているのだという。三、四十年前までは利用客も多く三〜五両編成だったのが、モータリゼーションが進んだ結果、列車の本数と車両数が減ってしまったのだ。運転はワンマンだが、切符の回収も運転手の仕事だ。都会から離れ、地方を旅しているのを実感する。

津山を出て二駅もすると、車窓の両側は水田や眩しい緑がつづくのどかな風光となった。列車は山岳地帯に踏み入り、両側が斜面となった山林をすり抜けるようにして進んだ。途中駅は山間の集落に設けられた無人駅が多い。線路は単線で、おまけに一、二時間に一本程度しかない。

ちょうど下校時間と重なったらしく、白いYシャツ姿の高校生が大勢乗り込んできた。山間部にもかかわらず、どの子も意外なほど垢抜けている。西日本の田舎は東日本の田舎よりもずっと洗練されていた。この姫新線こそ、メリーさんの故郷につづく路線である。

メリーさんの故郷にはじめて足を向けたのは、二〇〇六年だった。元次郎さんから頂いた資料のなかに、メリーさんの実家の場所が書かれていた。地図で調べたところ、最寄りはT駅である。

この駅で下車したのは私一人だけだった。屋根さえもないプラットフォームは静かだ。帰りの電車を確認しておこうと時刻表に目をやる。現時刻は一時五〇分で、次の便は二時一五分。その次は……五時十九分であった。三時間半後である。

T駅周辺には文字通りなにもなかった。商店はおろか、バス停もタクシー乗り場も公衆電話もない。人の気配さえもない。目に付くのは野太い原木を山のように積み上げた製材所。それが何軒もある。

深閑とした山里でフォークリフトだけがせわしなく動いていた。

さらに歩を進めると、水田や眩しい緑がつづくのどかな景色が眼に入った。ちょっと離れた山並みまで視界を遮るものはなにもない。ぽつぽつと田舎らしい立派な造りの家が建っているのが、単調な風景のアクセントになっていた。

休耕地で削り出したばかりの角材が日干しされている。製材所が多いため、そこかしこから白木の香りが風に運ばれてくる。山里のひんやりした空気が新鮮で心地よかった。

メリーさんの実家はT地区のなかのWという集落で、ひとつしかない改札から反対口に廻らなければならない。踏切の手前に大きな製材所がある。波打ち屋根にトタンの壁。機械の稼働音がけたたましい。そこはメリーさんの一族の本家が経営する製材所だった。近隣の同業者に引けを取らないほど大きい。人影こそ見えなかったが忙しそうだ。戦争の直後、分家が娘を売りに出すことなどあり得ないように思えた。

線路を越え、Wの集落に足を踏み入れる。車一台がやっと通れるほどの小道が曲がりくねりながら奥までつづいている。周囲は平坦だが、集落のある場所だけ少々小高くなっていた。大昔、この土地にはじめて住み着いた人びとは、この一角に引き寄せられるようにして住処を築いたにちがいない。どの家も大きく、都会では珍しくなった瓦屋根が多い。裕福な集落だという印象を受けた。

初めて彼女の故郷に足を踏み入れたこのとき、私はまだ覚悟が決まっていなかった。大それたことをしているという感覚があった。太陽がサンサンと照り輝いているにもかかわらず、彼女の故郷は近寄りがたい魔境のように感じられた。私は緊張していたのだろう。そして未熟だった。

メリーさんの故郷

　元次郎さんから頂いた手書き資料には番地までは書かれていなかった。予め電話帳で調べたところ、T地区にはメリーさんの本名と同じ姓を持つ家がすくなくとも七軒ある。そのうち四軒がW内の家だ。現地に来たのは良いが、どの家なのか分からない。

　もっとも番地が分かったとしてもなんの役にも立たなかっただろう。番地の表記どころか、きちんとした門があっても表札を掲げていない家ばかりだからだ。近年まで、この辺りでは手紙の宛先に番地を書かなくても届いたという。この一事をとっても古くからの村落共同体だということが分かる。

　じつはWという地名は旧称で、地名改変により公式にはなくなっている。しかし古くから住みつづける人が多い地元では、現在もこの呼び名を使っている人が少なくない。それは過去から続く因習をも大切にしているということだろうか。人通りが全くないため、まだ昼間だというのにあたりはシンとしている。

メリーさんの実家はどこだろう。何軒かの家の玄関先まで行って表札を確認した。該当する苗字の家があるにはあったが、果たしてこれがそうなのか。

前方に手頃な広さの家庭菜園が見えた。ひとりの老婆が作業している。この人に尋ねよう。

「うちがその家だが、なんの用だ?」

見据えられて面食らった。

じつは今回の取材で遺族の方に話を聞くべきかどうか、まだ私は迷っていたのだ。とりあえず実家の場所だけ探しておいて、それから話を聞くかどうか考えようと思っていた。この山里は横浜からあまりにも遠すぎる。自分の肉親が白塗りして街をうろつき「メリー」なる通り名で知られていることなど、おそらく親族は想像したこともないだろう。いきなり部外者がやって来て、仰天するようなことを言い出しても良いものか。こんな話題、部外者に触れて欲しいはずがない。第一、答えてはくれまい。取材を無理強いすることははばかられた。

こんな迷いのある状態だったにも関わらず「うちがその家だ」と言われたので、面食らってしまった。

私は「いえ、製材所を探しているのですが、どちらになりますか? 社長さんのご自宅はこちらですか?」などと訊いて取り繕い、その場を立ち去る振りをした。老婆は何事もなかったかのように作業を再開している。

じつはこの家は一族の本家で、メリーさんの家は分家だったのだが、このときはまだ分からなかった。すっかりこの家を彼女の実家だと思い込んだ私は、黒瓦になまこ壁の立派な屋敷を見やった。屋根の両端には尾を高々と掲げたしゃちほこまで侍《はべ》っている。その横手には家紋入りの土蔵が建っていた。さらに庭先には二階建ての母屋をもしのぐ巨大な松がそびえ、異邦人を睥睨《へいげい》している。ちいさなお城といっても差し支えないほどの邸宅だった。

しかしもっとも印象に残ったのは家屋ではない。塀際に土でこさえた「かまくら」のようなものがある。俗にいう土室だった。この辺りは横溝正史のあまりにも有名な推理小説『八つ墓村』のモデルになった土地から遠くない。土室は、集落が長年育んできた因習のたぐいが具現化したものに思え、気軽に足を踏み入れてはいけない場所に来てしまったと思った。私は親族にインタビューするだけの必然性を自分のなかに見い出せず、二時一五分の列車に飛び乗った。「彼女の故郷を見た」という形ばかりの収穫を手にして逃げ出したのだ。

山大尽たちの戦中・戦後

移動の車内で、私は取材を強行すべきだったのか、自問していた。

それにしてもあの屋敷を捨ててまでメリーさんが都会にこだわった理由はなんだったのだろう。まるで分からない。

後に彼女の実家の正しい場所が判明するが、本当の実家も本家に負けないくらい立派だった。

宿泊先でもある隣り駅で下車した私は、旧市街にある寺院を訪ねた。

武家屋敷だという平屋を過ぎると、つきあたりに威風堂々とした寺が四山並んだ一角がある。戦災で焼けなかったためか、どのお堂も相当古そうだ。とくに左側の二山は境内に墓地を抱え、妙な迫力がある。

寺院を訪ねたのは、古くから続いているはずだから歴史事情にも詳しいだろうと考えたからだ。住職は五分刈り頭のぽっちゃりした方で、おそらく七十過ぎくらいだろう。東京の駒澤大学を卒業後、横浜・鶴見の総持寺で研鑽を積んだという。中国地方の山里で横浜に縁のある方に会うとは思わず、お互い驚いた。

彼女の故郷でおかしな噂が立つのは避けたかった。はじめは当たり障りない程度のことしか質問しなかったのだが、「本山には様々な悩みを抱えた方がお見えになります。秘密は口外いたしません」との言葉を信じ、こちらが知っている限りの情報をお伝えしてメリーさんの家のことを訊いてみた。

「あのお宅の娘さんですか。あのお宅は山持ちなんですよ。昔は文字通り飛ぶ鳥を落とす勢いだったと思います。大変なお嬢様だったんじゃないでしょうか。T地区のPTA会長の家でした。父親のことを『父君』と呼んでいたんですか？　いえ、そこまではすごくないですけどね」

これもまた後に判明したことだが、この「山持ち」の家もメリーさんの実家ではなく、別の分家だった。この家は経済的に成功し、本家を凌ぐほどの財力があった。戦時中は国民的文豪の疎開を世話したことでも知られ、地元の郷土史の本に名前が出てくる程の家である。岡山県木材組合連合会の中心人物でもあった。本家といい、この家といい、メリーさんの一族は林業と所縁があるようだ。

「この辺りは杉や檜が有名なんです。戦前戦後とずっと景気がよかったのが、木造建築が下火になるとどこの製材所も経営が苦しくなりましてね。当時、山持ちは『山大尽』なんて言われたんですよ。お大尽さまでしたよ。M地区やT地区には山持ちが何軒かありましたね。それがいまでは赤字を抱えている家が多いんじゃないかと思います」

この辺りは敗戦による不景気とは無縁だった。

「都会では燃料がなくてみんな震えていたと言いますが、終戦直後からストーブ焚いてましたよ。石炭や灯油ではなくストーブにおがくず入れて暖を取ってました。ガンガン木を切るもんだから、おがくずが山ほど出たんですよ。一般の家庭もみんなおがくずストーブでした」

メリーさん世代が小学校にあがった頃、教室ではまだ一メートルくらいもある大火鉢が使われていたという。小学校の途中でストーブに変わったが、前述の通り石炭や石油のストーブではない。山に行ってスギの葉を集めてきたり、製材所で切れっ端をもらってストーブにくべていた。ただ例外的に駅の待合室は石炭ストーブだったらしい。そしてなんと列車の中にも車両ごとに一台ずつストーブが据え付けられていたという。

田舎だったせいか、戦中戦後を通して暮らしはそれほどひどくなかった。学校所有の田んぼや畑で米や大根などをつくってはいたが、都会のようにグランドを畑に造成し直すほどではなかった。お腹をすかしていた記憶はあるが、ひもじいというほどではなかったという。

「うちは寺だからまだよかったんです。檀家さんからもらい物もあるし、畑もありましたから。ただ貧乏なお宅というのがありましてね。小作農の家は大変だったようです。

当時は農地を持ってる地主と山を持ってる地主がいましたけど、地主の農地は農地解放でみんな取られてしまいました。そうして没落した家もあったようです。山の方はそのまま残りましたがね」

結局メリーさんの実家が何をしている家なのかは調べきれなかったのだが、あのピカピカした屋敷が農地改革の影響を被ったとは思えない。

私は元次郎さんから「メリーさんの故郷の村は林業が主体で、戦後は需要がなく貧しかった」と聞いていた。実際はどうだったのだろう。

岡山県立図書館・郷土資料班のＳ氏によると、戦時中の岡山ならびにメリーさんの郷里は以下のようであったという。

最初に、岡山県の基本的な統計資料である『岡山県統計年報』は昭和一七年〜昭和二一年分の数値が存在しないことをご了承ください。

戦時中の木材の個人需要についてはわかりませんが、国をあげ戦争に向けて木材の需要は増えており、岡山県木材株式会社は増産運動を展開するなどしています。（傍点は著者）

意外なことだが、戦時中の林業は景気がよかったのである。というのも陸軍が鉄道敷設のために大量の枕木を必要としていたことや、各種軍事施設の建設のため、戦時中も公共事業の需要が落ちなかったからだ。

戦況の悪化に伴う困難はたしかにあった。輸送力が低下したため、生産材の搬入や製品の出荷が思うようにいかなくなった。ラインを廻す上での資材類も枯渇し、おまけに陸軍から仕事を任されていたにも関わらず、製材所の電力まで制限されていた。しかし、

生産面では〝木材増産挺身隊〟を結成し、供出面では〝神風特別供出運動〟などを実施し、且つ一方では〝冬山増産期間〟を設けまた〝夏山非常増産運動〟を起こした。幸いに関係官庁などの支援もあり、官民一致の総努力を結集することに成功し、生産供出とも順調な成績をあげている。

殊に昭和一九年度の如きは素材生産、製材生産共予期以上の成績をあげ、素材生産量では割当量を遥かに突破し、全国の地方木材株式会社中生産、供出割当に対する生産供出率は、第二位を獲得するに至ったことは特筆大書すべきところである。（金谷正之・著『岡山木材史』岡山木材協同組合、一九六四年）

住職が証言するように、メリーさんの故郷の景気は戦時中も良好だったようなのである。挙国一致体制により県内のすべての製材業者は「岡山県木材株式会社」に統合された。したがってメリーさんの一族は家族経営の製材業者ではなく、大きな会社の自社株保有従業員（あるいは経営陣の一角）という立場になったのだろう。金銭には困っていなかったはずだ。

戦争中、困ったことといえば人手が足りないことだった。男はどんどん兵隊に取られる。しかし木材は出荷しなければならない。そこで大勢の朝鮮人が働かされた。朝鮮人の男は林業、女は子育てと農業に従事したが、子供は普通に学校に通えたという。彼らはダムの建設にも駆り出され、山奥の工事現場のそばには朝鮮人人夫の集落があった。

戦前の農村の常として、彼女のふるさとも貧富の差が大きかった。小作農の子供の中には弁当を小学校へ持っていけない子もいた。しかしメリーさんの家が、下層に属していたとは思えない。

終戦後、横浜を含めた都会には食料がなく、仕事もなく、悲惨な状況だった。街の人びとはヤミ物資を求めて買い出し列車に乗り、何度も田舎に足を運んだ。

「都会に行っても食べていけない」

街の女たちがパンパンになった大きな理由は、都会では他に食べていく手段がなかったからだ。しかし田舎であれば、食うに困ることはなかったはずだ。山里で何不自由なく暮らすメリーさんは、なぜ生活困難な都会へ行かなければならなかったのだろう。

同窓生は誰もメリーさんのことを知らない

元次郎さんは「メリーさんは女学校を出ていると思う」と言っていた。あの家を見て、私もそうだろうと考えた。同級生の談話を取ろう。あわよくば卒業写真も見てしまおう。そう考えた私は旧制女学校の関係者にコンタクトを取り続けた。

メリーさんの家から女学校に通うとしたら、いま私がいるK町の学校に行くのが自然である。メリーさんは大正一〇年生まれ。つまり一九二一年の生まれだ。当時は義務教育が小学校までしかない旧制教育下である。女学校へ通ったのは良家の子女ばかり。つまり当時の女学校はみな、お嬢様学校だった。

旧制女学校のOGはみな仲が良く、老境になっても同級生同士のネットワークが維持されている。運の良いことに、私が宿泊していた民宿の先代の女将はK女学校のOGだった。すぐ近くには、彼女の従姉妹でやはりOGの女性が住んでおり、毎日民宿でいっしょに食事を取っていた。

先代の女将は鳥取側にちかいM村の出身だという。M村から女学校に行ったのは小学校のクラス四〇人のなかで五人（医者の娘、先生の娘、郵便局長の娘、産婆の娘、特別勉強の出来た人）だけ。あとはみんな小学校を出たきりだった。

「女学校に行くためにはお金があって勉強も出来なきゃいけないんですよ。父親から『女学校に行くか、嫁入り道具を揃えるか、どちらがいいか』と訊かれ『学校がいい』と言ったんです」

むかしは貧富の差が激しかった。子だくさんの家の子は、小学校を卒業すると縫製工場で有名な児島（倉敷市）のミシン工場へ勤めたり、倉敷紡績へ女工に行ったそうだ。理由は口減らし。だから故郷をあとにすると、まず帰ってくることはなかった。瀬戸内の工業地帯には全国から女工が集まり集団就職したという。そうした女工たちは一段見下されていた。女工哀史の世界である。

戦時中も貧富の差は歴然としており、この女性は「昔はおかゆを竹筒に入れて学校に持っていったもんだけど、弁当がなくて外でしょんぼりしている子もいたわ。亭主が兵隊に行った家なんかはかわいそうだったわね」という。

こうした格差は農地改革が断行されるまでつづいた。しかしメリーさんは第一次農地改革が始まる前に故郷を出ているはずなので、農地の解放と地主の没落は見ていないだろう。

この女性や彼女の従姉妹、ほかに数名の女性からかなりの時間を割いていただいて旧制時代の女学校の様子を聞いた。ところが誰もメリーさんのことを知らないのである。話を伺ったうちの一人はメリーさんと同じT地区出身で、年齢もメリーさんと一つしか違わない。にも関わらずメリーさんのことを知らないという。これはおかしいと感じた。

旧制女学校の多くは学制改革により、共学の新制高校になった。幸い岡山県の山側は空襲にあっておらず戦前の卒業名簿が残っている学校ばかりだ。私はメリーさんが寄宿した可能性も考慮し、学校側に協力していただいて近隣の旧制女学校のみならず、岡山市内の女学校の卒業名簿も調べまくった。メリーさんの名前はどこにもない。

今度は小学校を調べてみようと思った。メリーさんの集落から二キロほど離れた場所に小学校がある。そこで校長先生にお願いしたところ、確かにその小学校を卒業していることが確認出来た。卒業は昭和八年三月二七日付けである。

彼女の趣味は絵を描くことだった。書道の嗜みがあり、難しい言葉もずいぶん知っていたらしい。しかし状況を見る限り、女学校は出ていないようだった。

当時の私はこれ以上の調査が出来ず、一度目の岡山取材は中途半端な結果に終わった。

前述の通り出版の話はなくなっていた。よりハイレベルな取材を決意した私は、もう一度彼女の故郷に行こうと考えた。今度こそ親族からコメントを取らなければならない。

映画『カルメン故郷に帰る』のような

私が自分のミスに気がついたのは、第一部に登場したフリーライターの末藤さんと話したときだった。

末藤さんもメリーさんの取材には苦労したそうだ。膠着状態の打開を図ろうと考え、やはり彼女の故郷に向かったという。

「親身になって世話をすれば、メリーさんだってそのうち心を開いてくれんじゃないか。そんな風に思ったんです。そこでホームヘルパー二級の資格を取りました。

もうその頃メリーさんは故郷に帰っていましたから、僕は自分の計画を実行に移そうと車で岡山に向かいました。そして彼女の実家を探し当てたんです。庭の鯉のぼりが印象的な家でしたね。……でも声はかけられなかった。位負けしてしまったんです」

庭の鯉のぼりが印象的な家？　そんなもの、あったかな……？　その点を確認したところ、私は自分が勘違いをしていることを知った（一族の本家を実家だと思い込んでいたのだ）。

それにしても私だけでなく、末藤さんも親族からの談話を取れなかったとは。私たちのように都会に住む若造には荷が重いのか。

彼女の故郷を訪ねたとき、大きな川を渡って見知らぬ地平に踏み込んでしまったかのような身の置き所のなさを感じた。ここを乗り越えない限り、その先はない。二〇〇七年だった。メリーさんの取材を始めてから既に七年が過ぎていた。

まず考えたのは、どうやってメリーさんのことを質問したらいいのか、ということだった。通常の取材であれば、電話や手紙で事前に連絡を取るのが一般的だ。しかしメリーさんと長年親交をもっていたクリーニング店「白新舎」の山崎きみ子さんでさえ、話を断られている。私には無理だ。実際、手紙を出すだけ出してはみたものの、返事はなかった。

そうなると直接行くしかない。しかし話をしてもらえるとは思えない。当たって砕けたら、そこで終わりである。タマは一発しかない。

そこで考えたのは、「地元の林業の歴史に興味があるので教えて下さい」という形で相手の懐に飛び込んだらいいのではないか、ということだった。

実際のところ、メリーさんの故郷の歴史は面白かった。いまでこそ地方移住やまちおこしが盛んだが、当時は地方ブームの影も形もなかった。私が地方の面白さに目覚めたのは、メリーさんの故郷について調べたことがきっかけである。人口数千人規模の小さな村にも、語るに足る歴史がある。

そこできちんとした質問が出来るように下調べすることにした。私は地元自治体の教育委員会に連絡を取り、郷土史家の方を紹介して頂いた。その上で二度目の訪問に赴いた。

郷土史家がT地区の公民館の一室を押さえてくれたので、私はまっすぐ公民館に向かった。ここで驚いたのが、受付にいたのがメリーさんの親族だったということ。村里の世界はほんとうに狭い。

「あなたの親族のことを調べに来ました」というのも変だと思ったので、このときはなにも訊かずにおいた。

地区の歴史や林業についてのレクチャーは丁寧だった。この辺りは近代に入るまで隠れ里のような地域だったそうだ。鉄道や国道が開通してからも、人びとは外の世界へ滅多に出なかったという。話を聞いた旧制女学校OGも「同年代の人の中には、海を一度も見たことのない人が結構いるんですよ」と言っていた。さすがに今はそんなことはない。車に乗る人であれば岡山市まで出ることも珍しくない。しかしその一方、鉄道利用者は津山の乗り換えで待たされるため、岡山市内まで行くことさえ滅多にないそうだ。

地区の歴史は興味深いが、この原稿を書いている時点ではネット上に上がっていないと思う。外部の興味を惹くような場所ではないので、上げる人がいないのだ。たぶんこれからも上がることはないだろう。

本来はメリーさんの親族に近づくためのリサーチの筈だったが、案外調べ甲斐のあるテーマだったため、ついつい隣り駅の図書館に寄って深掘りまでしてしまった。そうして彼女の故郷の歴史について薄い本が一冊書けるくらいの知識を蓄えた。そこまでしてから、ようやく一族の本家が経営する製材所に電話を掛けた。

T地区に着いてから既に二、三度メリーさんの実家に電話を掛けてはいたのだが、こちらの意図を伝えると無言で切られてしまう。直接訪ねても相手にしてくれる気がしなかった。なんとか本家の方からは話を引き出したい。

本家の家長である製材所の会長と会ったのは、会社の事務所だった。この会社は本家と向かいに住む分家（社長と顧問を務めている）による共同経営ということだった。メリーさんの一族は現在四軒ひとかたまりになって暮らしているが、高度成長期までは六軒あったという。減った二軒のうちの一軒が例の山大尽の家だ。息子が医者になり大阪に出たため、山大尽自身も引退すると大阪に移住してしまったそうだ。

事務所には会長と社長のほかに数名の方がいたが、全員が親族や近所の方々なので非常にやりづらかったのを覚えている。

会長はメリーさんとは全く似ていなかった。角張った分厚いめがねの奥の目は小さくて丸く、どことなくタヌキを連想させた。年齢はメリーさんよりひとまわり下で、その世代としては中背である。私は小一時間、T地区の林業の歴史についてインタビューした。こちらがきちんと下調べして突っ込んだ質問をしたので会長も熱心に応じてくれた。そうして頃合いを見計らい、私はどきどきしながら肝心の質問をぶつけてみた。

「ところでこちらの親族の方で横浜に出て来られた方がいると小耳に挟みました。私自身が横浜から来ているので、興味があります。どんな方だったのですか？」

会長は驚いたようだった。なんで知っているんだ、という反応だったが、隠し立てはしなかった。私は彼女は横浜ではちょっとした有名人でメリーさんと呼ばれている、と伝えた。親族が取り囲んでいる場で娼婦だという話はできなかったし、するべきではないと思った。

「あの人が……」会長はメリーさんのことを「あの人」と呼んでいた。

「あの人がそういう商売をしていたのは知っているよ。伊勢佐木町で八〇過ぎてね……。その話は酒の席で本人から聞いた。もう死んだけどね。老人ホームで」

一族の間ではメリーさんの話はタブーになっていた。その場に社長の息子のお嫁さんがいたが、晩年のメリーさんが帰郷したことをいま初めて知った、と言った。まだ横浜で健在だと思っていたそうだ。メリーさんの居場所は故郷にはなく、敬して遠ざけるようにして老人ホームに追いやられたらしい。

「あの人の話はしないほうがいいな」

そう言いつつも、会長は話したくてうずうずしているように見えた。

「私は彼女よりひとまわり以上年下だから、それほどよくは知らない。私が子供の頃には、もう村にはいなかったから。でもときどき帰ってきてたね。顔は知ってるよ。

よく覚えているのは、昭和二〇年代の終わりか三〇年くらいのことだったかな。突然帰ってきたことがあるんだ。その頃、私は学生だったな。

(メリーさんは)鳥の羽がついた帽子にこんな長いブーツを履いてさ。西洋訛りの服装をしていたね。西洋でも位の高そうな格好でさ。あんな服装をしてる人はいなかったから、みんなが足を止めて見とれていたよ。背も高いしね(実際のメリーさんは背が低いが、この土地の老婆としては平均的な身長である。ブーツのせいで背が高く見えたのだろう)。その頃になると、さすがにモンペや袴をはいている人はいなかったけど、それにしてもとっぴな服装だった」

私は『カルメン故郷に帰る』という古い映画の一場面を思い起こしていた。一九五一年に公開された日本初のカラー映画で、主役のカルメンは高峰秀子、監督は木下恵介だ。筋はこんな具合である。少し頭の弱いストリッパーのカルメン。自分を芸術家だと考える彼女は、山あいのしずかな故郷でストリップの凱旋公演をしようと考える。純朴な田舎の人びとと派手な身なりで水商売丸出しのカルメンとのギャップがおかしい。しかし村中の男の面前で裸踊りする娘を嘆く父親の姿。これをみると笑うに笑えない。なんとも複雑な味わいの作品である。

派手な衣裳で帰郷したメリーさん。出迎えた家族は、カルメンの父親と同じ心境になったのではないか。

会長の話はつづいた。

「十年位前まで、オンリーから手紙が来ていたよ。差出人の名前は知ってるけど、言わない方がいいな」

そのオンリーというのは元次郎さんのことだろうか。

「その人はどうしてここから出て行ったんですか?」私は訊いてみた。

「人減らしで…」あるいは「人でなしで……」と言われたが、どちらだか聞き取れなかった。訊き返したら、なにも話してくれなくなった。

「ここらであの人の話を訊いても反感を買うだけだよ。訊かないほうがいい」

娼婦になったのは個人的な理由

ここで調査の結果と疑問点を書き出してみよう。

いずれもプロローグに書いた「A メリーさんの実人生」にまつわる部分だ。
・「白新舎」の山崎きみ子さんによると、メリーさんは父親の死をきっかけにして娼婦になったという。私は彼女の故郷で一族の墓碑銘と実家の登記簿を照らし合わせて確認したが、父親の死は一九三六(昭和一一)年で享年五二。メリーさんが一五歳のときである。

もしきみ子さんの言う通りであれば、彼女は戦前から娼売を行っていたことになる。戦争の犠牲になって娼婦に身を落としたわけではない。

・分家の人間だが、親族のなかに製材で財をなし、一代で「山大尽」と呼ばれるほどになった富豪がいた。戦時中、国民的文豪の疎開を世話したことでも知られる村の顔役だった。仮にメリーさんの実家が窮乏していたとしても、助け船を出したのではないか。

・戦前の農村の常として、彼女のふるさとも貧富の差が大きかった。小作農の子供のなかには弁当を小学校へ持っていけない子もいた。しかし少なくとも現在、彼女の実家は立派である。地元の方も「あの大きな家の人ね」と言っていた。昔のことは分からないが、娘に売春させなければならないほど貧乏には見えない。むしろ裕福な方だろう。

製材所の事務所で会長に聞いた話によると、本家は元々製材とは無関係で会長の父親は農協に勤めていたという。林業を始めたのは一九五七年で創業者は会長と顧問だそうだ。

製材所の起業には資本が必要なのではないだろうか。貧しい家にはむずかしいだろう。

本家と山大尽の話、そして現在の実家の家勢から判断する限り、メリーさんの家が下層に属していたとは考えづらい。

・メリーさんは元次郎さんに「故郷の村は林業が主体で、戦後は需要がなく貧しかった」と語っていた。しかし実際のところ、戦時中は軍からの受注が多く、戦後は主に大阪や姫路など瀬戸内海の東側から引き合いがあった（鉄道輸送の関係上、西には行けなかった）ため、決して貧しくはなかったことが分かっている。

・終戦後、都会は荒廃し悲惨極まりなかった。街の女たちがパンパンになった大きな原因は、他に食べていく手段がなかったからだ。しかし田舎であれば、食うに困ることはなかったはずだ。山里で何不自由なく暮らすメリーさんが、なぜ生活困難な都会へ行かなければならなかったのか。明らかに不自然である。

元次郎さんたちの証言によると、故郷を出たメリーさんが向かった先は神戸もしくは芦屋だった。この点に関して旧制女学校ＯＧの女性は言う。


「学校を出たら大抵は家事手伝いでしたね。和裁をならったりしながらね。昔は二二、三歳で結婚するのが普通だったんですよ。

働きに出る人は大阪が多いです。京都に行く人もいたけど少数派ですね。神戸？　……う〜ん……。とにかく女の人で勤める人はすごく少なかったんです。職業婦人は反対されたものですよ。

男の人の場合は長男は跡継ぎで弟は都会へ。でも男の人のことは別世界のことでよく分からないんですけどね。

（メリーさんが兵庫に行った話を受けて）女の人でも親戚つながりで都会に行くことはあったかもしれませんね。でも仕事を求めて出ていくことはまず考えられません」


つまり良い家の娘であるメリーさんが兵庫に出たのは、なにか特別な事情からだった。個人的事情から親戚筋を頼った可能性が高い。親との折り合いが悪かった、嫁ぎ先と上手くいかなかった、里での人間関係が崩れた、などの理由から故郷を捨てて出奔した可能性が考えられる。

そこではじめは堅気の仕事に就いていたものの、何かのきっかけで娼婦に転じたのではないか。父親が亡くなっただけで即、娼婦というのは考えづらい。

横浜の人びとは言う。メリーさんは戦後の貧しい生活の中で、やむにやまれず娼婦になったかわいそうな人だ。しかし大変な人生を歩みながらも凜としていたのだ、と。

だが、さまざまな取材結果を検討した結果、私が導いた推論はこうだ。

メリーさんは他のパンパンたちのように、戦争の結果、食い詰めて娼婦に身を落としたのではない。何らかの個人的理由から故郷を飛び出し、それから娼婦になっていったのだ。メリーさんが貧しさから身を売る女になったという神話は、ハマッ子の願望の現れである。

一九四五（昭和二〇）年八月一五日から一九五五（昭和三〇）年前後に市中心部の接収が解除されるまで、横浜の街角には外国兵相手の女たちが大勢いた。つづく港の全盛時代にも、「港酒場の女たち」がそこら中にいた。まだ横浜が港町らしく、エキゾチックな魅力を振りまいていた頃の記憶。いくらでも辿れてしまう昭和の思い出。横浜にふさわしい存在であるために、メリーさんは敗戦国の象徴としてステレオタイプな過去を背負っていなければならなかった。

メリーさんが終戦後の混乱期に寄る辺なく娼婦になったという筋立ては、『横浜ローザ』の脚本家・杉山義法の筆によるものだ。杉山と五大は「メリーさんに題を取ってはいるが、これはあくまでもローザの物語だ」という意味の発言をしている。もし「かわいそうなパンパン」という物語を抱えていなかったならば、メリーさんがここまで愛されていたかどうか疑わしい。

そもそも八〇年代に第一次ブームが起きた頃、メリーさんの来歴は謎だった。ある人は娼婦と言い、別の人は深窓の令嬢だと言った。正気なのか、狂人なのかさえも議論の的になっていた。結果論として彼女はほんとうに娼婦だったわけだが、それは『横浜ローザ』が広め、変容させたイメージでもある。もともとは奇妙なアウトサイダー、民俗学で言うところの「マレビト」のひとりだった。

彼女はひどく個性的な娼婦だった。風変わりだったのは外観だけではない。他のパンパンたちのように陸軍、海軍、空軍といった相手の所属にこだわらなかった理由は、永遠の謎である。

もうひとつ不思議なのは、彼女が故郷と繋がりつづけていたことである。メリーさんは故郷に頻繁に贈り物をしたり、年末年始にはかならず里帰りするなど、故郷と繋がりつづけていた。大抵の娼婦は故郷と疎遠になる。しかしメリーさんは例外だった。

他方「白新舎」の山崎きみ子さんは「メリーさんは故郷に帰るのをものすごく嫌がっていました」と証言している。

この落差。

それはパンパンに対する風当たりの強さが原因なのか。それとも故郷に苦い思い出があるからなのか。

いずれにせよ、田舎は濃厚な人間関係のしがらみが、ねっとりひろがる世界である。このしがらみを棄て都会に出て働くのは、半身を失うほどの覚悟が必要とされるにちがいない。ましてメリーさんの場合、実家には立派な屋敷があり、親族は町の有力者だった。仲の良い友だちもいたはずだ。一切を棄ててしまうのは、よほどのことがあったにちがいない。

姉は八人兄弟の長女でした

謎に包まれたメリーさんの前半生が明らかになったのは、私が彼女の故郷に二度目の来訪をした四年後のことだった。

そのとき既にメリーさんを中心に街の裏面史をとりあげた『消えた横浜娼婦たち』（データハウス、二〇〇九年）を出版していた私は、メリーさんのことには一区切り付けていた。

しかし東京の大宅壮一文庫で調べ物をしていたとき、偶然《横浜メリー　伝説の娼婦　実弟が初めて明かす》と題した男性週刊誌の古い記事を見つけてしまったのである。掲載誌は『アサヒ芸能』二〇〇六年三月二日号だ。映画『ヨコハマメリー』公開のタイミングに合わせての掲載で、なんとも拍子抜けした。地元横浜では彼女の来歴は「謎」といわれ続けてきた。だからこそ彼女の故郷にも行った。しかしとっくに謎でもなんでもなくなっていたのだ。

興味深いのは、全国発売の週刊誌に掲載されたにも関わらず、情報が拡散しなかったことだろう。横浜の人々はこの記事を見ても、そっと胸にしまったのだ。

じつは前作『消えた横浜娼婦たち』のなかで、私はさりげなくメリーさんの本名を明かしている。しかし十年経った今でも彼女の戸籍上の名前は拡散していない。読者がマナーを守っているからだ。

メリーさんの来歴や本名が広まらないのは、横浜の人たちがそれを望んでいないからだろう。メリー伝説はハマっ子の願望が形になったものだ。そこにあるのは都市の記憶や共同幻想である。

メリーさんの弟さんはこの記事が掲載されて間もなく亡くなったそうだ。取材を始めるのがもう少し早ければ、私も弟さんから話を聞くことが出来たかもしれなかった。

以下、『アサヒ芸能』の同記事から興味深い記述を拾い出してみよう。

親は農家でした。姉（メリー）はこの家で育ちました。女4人、男4人の8人兄弟で、姉は長女です。兄弟のうち3人は亡くなりましたが、まだ5人健在です。（実弟）

父親はまだ姉が15歳くらいのときに亡くなりました。姉は青年学校を卒業後、地元で女中奉公のようなことをしていました。（実弟）

メリーさんは一九二一（大正一〇）年に生まれた。地元の小学校高等科を出たが、貧しかったので青年学校に進んだという。彼女の生年や「父親はまだ姉が15歳くらいのときに亡くなりました」というのは、私の調査通りである。彼女の生家の実家は、少なくとも現在は大きな家であり、幼年時代の貧しさはうかがい知ることができなかった。彼女の人生のみならず、彼女の家族も渦動の時代を潜り抜けてきたのかもしれない。

彼女が通ったという「青年学校」だが、この記事を読むまで全く知らなかった。調べてみたところ、戦前の「尋常高等小学校」（一九四一年以降は「国民学校」）において、尋常科（初等科）を卒業した生徒の進路のひとつだったそうだ。現在であれば小学校を卒業した生徒は中学校に進学するのが普通だが、戦前の社会では進路はひとつだけではなかった。旧制中学や女学校のほかに、働きながら通う定時制の青年学校が存在していた。この定時制というのは、いわゆる「夜間学校」ではない。主に地方の農村・漁村で農閑期を利用して学ぶことを想定したもので（俗に言う「季節定時制」）。別途「通年定時制」もあったらしい。青年学校は横浜にも存在していたそうだが、詳しいことは分からない）、平時から昼間学び、なおかつ季節を選んで集中的に授業を受けるという仕組みだった。夜間学校は「旧制の夜間中学」という形で、まったく別のものとして存在していた。

青年学校は「男子部」と「女子部」に分かれており、それぞれ普通科（二年）、本科（「男子部」は五年、「女子部」は三年）、研究科（「男子部」は一年、「女子部」は二年）が設置されていた。仮に小学校尋常科を卒業後そのまま青年学校に進学し、普通科、本科、研究科をすべて終えた場合、修了年齢は男子二〇歳、女子一九歳となる（もちろん普通科や本科だけでおしまいにしても問題なかったし、中退率も低くなかった）。

ただ「学校」といっても、我々の想像するものとは少し違っていたようだ。

農閑期を利用して学ぶことが出来たのは授業日数がひじょうに少なかったからで、年間の通学日数・授業時数は普通科・本科共通で「男子部」は各学年六三日・二七〇時間。「女子部」については各学年六〇日・三〇〇時間とされた。

この授業日数から窺えるとおり、青年学校は正規の学校体系からはずれたノンエリートのための社会教育機関だった。若者たちが現代的な農業を担っていくことを狙い、各道府県の県訓令や村の青年団体により就学の「準義務」化や「慣習」化が図られた。したがって最終学歴を「尋常小学校卒業」としていても、青年学校に通った経験のある年配者は少なくなかったのではないだろうか。ただし地域差はあったかもしれない。

気になるのはメリーさんが小学校を出た一九三三（昭和八）年の時点では、「青年学校」という制度自体が存在していなかったことだ。勅令第四一号「青年学校令」が公布されたのは一九三五（昭和一〇）年である。青年学校は前身となる「実業補習学校」と「青年訓練所」のふたつを統合したものだが、メリーさんがこのふたつのどちらかに進学し、卒業の段階で制度上「青年学校卒」となったと考えるならば、つじつまが合う。

あるいは尋常小学校を卒業して数年経ってから入学した可能性もなくはない。ただ県訓令や村の青年団体からの圧力、そして世間体を考えると可能性は低いと思う。

いずれにせよ、裏付けが欲しい。青年学校が専用の校舎を持っていることは稀れで、主に小学校に併設されていた。メリーさんの通っていた小学校には実業補習学校は存在していたものの、彼女が小学校を卒業する前に廃校になっている。両隣の小学校にも青年学校は設置されていなかった。そうなると、メリーさんの実家から通える青年学校は一カ所しかない。私はここを取材したが、市町村合併に伴う学校の統廃合が度重なった影響で、青年学校の卒業名簿は残っていなかった。

やがて彼女は結婚する。


地元の国鉄マンと結婚したんですが、子供ができんうちに、2年くらいで離婚しました。(実弟)

後述する『週刊ポスト』掲載の一九八二年の記事には、「日本人と一度、アメリカ人と一度結婚した」と書かれていた。少なくとも日本人と一度結婚したのは間違いないようだ。

結婚しても、戦時中で、家庭におるわけにはいかず、姉は軍需工場で勤労奉仕していた。姉は器量がよかったし、工場での集団生活の中で、何か悪口を言われたのを苦にして、海へ出て、自殺しようとしたんです。それで婿さんが恐れて、親もとであるこっちのうちへ送り届けてきて、別れたんです。(実弟)

軍需工場での労務だが、女性の徴用・動員を巡る法令および制度については、歴史研究者の間でも異なる説明がなされている。門外漢の私の分析は誤っている可能性があるので、最初にお断りしておく。誤りがあったら、ご指導いただきたい。

女性の軍需工場への配置には二つのルートがあったようである。

・国民勤労動員署（職安の前身。以下「動員署」）からの斡旋（有給）
・徴用（強制。薄給）

女性の徴用に関して、太平洋戦争開戦後、なんどか法令が公布されている。一九四一（昭和一六）年一一月の「国民勤労報国協力令」、四三年六月の同法改正、四四年八月の「女子挺身勤労令」、四五年三月の「国民勤労動員令」がそれだ。対象とされていたのは、当初「一四歳以上二五歳未満の独身女子」だったのが、四四年に「農業要員を除く満一二歳〜四〇歳の未婚女子」に引き下げられている。

この情報を信じるのであれば、既婚女性は家庭で家事や防空演習、防空壕掘りに専念することが出来たように思える。しかし実際は、動員署が警察行政と一体になって戦時労務を統制していた。主婦といえども、必ずしも労務から逃れることは出来なかったようだ。また徴用や動員とは別に、パートタイムの勤労奉仕（ボランティア）という形式で労働することもあったらしい。

実際に津山の動員署に勤務していた日上茂之さんの証言を紹介したい。

終戦当時、私は津山の動員署で働いていました。当時、動員署は津山市役所の東、中国電力津山営業所との間にあって、近辺の女性を「赤紙」ではなく「白紙（4×2㎝程度の縦長）」で徴用して、水島・岡山・姫路の軍需工場などに送っていました。動員署では生まれたばかりの赤ちゃんを抱えたような女性はこっそりと大目に見て帰したりしていましたが、未婚で、田んぼの手伝いをしていたような女性は徴用されました。（津山郷土博物館『博物館だより』六二号、二〇〇九年八月）

東京大学大学院の外村大教授（総合文化研究科地域文化研究専攻）によると、戦争遂行のために必要な労働者の充足は、

（前略）徴用以外の手段、具体的には職業紹介所（後の国民職業指導所、さらに後には国民勤労動員署）による職業紹介や、自己志願、知人等の個人的な伝手をたどった就職（＝縁故募集）によって行われていたケースのほうが多い。動員計画の人員充足において徴用を用いたケースは労務需給が逼迫している、日本内地で徴用がもっとも活発に行われた1943年度（朝鮮人の徴用はこれよりあと）でも19・9％程度と推定されていた。（「戦時動員とは何か、なぜ問題か」外村大研究室[13]）

という。

戦時中、労働力不足に陥った日本では、女学生が集団で勤労動員に駆り出されていた。ときには親元から引き離され遠い土地にある軍需工場で寮生活を送りながら、毎日軍需品を製造させられた。「国民勤労報国協力令」下では原則三十日間（改正後は三〜六カ月間）の無償奉仕だったが、四三年以降は「女子勤労挺身隊」のように一年間という長期に渉る動員も行われた。挺身隊の対象となる女性

は満一二歳（当初は一四歳）から四〇歳の無配偶者である。

あくまでも「未婚女性は工場、既婚女性は家庭で銃後を守る」というのが原則だったが、制度と事実は異なる。人手不足が顕著になるとその範囲外の者もリストアップされた。もちろん法的な裏づけはない。しかし共同体内の圧力（背景には国家による無言の要請があった）などにより、個人の意思を無視した動員も行われていた（形式上は自己志願や知人からの紹介などという形を取ったので、違法ではない）。そこに関わっていたのは地域の有力者や動員署であった。

国民勤労動員署は、その頃の人達から大変怖れられた役所であった。軍隊からの召集令状に次いで恐がられていた徴用令書をも、発行するところだったからである。徴用令書を受け取ると、身体に支障のない限り、指定された工場などの業務に従事することが義務づけられていた〉

（一般財団法人 日本職業協会「職業安定行政史 第4章 昭和時代（1）（戦前、戦中期）」）[14]

一四歳（後に満一二歳）から四〇歳の無配偶者は挺身隊員として徴用し、既婚女性は事実上拒否権のない職業紹介という形で工場に送り込んでいたのだろう（もちろん地域によって差はあっただろう）。いずれのケースも動員署が一元管理していたようだ。

雇用主にしてみれば、自社で募集広告を出さずとも、動員署にお任せすればコストを掛けずに使い勝手のよい労働力が確保できたということになる。ただし数合わせの非熟練工ばかりだ。労働力不足は深刻で、日本にはなりふり構うほどの余裕が残っていなかったのだ。

メリーさんは主婦だった。原則通りであれば、「女子勤労挺身隊」の適用範囲外である。しかしボランティアだったのか、あるいは外村教授の説通りであれば、動員署からの斡旋で軍需工場に行ったのではないだろうか。

日上さんの証言から判断すると、岡山県北部の要所であるとは言え、津山には軍需工場が少なかったようだ。戦前の津山は「岡山の蚕都」とよばれ、養蚕農家や製糸工場の多い土地だった。しかし戦時統制によりシルク製品が禁止されたため、多くの工場が廃業。軍需工場に転用されることもないまま、寂れていった。メリーさんの故郷には大きな工場はない。したがって津山の女性たち同様、メリーさんも岡山か倉敷、玉野あたりの沿岸部で寮生活しながら、来る日も来る日も軍需品をつくったのだろう。夫と引き離された若妻には辛い日々だったはずだ。

やがて彼女は海辺で自殺未遂騒ぎを起こす。この時期だが、日本の労働力不足が露呈し「国民勤労報国協力令」が公布されたのが四一年一一月、さらに「国民動員計画」が採用され、家庭にある者や学生など労働能力のあるすべての国民が徴用の対象とされたのが一九四二年五月なので、この頃以降ということになるだろう。

実弟の証言によると、メリーさんは離婚してからしばらくは親元にいたが、その後兵庫の西宮へ出て何年間か女中奉公をしたという。戦争末期に家政婦の新規募集が頻繁にあったとは考えづらい。したがって兵庫に出たのは終戦後ではないか。

西宮には米陸軍第六軍の基地があったので、もし噂の将校がいたならば、ここで出会ったのかもしれない。そして彼女は一九五二年ごろ、横浜・横須賀方面へと旅立っている。

別に、あちらに世話をしてくれるような知り合いはなかったと思うんですけど、自分が思う気ま

まに出ていったんです。（実弟）

「おそくとも昭和三〇年には横浜に来ていたはず」という私の取材結果は、かなり正しかったらしい。その一方、私の調査結果と食い違う事実もあった。それは「メリーさんは毎年末、故郷に帰っていました」というクリーニング店「白新舎」山崎さんの言葉だ。メリーさんの実弟によると、そのような事実はなかったという。

　こっちで、あれやこれや、わがまま言って出ているんだから、田舎とは縁を切ったような形になってました。毎年なんか帰ってません。こっちへは2回くらいしか里帰りしてません。白いお化粧しよって、白い服を着て帰ってくる。ここらの田舎では見えんような格好やから、うちの者はどうせなら帰らんようにと伝えてましたから。（実弟）

この「白い化粧に白装束のままの帰郷」という部分は、山崎さんの証言と一致している。山崎さんは「故郷の岡山に帰るときもあの格好のままなんですよ」と話していた。じつはこの事実を裏付ける証言が、インターネットの掲示板「2ちゃんねる（現「5ちゃんねる」）」の過去ログにある。[15]

15：ただの通りすがり：03/04/15 15:38
12～3年前、岡山県の津山駅のホームで似たような人に会った。
周りの人は思い切り引いていたが…。

途中まで同じ列車で行ったが、化粧の匂いがすごかった。
とにかくびっくらこいたので忘れられないですじゃ。
もう一度見てみたい。

（中略）

113：名無しさん@お腹いっぱい。：03/11/20 12:58
以前に岡山の津山駅で見かけたとレスした者ですが、
その時も大きな高島屋の紙袋2つもっておられました。
そして白のロングドレス。
田舎の駅でそんな恰好だから、もう目立つ目立つ。
狭いホームの上で目のやり場に困った位だった。
丁度年末の帰省の時でしたが、一体どんな人なのかと不思議だったけど
皆さんの色々なお話から、横浜の有名人と知りました。
まだお元気なのなら同県人としてうれすいだす。

彼女の故郷へは、横浜から帰る場合、岡山駅で下車し、津山を経由する必要がある。電車の接続が悪く乗り換えで一時間待ちすることもざらだ。この目撃情報はそのときのものだろう。表沙汰になっていないだけで、新横浜から岡山への移動中の目撃者もいたはずである。
故郷へ白塗りのまま戻ってしまった彼女だが、実弟は〈子供時代から派手な格好が好きだった〉と

語る。

裁縫なんかでもよくしよりました。家じゃいい娘でした。姉は結婚に失敗して、それが元でああなったんだと思います。失敗してなければ、子供でもできていれば、あないなことにはならんのですけども。

母親が死んだときには、どこにいるのかわからず連絡ができなくて、死に目にも会えなかった。うちに帰ってきたときには、アメリカがどうだとか突拍子もないことを言っていたが、(誰も)本気じゃ聞いとらんかったです。(実弟)

一族の墓碑銘で確認したところ、彼女の母親が他界したのは一九五三年(享年五八)である。実家の者は、彼女の暮らしについて問い質さなかったという。

(姉は)メリーと呼ばれていたんですか、ほー。本人はそんなこと全然、言いよりませんからな。どないなことをしていたのかは、本人がこっちへ帰ってきたときの格好を見て、こっちの想像でしかなく、わからんわけです。姉の口からも、何の仕事をしているかは聞いたことがありません。(実弟)

この部分は実弟の証言と私の取材が食い違っている。彼女の実家の斜め向かいにある一族の本家の家長は、メリーさんが娼婦だったということを知っていた。酒の席で聞いた、と言っていた。証言が矛盾する。あるいは他の親族は彼女の仕事を知っていたが、弟さんが知らなかっただけかもしれない。また「高島屋」の店員やクリーニング店の山崎さんの証言などから、田舎に仕送りやお歳暮を送るなどしていたと思われたが、

初めのころ、3回か4回くらい現金為替で送ってもらったことがありますけれど、それは姉の名義で貯金を作った。何十万も何百万も送ってもらったことはない。そんなによくしてもらっていれば、老人ホームへは入れませんよ。こっちに帰ってきたときには全然、貯金なんてなかった。お金は衣装にかけたんだと思います。(実弟)

と食い違いを見せている。

一九九五(平成七)年の冬、故郷へ帰ってきた彼女をこの実弟が出迎えた。

耳が聞こえにくくなり、白内障でほとんど両目が見えんような状態でした。こっち送り返すのも当然やと思った。クリーニング店の人はようしてくれたんと、ほんにこっちの者は感謝しています。僕がホームまで上がって、姉を連れて車に乗せて帰ったんです。(実弟)

両目は眼科で手術してもらって、見えるようになった。歯はろくすっぽなかったので入れ歯にした(これも横浜での証言と一致しない)。すべて実弟の費用だった。そして老人ホームに入った。

老人ホームでは気ままに、好きな絵を描いたり、踊ったりして暮らしていました。死ぬ前は案外、安気な生活だったと思います。（実弟）

---

13 http://www.sumquick.com/tonomura/note/140925.html

14 http://shokugyo-kyokai.or.jp/shiryou/gyouseishi/04-3.html

15 【顔面白塗り】横浜メリーさんの消息 http://changi.5ch.net/test/read.cgi/uwasa/1050027022）。

メリーさんは田舎ではヨリちゃんと呼ばれていた

あれから十年経って、岡山絡みでふたつの動きがあった。

ひとつはフォーク・デュオ、ダ・カーポの榊原まさとしさんが『季刊誌「横濱」』二〇一一年春号に発表した手記だ。ダ・カーポは一九九九年の冬、中国地方をツアーで廻っていたが、それと知らずにメリーさんの故郷でコンサートを開いていたというのである。

ダ・カーポは横浜のグループでレパートリーの一つに「赤い靴のマリー」（榊原広子・作詞／榊原政敏・作曲）というメリーさんの歌がある（榊原さんたちは、いまでもメリーさんのことを「マリーさん」と呼んでいる）。コンサートの本番中、なぜか急にこの歌を歌いたくなったのだそうだ。もちろん、そこが彼女の出身地であることなど知る由もない。にも関わらずなにかに導かれるようにしてステージでメリーさんの話をし、「赤い靴のマリー」を歌い上げたという。

コンサートの終了後、楽屋にひとりの医師が訪ねてきた。なんと白い服で現れたメリーさんを診察したというのだ。そして「メリーさんはこの町の出身で、今は町外れの施設に入所している」と伝えた。


僕と広子は、主催者や町の人たちに、この偶然性と歌が持つ力の素晴らしさを興奮してしゃべった。しかし、彼らの反応は意外にも冷たいものだった。帰って来てほしくない人間が帰って来たという、町の人にとってみればマリーさんは招かれざる者であるようだった。ふたりとも呆然とした気持ちのまま、明日の公演先の町へ向かったのを覚えている。(『季刊誌「横濱」』より)

故郷でもあの白い服のまま生活していたとは!

晩年の彼女が老人ホームにいた理由はそこにあったのだ。

驚くような話だったが、次の町へと移動するため時間のゆとりがない。榊原さんたちは医師の名前や施設の名前を聞くこともなく、そのまま移動してしまったのだそうだ。その夜のことは今思い返しても不思議な気持ちがするという。

もうひとつは私自身の体験だ。メリーさんの故郷出身で高知在住の方からメールを頂戴したのである。二〇一一年のことだ。


こんにちは。『消えた横浜娼婦たち』拝読させていただきました。横浜には母の妹が嫁いでいて、そういう意味合いでは昔から良く耳にした土地の名前と言えますが、大学時代から高知に住んでいる自分にとって「ヨコハマメリー」は本来全くすれ違うことのない人物のはずでした。

私がメリーさんを初めて知ったのは4年前のこと、高知市自由民権記念館で、映画『ヨコハマメリー』の上映会が開かれたのがきっかけでした。その際、なぜか彼女について知りたい衝動に駆られ、DVDを手に入れ、さらに檀原さんの本を購入したのでした。

実は、映画『ヨコハマメリー』と檀原さんの著作によって、びっくりすることが分かったのです。私とメリーさんは出身地が同じでした。厳密に言えば、平成の町村合併で一緒になったのですが、通っていた高校はメリーさんの生まれた町にあり、またメリーさんの生まれた地区にも友達が大勢います。

（中略）

メリーさんの生まれた集落が、自分にとっても馴染み深いT地区であることが初めて分かり、改めて驚いています。

おっしゃるとおり、この平穏で何も特筆すべきことのない田舎から、メリーさんのように横浜、横須賀あたりで街娼となる女性がでたというのは極めて不自然です。彼女が娼婦となった背景には故郷を捨てざるを得ないなんらかの複雑な事情があったのではと推測します。そうでなければ、彼女はいつだって故郷に帰ることができたはずです。彼女が身よりもない都会で生きていく決心をしたのはなぜだったのでしょう。

今度横浜に住んでいる叔母にあったら、メリーさんのこと、訊ねてみたいと思います。叔母も40年以上横浜に住んでいるから、恐らくメリーさんのことも知っているはず。そのメリーさんが自分と同じ故郷の出身としったらびっくりするだろうと思います。

メリーさんの故郷のことはぼかして書いたつもりだったが、地元の方には分かってしまうものらしい。書店が全くない田舎だからと油断しすぎたのかもしれない。

この方と何度かメールのやりとりをした。すると驚くべき情報がもたらされた。

実家の母にメリーさんのことを話したら、母の知人でメリーさんの岡山時代のことを知っているという女性がいました。その女性もすでに76歳だそうですが……。若い頃、メリーさんは田舎ではヨリちゃんと呼ばれていたそうです。すごい美人だったそうです。

さらに詳しく話を聞いた。この方の実家は美容院を営んでいるという。帰省したときメリーさんの話をしたところ、偶々母親もテレビかなにかで見てメリーさんのことを知っていたそうだ。すっかり親子で盛り上がりその足でメリーさんの故郷に行くほどだったという。

その後母親はＤＶＤを観て改めてメリーさん熱に感染。接客中に話の花が咲いたらしい。その流れでT地区出身の常連客が「小さい頃近所に住んでいた、すごくきれいなヨリちゃんというお姉さん」の話をしたのだった。

耳寄りな情報である。三度目の岡山行きに先立って、私はこの母親とコンタクトを取った。

「表立って言うことではないので、地元でメリーさんのことを知っている人がどの程度いるかは分からない。近所にT地区から入り婿してきた人がいてあちこち聞いてくれたが、メリーさんのことを知っている人は見つけられなかった。現在九〇歳以上の人でないと分からないのではないか。メリーさんが晩年を過ごした老人ホームの話も出たが、特定には至らなかった。ただ例のお客さんは老女で美容院の七キロ先の山間からバスで通ってくる……」そんなことを教えていただいた。すごく感じの良い対応だったこともあって、なんだか勇気づけられた。

つづいてこの常連客に電話した。本当は会って話したかったのだが、それは断られた。この方が知っていたことはシンプルだった。しかし重みがあった。


小学校が同じだったが、学年が離れていたので直接話をしたことはない。ヨリちゃんの実家は農家だった。彼女は気が狂って都会に行ってしまった。

親族の間でタブーとされていた理由が分かったような気がした。いたたまれないので、故郷の件についてこれ以上首を突っ込むことはやめよう。そう思った。

難航する調査

今回この本を執筆するにあたって、やっておきたいことがふたつあった。

ひとつはメリーさんが晩年を過ごした老人ホームの場所を特定すること。本家の向かいの家のお嫁さんが「帰ってきたのを知らなかった」と言うくらいだから、老人ホームは彼女の故郷から離れたところにあるのかもしれない。どの程度の距離にあるのかによって、実家とメリーさんの心理的な距離が測れそうだと思った。

もし『ヨコハマメリー』に老人ホームの場面がなかったとしたら、たぶん私はホームを探したりはしなかっただろう。故郷に白塗りのまま帰ったメリーさんだったが、ホームでは白い服も白化粧もやめてしまったと聞いている。私が興味を持っているのは、生身のメリーさんというよりも、港のメリー伝説の総体である。役を降りた彼女を追いかけ回すのは、デリカシーに欠けると思う。

しかし映画に登場したことで、老人ホーム時代も彼女の伝説に組み込まれてしまった。であれば、取材しないわけにはいかない。

もうひとつはメリーさんの小学校時代の卒業写真を確認することだ。メリーさんになる前の彼女の姿はまだ誰も知らない。ぜひ見てみたい。

まず卒業写真だ。以前来たときは校長先生が厳しく「こちらで卒業名簿を確認する分にはご協力しますが、個人情報保護の観点から直接お見せすることは出来ません。アルバムもお見せ出来ません」と言われてしまった。生徒の写真のみならず、当時の校舎の写真さえ撮影させていただけないという徹底ぶりで弱ってしまった。

しかしあれから十年経っている。校長先生が代わっている可能性は大いにある。新しい校長にアプローチしたら、上手くいくかもしれない。

結果を先に書いてしまうと、上手くいかなかった。話の分かる校長先生に代わってはいたのだが、メリーさんの卒業年の写真がなかったのだ。現在と異なり、当時の卒業写真は集合写真のみ。すべての年代の写真が残っているわけではなく、戦前の写真は数年分しかなかった。がっかりである。ただしメリーさんの名前が書かれた卒業名簿を拝見することは出来た。それだけでも少し嬉しくなった。

残る課題は老人ホームだけである。

じつは前作を書いたときにも、老人ホームの場所探しはした。『ヨコハマメリー』に出てくる老人ホームの外観をプリントアウトし、彼女の地元で役所の福祉課に見せたのだ。皆、首をひねった。課の全職員が協力してくれたのだが、誰もこの建物を知らないという。写真を注意深く見ていた女性職員が、こんなことを言った。

「ほら、ここにプロパンガスのボンベが写っていますよね。上の方に赤い線が入っていますけど、この辺りのボンベには入っていません。すくなくともうちの町ではないですね。離れた場所だと思います」

地元民ならではの鋭い指摘だった。しかしこれだけでは発見に結びつかない。

私はインターネットを駆使して、老人ホームや老人福祉施設、デイケアサービスを片っ端からリストアップした。姫新線沿線のみならず、瀬戸内海側にも手を広げたこともあり、その数は二百軒にも上った。そのすべてに電話して入所履歴を確認したが、すべて空振りだった。

ついには中村監督に電話までした。しかし、

「いや、それはちょっと……。僕からのお願いです。彼女の故郷に行くのはやめて下さい」

と止められる始末だった。

打つ手なしである。そこで前回は諦めたのだった。

あれから十年の月日が流れている。インターネット環境は一層充実し、見知らぬ土地での調査は飛躍的に利便性が増した。その最たるものはグーグル・マップである。私は岡山県内のみならず、鳥取県の山岳地帯や広島県東部に至るまで、すべての老人ホームをストリートビューと画像検索で調査した。

おかしなことだが、『ヨコハマメリー』に出てくる老人ホームはどこにもない。どういうことなのか。映画に出てくる老人ホームはかなりくたびれており、白い外壁に青い苔が確認出来る。だいぶ年季

が入っている証拠だ。グーグルにデータがないはずがない。

プロパンガス方面からも調べてみた。ガスボンベの色つきの線は、業者がボンベの製造メーカーに依頼して付けてもらうものだという。ボンベは法律により四年に一回以上の頻度で点検することが義務づけられているため、赤い線の入ったボンベを使用しているLPガス小売り事業者を突き止めれば、なにか手がかりが得られるかもしれなかった。岡山県内は都市ガスにも増してプロパンガスの利用が多いらしく、前途多難が予想されたが、やるしかない。

小売り会社は数が多すぎるので、ボンベの製造会社と検査会社にしぼって連絡を取った。

まずガス容器メーカーにあたってみた。岡山のガスボンベ製造は四国のメーカーがかなりの部分を請け負っているらしい。ここには協力してもらえなかった。

検査会社の方だが、全国には二一四のガス検査場があるという。そのうち岡山県内にあるのは九社。メリーさんの故郷に関わっているのは全部で二社か三社しかないらしいのだが、ここでも有益な情報は得られなかった。

知恵を絞ってみたが、もう打てる手はふたつしか思いつかない。ひとつは近隣の老人ホームで訊いて廻ること。もうひとつはメリーさんの実家で訊くことである。いずれにせよ、もう一度岡山に行くしかない。

おかしな老人ホーム

先述の美容院で働く母親は「このあたりで古くからあるホームといえばK荘だから、そこで訊いたらどうですか」と言ってくれた。この十年間、岡山県の山間部では老人ホームが増え続けている。しかし訪ねるなら古いところだろう。私はK荘に向かった。

今回の滞在で、ぜったい老人ホームを探し当てよう。私はそう決心していた。最初は電車。二回目は電車に自転車を輪行という形で移動したが、三回目の今回はレンタカーを借りた。徹底的に走り回ってやるつもりだった。

車を一路K荘に走らせた。アポ無しの訪問だったが、職員の方は親切に対応してくれた。さっそく『ヨコハマメリー』に映ったホームの写真を見せる。しかし古参の職員たちは「見覚えがない建物だ」という。ここを皮切りに近隣の古いホームを五カ所ほど訪ねたが、このホームを知っている職員はいなかった。ただし耳寄りな情報を仕入れることは出来た。

・この写真は老人ホームではないのではないか？　エントランスに段差がある。ホームであればスロープがついていることが多いが、この建物にはそれがない。また掃除道具やバケツがいくつも並べられており、雑然としている。車椅子が避難しづらい状態なので、ホームとは考えづらい。もしホームなのだとしたら、この写真のエントランスは職員専用の通用口ということになるだろう。
・周辺の情報が少ないが、この山や建物の感じからして津山ではないかと思う。岡山県作陽高等学校のある八出か大谷の辺りじゃないか。
・古いホームが多いのは県北エリア。ホームには三六五日利用者がいるので、建て替えはむずかしい。

写真は建物の裏口を撮っているらしく「表側の写真なら分かったかもしれないが、よその施設の裏口は分からないね」という声も上がった。中村監督は写真をみても建物が特定できないように慎重を期したようだ。しかしホーム間で人の行き来があるにも関わらず、近隣のベテランの職員が誰も知らないというのは異様である。なにかがおかしい。

「晴れの国」と呼ばれるほど天候に恵まれた岡山の夏は、日差しが強烈だった。ハンドルを握る腕が日に焼けている。徐々に核心に迫っている気はしたが、これ以上独力で調べるのは無理だ。彼女の実家に行くしかない。私はメリーさんの実家に行って直接質問することにした。二十年目にしてようやく彼女の家族に会う決心がついた。

メリーさんの墓

私はT地区から車で数十キロ離れた場所にある温泉に宿を取った。メリーさんの故郷に延べ日数で十日以上滞在しているにも関わらず、観光めいたことは本当にちょっぴりしかしていない。こんな風にゆっくりするのは初めてだった。明日メリーさんの実家に行ったら、話が聞けても聞けなくても、もうここに来ることはないだろうと思った。その晩は森に囲まれた静かな場所でぐっすり眠った。

明くる日、私は車を走らせた。前回、前々回と宿泊した隣り駅のそばを経由して彼女の故郷へ向かう。車で移動するのは初めてなのに、身体が道を覚えていたらしい。十年ぶりにも関わらずナビなしで彼女の家に来れたのでびっくりしてしまった。

初めて来たときは横溝正史の世界が脳裏に浮かび異界のよう

に感じたT地区。しかしいまでは自分にとって思い入れの深い場所となっていた。

私はさして広くない畑を左手に見ながら農道を二百メートルほど歩いた。トラクターを格納した農作業小屋がある。ちょうどその裏手、灌木の生い茂った高台をわずかに登ったところに、墓石が三十基ばかりが並んでいる。古びた墓碑のなかには享和、天保など年号が江戸時代のものや、風化して読めなくなったものもある。

砂利敷きを踏みながら徘徊すると、目当てのものは左の奥隅にあった。戒名、慈光院妙覚緑清大姉。前回の取材時に手探りで探し出したメリーさんの墓である。伝説の娼婦は真新しい御影石となって陽光を受けていた。弟夫婦の墓に隠れるようにして鎮座するそのさまは居心地が良さそうに見える。オレンジ色の金盞花《キンセンカ》とシキビの枝に飾られた墓石に手を合わせ、願掛けした。

それから意を決して彼女の実家の敷地に足を踏み入れた。呼び鈴を押そうとしたとき、中年で細身の女性が外出から戻ってきたのに気がついた。ショートヘアーでぴりっとした金美齢のような方だった。

私は来意を告げ、お話を伺いたい旨を伝えた。女性は若干険しい顔をして、夫が外出中であると言い、話は夫として欲しいと答えた。

一旦暇乞いした私は夕方までドライブしながら暇をつぶした。途中二度ほど電話したが、誰も電話に出ない。日が傾く頃T地区のそばから三回目の電話をしたが、またも不在である。ダメ元で実家を訪ね呼び鈴を押したところ、奥からスキンヘッドの中年男性が現れた。教養を感じさせる整った顔立ちは、なんとなくユル・ブリンナーを思わせる。これがメリーさんの甥御さんだった。夫婦揃ってすらっとした美形で、山里には似つかわしくないと感じた。メリーさんの時代は農家だったというが、この夫婦はそういう感じはない。人の上に立つ仕事、たとえば教育関係者あるいは武道家のように思えた。

私は来意を告げた。そして「ご迷惑を掛けるつもりはありません。老人ホームの場所だけ教えていただけたら、すぐに帰ります」と言った。

男性は視線を逸らせながら「すぐにいなくなったので帰ってきたと言えるかどうか……。老人ホームは津山の『ときわ園』だったと思います」と答えた。

人が良さそうな物腰だった。メリーさんの話をしたくないだけで、本当はかなりの好人物なのだろう。私はこの夫婦のことが好きになれそうだった。

「ありがとうございます。じつは十年前にもこの地区を訪ねました。お話出来て良かったです」

私が甥御さんと交わした言葉はこれだけだった。でも充分だった。約束通り私はT地区を後にした。やれば出来るじゃないか。

最後の謎解き

私は一路津山に向かった。市街地に入ったときは、既に星が瞬く時刻になっていた。しかし気が急っていたため、今日のうちに老人ホームを確認しておきたいと思った。

スマートフォンのグーグルマップで場所を確認すると、JR津山口駅からかなり近いようである。逸る気持ちを抑えながら、私はハンドルを握った。

暗闇のなかから「ときわ園」の巨大なシルエットが浮かび上がった。しかしおかしい。建物が新しすぎるのだ。外観も映画に出てくるホームからはほど遠い。すっかり混乱した。

甥御さんの記憶違いだろうか。そんなことあり得るだろうか。

ひとまずビジネスホテルに宿を取り、ネット検索して「ときわ園」の概要を探った。すると二〇一四年一〇月一日づけで現在地に移転してきたことが分かった。さらに津山市が所有する養護老人ホームだということも判明した。公立施設であれば経済的負担は少ないはずである。なかば縁の切れていたメリーさんを入居させるには、都合がいい施設といえた。

四十年にもわたって夜の大都会を生きてきたメリーさんである。いくら生まれ故郷とはいえ、あのしずかな世界で最後の十年を過ごしたとしたら大変だっただろう。津山は岡山県北部の中心地だ。ささやかな繁華街もある。もちろん横浜と比べたらずっと小さいが、メリーさんには似つかわしいように思えた。

そしてもう一点。故郷から近すぎず遠すぎず、という距離感も重要だった。メリーさんは故郷でも白塗り姿だった。津山であれば一時間の距離だ。扱いに困る親族を預かってもらうのにちょうどいい。地元にいたら、自殺騒ぎの過去を知っている人物に行き当たる可能性もある。そうした場合、気まずくなるだろう。故郷を思うことがあっても、骨を埋めることは叶わない望みだったのではないか。彼女にとって、そして敬して遠ざけておきたい家族にとっても、この一時間という距離には切実な意味があったのだと思う。

いずれにせよ、移転前のホームの外観が映画の通りであれば、私の旅は終わりである。

翌日私は「ときわ園」の旧住所に向かった。ＪＲ津山駅の南側、徒歩十五分くらいの距離だ。自動車で行くと綺麗に切り開いたなだらかな坂を、徒歩だとまばらな住宅地の細い坂道を、上りきった場所にある。メリーさんの故郷で老人ホームの職員から「津山の八出か大谷の辺りじゃないか」と言われたがまさにその通りで、そこは八出と大山に挟まれた地域だった。一見すると郊外のニュータウンのように感じられるが、お社などの古いものが多い。住宅も都市近郊にありがちな洋風な趣はなく、少々古めかしい感じだ。ぽつぽつ畑も残っていて老齢の農婦が野焼きをしているなど、ちょっと独特な空気が感じられた。ともかく映画に出てくるあの施設を探すしかない。

グーグルマップが教えてくれた場所は広大な空き地だった。既に取り壊されていたのだ。私は近隣のお宅に飛び込み、例の写真を見せながら「この空き地に建っていたのはこんな建物ではありませんでしたか？」と訊いて廻った。四、五軒のお宅でお話を伺ったが、どの家でも「建物があったときはそれが当たり前すぎてよく見ていなかった。似ているようにも思えるが違うような気もする」という実に曖昧な回答だった。

要領を得ないので移転後の「ときわ園」に車を走らせた。しかし現在の運営は指定管理者で、移転前のことが分かる職員はいないという。

仕方がないので、今度は役所に行ってみた。対応してくれたのは人事課の方である。例によってホームの外観写真をお見せしたが、相手は悩んでいる。どうやら古い「ときわ園」ともちがうらしい。親切にも部署内のパソコンを検索して移転前の写真をプリントアウトしていただけたのだが、確かにまったくちがうのだ。『ヨコハマメリー』のホームと「とき

移転前の「ときわ園」外観

わ園」の共通点と言ったら鉄筋コンクリートの二階建てだということくらい。屋根の形も外壁もまったくちがう。かろうじて遠くに映り込んでいる山の形だけは似ているように思えた。また振り出しに戻ってしまった。しかし甥御さんの話が間違っているとも思えない。

もうすこし突っ込んで話を聞いてみることにした。

「ときわ園」が認可を取ったのは一九五四年とかなり古い。移転前の建物は一九七〇年代後半か八〇年代前半に建てられたもので、最後の頃は雨漏りがひどく大変な状態だったという。

いま話している職員さんは映画が撮影されたと思われる二〇〇〇年代前半の段階では、まだ「ときわ園」に関わっていなかったそうだ。彼が関係するのは移転前の最後の一年間と現在地に移転して今の体制になってから。あくまで最後の一年の感覚から判断する限りでは、映画の撮影は不可能だという。近年プライバシー保護のため、幼稚園などで子供の写真撮影が厳しくなっているという話を聞く。老人ホームも同じ状況だというのだ。

では慰問の線から調べるのはどうか。『ヨコハマメリー』のクライマックスシーンは、元次郎さんの慰問コンサートである。老人ホームの娯楽室でマイクを握る元次郎さん。目の前にはメリーさんがいる。あのときのことを確認することは出来ないか。

残念ながら、慰問に来た歌手などの記録は残していないという。元次郎さんが来たかどうかの確認は不可能だった。

ここもちがうのか。そう思ったときだ。念のため建物の外観だけでなく内観の写真も何枚か持参していたのだが、内観の方は似ているというのだ。写真のなかでは廊下の床に緑色のカーペットが敷かれているが、「ときわ園」も同じだったという。さらに古い「ときわ園」は高低差のある二つの敷地をつなげていたため段差があり、そこをスロープで繋げていたそうだが、『ヨコハマメリー』の施設にもよく似た段差がある。おまけに玄関口や部屋の出入り口もよく似ているのだ。これは何を意味しているのだろうか。

さらに気になる発言もあった。

「そう言えば、だいぶ前になにかの撮影があったらしいと、やめた方から聞いたことがあります」

私は人事課の方にお願いして、かつての職員に連絡を取っていただくことにした。「ときわ園」の職員は公務員だったため、正職員は市役所内の別の部署か別の施設に転属になっている。先方が紹介を申し出てくれたのは現在図書館で働く女性だった。一九九八年から二〇一四年の移転まで「ときわ園」で勤務していたという。上手い具合に、ちょうどメリーさんが入所していた時期と重なっている。彼女が亡くなったときのことも知っているはずだ。

ところが思うに任せなかった。プライバシー保護のために入居者のことは話せないというのだ。たとえ故人であっても駄目なものは駄目だという。

慰問についても「映画の件はセクションがちがうので、良く分からない。ステージをホームビデオで撮影している人は多かったが撮影はステージに限られていたはずだ」という答えだった。

時間切れだ。一旦横浜に戻らざるを得なかった。しかしなにかを摑みかけている気がした。

帰浜後、私はDVDをレンタルし『ヨコハマメリー』を見直した。すると最後の最後で当時の園長先生の姿がぼんやり映っていることに気がついた。これで確認が出来るのではないか。さらにもう一点。慰問のシーンで、メリーさんたちの背後の壁に、銀行の金庫室にあるような巨大な金属のハンドルがついていることに気づいた。このハンドルがなにかは分からない。しかしひじょうに特徴があるので、確認の手段にはなる。

私は画面をキャプチャーし、二枚の写真を津山市役所に送った。

この園長先生に見覚えはありませんか？

このハンドルはどうですか？

するとすべての答えがつながった。

「園長と何人かの入所者には見覚えがあります。ハンドルのようなものもありました。『ときわ園』の写真だろうと思います」

『ヨコハマメリー』を見て、私たちがメリーさんの老人ホームだと思っていた建物は、まったく関係ない物件を映したものだったのだ。内観だけは「ときわ園」で撮影したようだが、外観は別の場所で撮っている。おそらく場所を特定されないようにするためのアイデアだったのだろう。ようやく謎解きが終わった。

結局私は最後の最後までバスに乗り遅れたのだった。

第三部

海は世界をつなげる道である。しかしそれは恋人たちの行く手を遮るものでもある。アメリカに帰ってしまった進駐軍の将校を、老いてもなお待ち続ける娼婦。彼に気づいてもらうため、あえて目立つ衣裳で立ちつづけていたのだという。そこには港町横浜らしいエキゾチシズムが内包されていた。

しかし彼女にまつわる伝説は、本当に横浜でなければ成立しないものだったのだろうか。また、なぜこれほどまでに受け入れられたのだろう。そもそもあの姿で立ち続けた動機はなんだったのか。さまざまな問いが浮かんでは消えていく。彼女にまつわる謎の多くは、依然として未解明だ。こうした疑問について、以下のような順番で議論していきたい。

・メリーという名前にまつわる考察
・伝説化し広く語りつがれるようになった四つの背景
・将校は実在したのか
・メリーさんからみた横浜の位置づけ
・彼女はなぜあの姿で街角に立ったのか

・彼女はなぜ伝説になったのか

いずれもプロローグに書いた「B 伝説のなかのメリーさん」に関する事柄である。まず彼女の通り名の由来からみていきたい。

メリーという名前にまつわる考察

メリーという名の由来

二十年ほど前に、横浜随一の飲み屋街として有名な野毛のとあるバーで、名物ママ（一九五〇年代後半生まれ）とメリーさんの話をした。横浜と野毛の歴史やありようについて一家言持っている人物なので、きっとおもしろい反応が返ってくるだろうと思ったのだ。数日後、ママがブログに興味深い話を書いてくれた。彼女が子供の頃、こんな言葉が普通に使われていたそうだ。

メリケン粉↓小麦粉
メリケン波止場↓大桟橋
メリーさん↓英語ができ、外国かぶれな人。または外国人好きな人のこと。

「メリーさん」という言葉は、特定の人物を指す言葉ではなかった。一般名詞だったのだ。メリーさんの写真集や映画が認知されたので、日本中が「メリーさんとはあの映画に出てくる娼婦のことだ」と勘違いしてしまった。「メリー」や「メリケン」は「アメリカン」からきている言葉。「外国に由来するもの」という意味だ。

その証拠としてママは「あるとき、終戦直後から昭和三〇年代にかけて日本郵船の事務をやっていたおばさんで『メリーさん』と言われていた人を知りませんか、と尋ねられたことがある」という自身の体験談を披露してくれた。このメリーさんはきっと英語が堪能だったのだろう。

じつは昭和二〇年代もしくは三〇年代から四〇年代にかけて、横浜の波止場で「マリーさん」と呼ばれた通訳ガイドの女性がいた。太田ミサ子さんという方で、誰言うことなく「港のマリー」とよばれ、それが転じて「太田マリ」というのが通り名になった。中肉中背で人当たりが良く、庶民的。一見すると「その辺のおばさん」という感じだったが、第一印象とは裏腹にかなりのエリートだった。横浜の通訳ガイドの売れっ子で、若い通訳ガイドから慕われていた。

前作でも指摘したが、年配者はメリーもマリーも区別していないことが多い。通訳が外国かぶれを意味する「マリー（メリー）さん」と呼ばれたのは、偶然の一致にしては出来すぎだろう。

太田さんと付き合いのあった郷土史家の葛城峻さんによると、彼女は「神奈川県通訳ガイド協会」という団体の副会長だったという（残念ながら、この団体のことは調べても分からなかった）。一九三〇（昭和五）年生まれの葛城さんより一五歳か二〇歳年上ということなので、健在なら百歳を超えている。

太田さんは日本交通公社（現JTB）経由の仕事を取っていたが、「たぶん日本郵船や大阪商船（のちの商船三井）などの仕事も取っていたのでは」と葛城さんは語る。葛城さんが役員をしていた観光バス会社「イースタン観光」が、外国のクルーズ船の下船客や在日米軍の将校婦人クラブを箱根や日光に案内するとき、しばしば添乗していたのが太田さんだった。

シルクセンターの宝石商、柴田さんもよく似た話をしてくれた。

「貨物輸出入業のジャパンエキスプレスで働く従業員のなかにメリーさんと呼ばれた女性がいたんです。外見はどうってことのないおばさんでしたが、キャリアウーマン的な人でしたね。

バリバリ仕事が出来て、英語がぺらぺら。『あの人に任せておけば間違いなし』と言われていて。外国人のファンやお得意さんもいましたよ。わざわざ彼女を指名してくるんです。

私たちは、白塗りの娼婦のことはメリーさんとは呼ばないんですよ。メリーさんといえば、キャリアウーマンの方を指していましたから。メリーさんの名前が娼婦と結びつけられていると知ったら、(ジャパンエキスプレスのメリーさんは)どう思うかなぁ」

葛城さんは柴田さんの語る人物と太田さんは同一人物ではないか、という。おそらく野毛のバーのママが尋ねられたというメリーさんも同じ人物なのではないか。

葛城さんの手許に太田さんと並んで収まった写真がある(次頁の画像参照)。眼鏡をかけたその風貌は、地味な中年女性そのものだ。柴田さんにその写真を見てもらったところ「自分の記憶しているメリーさんより若いが、面影がある」とのことだった。

横浜市の市史資料室にも太田さんの写真が一枚だけ所蔵されている。職員の羽田博昭さんが教えてくれたものだ。かつて戦後の横浜に文化人のサロンが存在した時期があった。その中心にいたのが牧野イサオという人物である。資料室の写真は太田さんが仕事関係者に囲まれたパーティーの一コマらしいのだが、牧野さんの姿もある。彼女は文化人サロンの周辺にいた人物だったのだろう。

メリーさんが巷で「皇后陛下」とか「白狐様」などと呼ばれていた当時、「メリーさん」だったのは太田さんの方だった。しかしミナトが磁力を失うにつれ、白いドレスの女の方が「メリーさん」と呼ばれるようになっていった。太田さんは市井の人間の一人として誠実に生き、歴史の彼方に消えていった。

私は外国人と付き合いのある女性たちが「メリー」と呼ばれていた理由に関して、別の説明も聞いたことがある。

昔の日本人は外国人女性の名前をあまり知らなかった。そこで日本で言うところの「花子」のような、一般的な外国人女性を指す言葉として「メリー」や「マリー」という言葉を使っていた、というのだ。つまり「メリー」とは外国人女性、あるいは外国人の妾などを指す隠語だったというのである。

太田マリさん（左）

さらにもうひとつの由来も考えられる。『天井桟敷の人々』で有名なマルセル・カルネ監督の映画『港のマリー』だ。映画の公開は一九四九（昭和二四）年。原作はジョルジュ・シムノンで一九三八（昭和一三）年発表である。主演は当時四五歳で、日本のファンも多かったジャン・ギャバン。ニコール・クールセル演じるマリーは海辺の食堂のウェイトレスだ。貫禄たっぷりの彼が、きまじめな若い娘に惹かれていく。

この映画の人気にあやかったのだろう。戦後の混乱期、さっそく「港マリ」なるストリッパーが登場している。

その後昭和のある時期まで、テレビや映画で「メリー」「マリー」「マリア」といった通り名の女が登場する機会は少なくなかった。大抵はセクシーかつ勝ち気で主人公を翻弄する謎めいた女性。ちょうど峰不二子的キャラクターが「メリー」や「マリア」という名前で呼ばれていたという印象がある。たとえば高倉健主演で一九七八年に公開された東映映画『冬の華』には、倍賞美津子演じる「メリー」という横浜の娼婦が登場する。

繰り返しになるが、「メリー」というのは外国かぶれした女性、言い換えれば日本社会の枠組みから外れたアウトサイダーを言い表す一般的な呼称にすぎなかった。ちょうど洋装したおしゃれな女性を「ハイカラさん」、あるいは綺麗な女性を「別嬪さん」と呼ぶのと同じような感覚で、ただし若干の揶揄を籠めて使っていたのではないかと思うのだ。

「メリー」という名前はありふれていて、波止場周辺にはメリーさんが何人もいた。

金魚みたいな服を着たマリンさん

作家の北方謙三は、一九九二（平成四）年一月一〇日に紀伊國屋ホールで講演会を行った。その際、こんなエピソードを披露している。

僕の父親は船長で、一年のうち一一ヶ月は外国航路についているような生活をしていました。つまり日本にいるのは一ヶ月だけなんです。帰国中の父親に会うため、母親と一緒に夜行の汽車で九州の唐津から横浜まで旅することが多かったのを覚えています。蒸気機関車で二十四時間ぐらいかかっていましたね。

当時の横浜は今のようにおしゃれな所ではなく、とにかくバタ臭い所でした。華やかな部分もあったものの、ヤバい地区も存在していて、黒澤映画の『天国と地獄』そのままの世界。文字通り「地獄の口」が開いているような場所もありました。

日ノ出町、黄金町なんてすごかった。ジャンキーが禁断症状起こして、震えている所なんかも見ましたよ。体を縮めてお互いの顔なんて見ようともしない。きれいなお姉さんが服を引きちぎるようにして体を掻きむしったまま倒れてしまい、そのままドブに半分はまってしまうところとか。昭和二十年代初めのことですけどね。[16]

父親に連れられて横浜の街を歩いていると、金魚みたいなひらひらした服を着たお姉さんが「キャプテーン」と言って走ってくることもありました。つま先まで真っ赤に染めて、化粧も仕草も本当にきれいで、僕が生まれて初めて「女だな」と意識した存在。当時の言葉で言うパンパンだったんだけど、見たこともないほどきれいだったね。僕の父親は船長でしたから、部下を管理する責任があったんですよ。で、その彼女は「お宅のナンバー〇〇ボイラーがケンカしてたわよ」なんて、航海で寄る度ごとに報告してくれる人で「マリンさん」という名前でした。

いまも横浜には「港のマリー」という人がいるんですよ。いまこの季節は真っ赤なコートを着て歩いてるんじゃないかな。銀髪で後ろから見ると外人みたい。前から見ると髪を染めた普通のおばあさんだと分かるんだけど。

あるとき、このマリーさんに会ってみたんです。後ろから「マリンさん」と声をかけたら振り向いて「はい?」……分かんないんですね。幼い頃見たマリンさんと（港のマリーが）同じ人かは分からない。千円渡して別れました。きっと彼女はもう現役ではなくて、酔客からお金をもらって暮らしているんじゃないかと思うんですね。

昔、横浜にはマリーという名前の人がいっぱいいたと思うんです。「港のマリー」だけではなくて、「本牧のマリー」や「馬車道のマリー」もいたんじゃないかな。

北方が「マリン」という名前と「マリー」という名前を区別していない点は興味深い。前述の通り、年配者は「マリー」「メリー」「マリア」といった名前を区別していないことが多い。これは関東圏だけの傾向ではないらしく、関西でも同じような場面に遭遇することがあった。

さて「メリー」という女性は横浜にしかいなかったわけではない。例として別府のメリーさんと札幌のメリーさん、そして三重県のメリーさんの話をしたい。

16 北方謙三は昭和二二年生まれである。昭和二〇年代初めのことを記憶しているとは思えない。年号に関しては北方の記憶違い、もしくは言い間違いだと思われる。

クレイジー・メリーとミス別府

大分県の別府は日本有数の温泉街である。日本の敗戦に伴い全国に連合国軍が進駐したが、別府にも米軍基地が建設された。戦時中から米軍は別府の占領を計画していたらしく、この街では空襲は実施されなかった。古い街並みが残っているところへ米軍兵士が乗り付けてきたのである。

ざっと調べた限りでは別府に駐屯した米軍の規模は分からなかったが、現在駅の西側に広がる「別府公園」は「キャンプ・オブ・チッカマウガ」と呼ばれる在日米軍基地だったという。別府には大型軍艦も寄りついた。街は米兵の群れで溢れ、海から近い海門寺公園付近は闇マーケットや木賃宿、パンパンハウスで埋め尽くされた。

日本の温泉街にはお色気がつきものだ。さらに別府は港町でもあり流れ者が多い。そこへもって戦後の混乱と米軍の進駐で、文字通り狂乱の宴が繰り広げられたらしい。その一端は佐賀忠男著『別府と占領軍：ドキュメント戦後史』（「別府と占領軍」編集委員会、一九八一年）に記録されている。

この本のなかで興味を惹かれるのは、「クレージーメリー」と「ミス別府」という二人の名物娼婦が紹介されていることである。横浜のみならず、別府にもメリーさんがいたというのだ。この九州のメリーさんはどんな人物だったのだろうか？


クレージーメリーと呼ぶ名物女が居た。クレージーメリーが動くと軍の動向が分る、といわれ、艦隊が入港する前になると、どこからともなくフラリと現れた。駅前で犬とショーをしたり、兵隊にギブミーマネーと手を出してねだったり、気違いか正気か分らぬ不思議な女だった。ポン引やハウス業者などはよく顔を覚えていて人なつこい笑顔で「兄さん」と後拶するところなどは、満更狂っていたとは思えぬ節もあった。彼女は数年間サンフランシスコで米兵と結婚生活を送ったという幸福な時もあったと聞くが、その彼氏が朝鮮で戦死したという報を受けると、ピストルを空に向けてぶっぱなしながら流川通りを歩き、ＭＰと警察に追われて、秋葉神社の床下に二晩隠れていたという逸話をもっている。（『別府と占領軍：ドキュメント戦後史』）

このクレイジー・メリーは別府のパンパンたちのリーダー的な存在だったようだが、にも関わらず人通りが多い駅前で獣姦ショー（あからさまに書かれているわけではないが、前後の文脈からすると、そう読めてしまう！）をしてみせるなど、確かに狂っているとしか思えない。その一方残された写真（次頁の画像参照）を見る限りでは、その辺にいそうなごく普通の女性に見えるのである。

もう一人の有名娼婦「ミス別府」だが、彼女は上流階級風でメリーさんを思わせる女性だった。

パンパンガールの中には自分でリンタクの自家用車をもったものもあり、通称ミス・ベップと呼ばれた女は、シャネル五番の香水をつけ、香りのいゝ白檀の扇子をそよがせながらリンタクの上から、下士官以上の白人に秋波を送った。浮世小路にあった彼女の部屋はレースのカーテン、豪華なベッド、そして四季の花に飾られていたが、大学生になる一人きりの弟が帰郷（？）したときには、化粧をおとし、日頃の職業を感じさせぬ貞淑（？）な姉に変身した。（前掲書）

まるで「皇后陛下」と呼ばれたメリーさんのようではないか。いや運転手つきの輪タクを持っていたというのだから、メリーさん以上だろう。

別府という小さな町に、これだけキャラの濃い女たちが揃っていたら、なんらかの物語がつくられてもおかしくない。実際、別府在住の文筆家、鬼塚英昭さんが『海の門』（成甲書房、二〇一四年、初版は自費出版で二〇〇二年）という実録小説で彼女たちを描いている。主役はクレイジー・メリーである（作中の表記は「クレイジー・マリー」となっており、先だって私が指摘したとおり年配者が「メリー」と「マリー」を区別していない傾向がうかがえる）。鬼塚さんは終戦の頃小学生だったそうだが、ミス別府をチラリと見たことがあるという。近所のきれいな中学生が親の言いつけでパンパンにされ、最終的に自殺したのを間近に見聞きした体験もあるそうだ。

クレイジー・メリー（『別府と占領軍：ドキュメント戦後史』より）

サッポロ・メリー

五島勉のデビュー作『続・日本の貞操』（蒼樹社、一九五三年）は戦後間もない時代の街娼や進駐軍、ヤクザなどの生態を描いたルポルタージュである。同書のなかに登場するのが、当時二三歳だったという「サッポロ・メリー」だ。

現在の札幌市南区真駒内地区にあったキャンプ・クロフォードの芝生の上で米兵を相手にしていたサッポロ・メリーは、十月の声を聞き部屋を探そうとする。札幌の冬は早い。十月が暮れる頃には雪がちらつくようになる。

しかし引き上げで十万人もの余剰人口を抱えた札幌で、部屋は簡単に見つからない。まして派手な格好をしたパンパンにはむずかしい話だった。

下手に出て頼み込んでも大家たちは門前払いを喰らわせてくる。ところがどうだろう。片言の英語を喋りながらチョコレートやタバコを一箱放ってみせると、簡単に部屋を貸してくれることにメリーは気がついた。ご丁寧なことに大家たちは彼女や同業者たちに媚びた態度さえみせるのだった。

それだけではない。街で彼女らが卑屈な態度を取れば取るほど、世間は非難の眼差しを向けてきたが、英語を話し気前よくチョコレートを投げ与えたり札びらを切ってみせると、状況は一変。人々の方が卑屈になるのだった。

部屋探しはトントン拍子に進み、十月初旬には豊平川べりに一部屋を借りた。四畳半で月五百円とのことだったが、彼女は「毎週百六十円づつ払うわ」と言った。部屋住みとなった彼女は、もう街角で米兵に声を掛けることはなくなった。その代わり部屋を持っている仲間たちと組合をつくり、女たちのリストを作成した。そこには英語で彼女らの住所、営業時間、情夫のある・なしが記載されていたほか、“Moist Lips Bounding Waist（濡れた唇・弾む腰）”、“Exotic Sexual Arts（エキゾチックな性技）”、“Passionately Crying（情熱的によがる）”などと註釈がついていた。最初は日本語で書かれた簡素な住所録だったのだが、組合に入り込んだ通訳崩れの男が手を加えたのだ。表紙には“Lonesome?（淋しくないの？）”と大書されていた。やがてリストには彼女たちの写真も掲載されるようになり、立派なパンフレットになった。

彼女は十一時過ぎに起床する。十三時か十四時ごろ食事をとり、仲間を訪ねたり休みの兵隊と映画館に行ったりする。十七時に軽い夕食をとり仕事にそなえる。そして深夜二時ごろまで体を張った重労働をつづける。

米兵たちはジープで乗り付けてくることもあれば、輪タク屋に案内されてくることもあった。常連客が一晩ゆっくり遊んでいくこともあれば、見知らぬ男たちが四、五人で取り囲み鞭で打ったり、自慰を強要したりした挙げ句、輪姦していくこともあった。彼女が抗議すると「だったらほかの女の所に行くまでだ。金は払わないぜ」と脅してくるのだった。

こんな生活が二年つづいた一九四七年の冬、メリーは仲間に勧められ二の腕に"Sapporo Merry"と刺青を彫り込んだ。すっかり頽廃ぶりが板に付いた彼女は、つぎつぎと札付きの友人ができた。

札幌、仙台、東京、横浜、名古屋、大阪、神戸、広島、博多といった大都市のみならず、それこそ別府のような小さな町まで、至る所に米軍基地があった。沖縄のように島全体が米軍統治下にあった場所もある。ペリーが来航した幕末から明治初めには開港五都市（函館、新潟、横浜、神戸、長崎）にしかいなかった外国人専門娼婦は、戦後日本全土が占領されたことにより全国に広がった。しかしアメリカ人は非欧州圏の人名を覚えるのを苦手とするため、現地の人間に英語名をつけたがる。したがって「メリー」というありきたりな名前で呼ばれた女は娼婦や通訳に限らず、それこそたくさんいたはずだ。一人二人に留まらず、全国各地に大勢いたにちがいない。

やや脱線気味になるが、この「偏在する娼婦メリー」という現象は平安時代の六歌仙の一人、小野小町の伝承を思い起こさせる。小野小町は実在の人物だが、なぜか全国各地に生誕地や死没地が存在するのだ。似た話としてやはり歌人の和泉式部のケースがある。西條静夫著『和泉式部伝説とその古跡』シリーズ（近代文藝社）によると、墓や供養塔（歌塚も含む）は全国に遍在しその総数は二百を超えるそうである。

メリー伝説はこうした日本の伝統的な伝承と似た側面を持っている。

三重県津市の赤いメリーさん

インターネット上ではよく知られた話だが、九〇年代まで三重県津市の三重会館前に全身赤い服を着たメリーさんと呼ばれる老婆がいたそうだ。なにをするでもなく日がなベンチに座っていたといわれる。

「死んだ子供を待っていて似ている子を連れ去る」
「客待ちの娼婦」
「恋人の帰りをずっと待っている」
「一縷の望みをかけ戦死したはずの夫の帰りを待ちつづける妻」

などさまざまな噂があった。なかには「綺麗ですね」と褒めると、お金をくれるという説もあった。横浜のメリーさんと異なり、彼女がどんな目的でそこにいたのか定説はない。

さまざまな噂が成り立った理由について、中部大学の永田典子教授はつぎのように分析している。

「メリーさん」もしくは「レッドババア」と呼ばれる女性の身なりには彼女なりの理由があり、終日ベンチに座っているのにも彼女なりの理由があるに違いない。だが、常人の感覚からすれば、年老いた容貌に原色ずくめのけばけばしい服装は尋常ではないために、彼女の身の上が様々に憶測され、噂話となって広まってゆく。こうなれば、噂はもう彼女の個人的事情に構うことなく独り歩きしてしまう。(「都市の噂話『メリーさん』のこと」『女性と経験』No.17、一九九二年に収録)

彼女がなぜ「メリーさん」と呼ばれるのかは不明で、合理的な説明をした者は寡聞にして知らない。

横浜のメリーさんとの関連性も定かではない。ただ三重会館の赤い老女が「メリーさん」と呼ばれていたとき、既に横浜のメリーさんが何度となくメディアに登場していたのは確かである。おそらく横浜のメリーさんを知った誰かが、同じような存在の女性として赤い老女をメリーさんと呼び出したのだろう。

白いメリーさんが歌や芝居になったのと同じように、赤いメリーさんも小説のモデルになっている（森博嗣「赤いドレスのメアリィ」『虚空の逆マトリクス』講談社、二〇〇三年に収録）。

横浜のメリーさんにも共通して言えることだが、その容貌よりも「白」とか「赤」という身なりが「記号」化して伝聞されると、もう本人の意思ではコントロールが効かなくなる。

常人の基準から逸脱した人々は、自分だけの島宇宙を抱えた人々である。そんな彼らに対して、私たちは「恋人の帰りを待っている」などと手垢のついた物語に押し込めたり、娼婦だと決めつけて納得しようとする。たとえ白いメリーさんが娼婦でなかったとしても毎日同じ場所に出没すれば、娼婦か人待ちの不幸な女というステレオタイプな物語があてがわれたのではないだろうか。彼女は自分の道を行く人だったが、街の意思に取り込まれた人でもあったと思う。つまり伝説は、彼女の意思とは無関係に、外部からの要請で立ち上がったのだ。

伝説化し語り継がれるようになった四つの背景

メリーという名前について理解を深めていただいたところで、彼女が伝説化した過程、さらに伝説が変貌を遂げていくさまを検証していきたい。

前述の通り、メリーという名前の女は大勢いた。正業で活躍する堅気のメリーさんもいれば、裏稼業に生きるメリーさんたちもいた。横浜にもいたし札幌や別府にもいた。三重にも謎めいた赤いメリーさんがいた。

しかし伝説化し広く語りつがれるようになったのは、白い彼女だけである。なぜなのか。四つの理由が考えられると思う。

1　横浜に元からあった四つの系譜の依り代として、人々が彼女にイメージを投影したから

・「メリケンお浜」らミナトの歴代娼婦たち

・「ヨコハマワイフ」、「沖売り女」

・「待つ女」

・「上海リル」

2　八〇年代前半という、横浜がアイデンティティ・クライシスに見舞われたタイミングで都市伝説ブームの走りである「なんちゃっておじさんブーム」が起こり、改めて彼女にスポットが当たったこと

3　横浜が首都圏に位置しているため、メディアに取り上げられやすかったから
4　時代と共に語り直され、意味合いを変化させてきたから

1．から順に考えていきたい。

1　横浜に元からあった四つの系譜の依り代としてのメリー

メリーさんの伝説成立以前から、横浜には伝説の素地となる「ミナトの女たち」の系譜がいくつか存在していた。彼女の伝説の背景に予めこうした存在があったからこそ、彼女の物語は強度を獲得したのだろう。

冗長になってしまうが、四つの系譜にふれていきたい。

メリケンお浜、エロ・グロ・ナンセンスの時代に咲いた花

開港と同時に港崎遊郭が設けられて以来、横浜には外国人相手の娼婦の歴史が連綿と続いていた。港町のよすがを記憶している人々は、メリーさんの背後にその影を見て取る。一九八〇年代から九〇年代にかけて「港のメリーは二代目だ」という噂が囁かれていたが、それは年配者たちがある女性の存在を引き合いに出したからだ。

数年前に松坂屋の1Fでメリーさんを見たことがある。帰宅して母（現73歳）に言ったら、本物は大震災前に本牧のチャブ屋での流行っ子だったから、今生きていれば90歳くらい。だから違う人だろうとのこと。7カ国語を流暢に喋られた様です。（南区・堀口邦子さんの投稿、横浜のタウン誌『浜っ子』一九八九年二月号より）

この「大震災前に本牧のチャブ屋での流行っ子」と言われた女性こそ「初代メリーさん」に該当する「メリケンお浜」である。

メリケンお浜。彼女について説明する前に、チャブ屋（茶巫屋）について説明せねばなるまい。外国船が頻繁に出入りする開港場には、世界中のどの港へ行っても、外国人のみを相手にする酒場や快楽を提供する宿のようなものがある。昔はそういう場所を「チャブ屋」と呼んだ。

戦後横浜の文化サロンの中心人物となった故・牧野イサオさんの話では、お浜は大正八、九年頃から昭和のはじめにかけて活躍した人物という。

一九五六（昭和三一）年の『週刊東京』十月六日号（東京新聞社）に「国際的赤線地帯を衝く　復活する横浜のチャブ屋街」と題した記事が掲載されている。この記事の見出しには大きく「いまはなし〝お浜さん〟の心意気」と書かれている。彼女が引退して既に二十年経っていた。にも関わらず、彼女は忘れ去られてはいないのだった。

戦前までは、かつてのチャブ屋街の第一「キヨホテル」に〝お浜さん〟という女がいた。それは当時の外国船マドロスにとって、日本の大臣の名は知らなくても、彼女の名を知らぬ者とていない、世界のお浜さんであった。彼女は中国人との混血、長ジュバン一枚にその豊かな体をつつみ、ピッタリと男に寄りそってホールを踊り回る。やがて客の一人と自室へ入るとためらいもなく脱ぎ捨てた着物の下には、全身に白粉を塗った輝く肉体——一夜を共にしたマドロスは、その感激を手旗に託して行き交う船から船へと伝えたとか。（前掲誌）

「キヨホテル」には第一から第三まであったが、客と女が海辺でボートを漕いだり、乗馬が出来たりとアウトドア的な遊びも楽しむことが出来た。値の張る店だったので客層もよく、貴顕紳士や五輪金メダリスト、さらには来日時にリンドバーグまで立ち寄ったという。一九二九年にドイツの巨大飛行船ツェッペリン号が飛来した際には「乗組員がこの店にやって来たが、お浜との別れを惜しんだために出発時間がずれ込んだ」という伝説がまことしやかに語られた。

お浜の裸を撮影した写真スタジオ経営者・岡本五郎氏はこう述懐している。

あれは大正一五年ごろでしたよ。（中略）もう、そのころでは〝チャブ屋のお浜〟といえば、女王のような存在でしたからね。毎日、生玉子を一五個ものんでサービスするものだから、異人さんもビックリしてましたな。根が淫蕩なので、その特殊技術もたいしたものでした。英語はペラペラだし、閨事も英語でやるんです。毛唐の船員たちに日本の印象はときくと、お浜さんと即答するほどでした。外国からの恋文もずいぶんきていましたが、宛名が『日本国横浜　お浜様』と書いてあるだけでも、ちゃんと彼女の手もとに届いたんですから、いまにして思えば、お浜さんはハマの夜の〝無形文化財〟でしたよ。（『週刊文春』一九六九年三月二四日号）

『鞍馬天狗』で有名な作家の大佛次郎もお浜を知る一人である。大佛は山下公園前のホテルニューグランドを書斎代わりにしていた。あるとき彼の名刺を持った偽物が本牧のチャブ屋に出没していると知り、「本物が顔を売らねば」と夜毎友人とつれだってチャブ屋をハシゴしていたという。その彼はお浜をこう評している。

キヨ・ホテルへは阪東妻三郎と一緒に行ったこともあったね。お浜の顔は、頬のあたりが荒れて、やはり商売女という感じで、僕はちっとも感心しなかったが、久米正雄、田中純などがよく通って、僕に話をしてましたよ。行為自体が好きだというんですね。あの最中に泣くというんですね。それで大変な人気があった。ナンバーワンというのは、容色がではなくて、その異常な特質ゆえに、稼ぎがナンバーワンという意味なんです。(前掲誌)

お浜は本名を関根イチといった。実家を継いだ姪のSさんは「お浜さんは男みたいな人でしたよ」と言う。女性にしては背が高く、声も低かった。外国人船員を相手にするチャブ屋の女は、気がつよくて面倒見のよい姉御肌が多かったというが、お浜もそういったタイプだったのだろう。

彼女は読者が想像するような美女ではなかった。しかし肉感的な魅力と性に関してあけすけな点が彼女を有名にしたのだった。

お浜がはじめてメディアに紹介されたのは、エロ・グロ・ナンセンス最盛期の一九三〇(昭和五)年だった。作家の高木健夫が『國民新聞(現在の東京新聞の前身の一つ)』に連載した「ほんもく・らぷそでぃ」の第一回と第二回で彼女を取り上げたのだ。これ以降、彼女はたびたび活字メディアに取り上げられるようになる。

戦前の日本は「男女七歳にして席を同じうせず」の世界である。男女が人前で手を繋ぐことさえ考えられないことだった。当時の青少年の性知識は微笑ましく「キスしただけで妊娠する」とか「処女（当時は未婚女性を意味した）には性欲はない」などという通念がまかり通っていた。エロ・グロ・ナンセンスと言っても、当時のエロとは現在のエロとは様相を異にしていたのである。

そんな時代に性に対して奔放で外国人にも人気があったのがお浜だった。退廃的な怪聞、猟奇的な

第壹萬參千八百壹號　2

ほんもく・らぷそでい（一）

「愛の巣」のクヰン
インタナショナルなお濱さんの魅力
古風で、そして新しいヨコハマ

「まあ、あたいのやうなもの、話でも聞いて下さる？　コオエイの至りだわね。アハハハ」

ホンモク・キヨホテルの午後二時、千日かづらのやうに髪を振り亂して、彼女の眞赤な唇は大きな「O」の字を描いた。素肌に西洋寝間着その上にドテラを羽織って、男のやうに懐ろ手をした彼女は、そしてアハハと豪快に笑ひこけたのである。
◇
ヨコハマ、ホンモク、…バスを小港で降りて十二天のはうへ、いはゆる眼の碧い彼等が「愛の巣通り」と呼ぶ横丁を、古風な松並木の散歩路へぬけてすこしゆくと、植民地風のペンキ塗二階建が、窓にだんだら縞の日除をかざして、氣取ってゐるのが見える。これがそのキヨ・ホテル。いはゆるドテラに懐ろ手をした、海賊船の姐御みたいな彼女の城廓である。
◇
彼女の名は「お濱さん」。ホンモクの、いやヨコハマの、いやいや世界の「お濱さん」だ。ニユウヨウクから、シスコから、コロンボから、マルセイユから、なんと、紫インクで打たれたタイプライタアの戀文が、海を渡って"O-HAMA-SAN!"と彼女のふくよかな胸に飛びこんで來るのだ。お濱さんの微笑ひとつは、紅毛の外交官、鳶色眼の南歐の船員、さては黒ン坊の火夫たちの黒い心臓までを、がっちりと引きつけておくだけの魅力を有ってゐる、まことにお濱さんの魅力はインタナショナルなものである。
◇
彼女はいふ所のチャブ屋女の生涯に入ってすでに十年、とって三十歳、アマリリスよりも濃艶な年増盛りだ。今やダンゼン、クヰンとして本牧のホテル街に君臨し、毎月の稼ぎ高は千五百圓から多いときは二千圓、といふ豪勢なもの。贅ひ過ぎて金の足りなくなった客なんかには「これでも持つといでよ」とキンシヤの長襦袢を投げ與へる、といふキザな藝當も時々やる。
◇
で、植民地風のキヨ・ホテルの、これはまた建物とはちよいと不似合な絵襖が飾られた敷居をまたいで、わがお濱さんのインタヴィユウを思ひ立ったわけなのだが
「ま、お上がんなさいよ」
彼女はさう云って例のドテラに懐ろ手のまゝ、ピンク色の長襦袢の裾を訪問者の下に亂して、のっし、のっしとホテルの階段を上がって行った。【寫眞は横濱のクヰン・オハマさん】

メリケンお浜（『國民新聞』1930年5月19日付より）

奇談、刹那的な逸事がもてはやされた時代に、「男なしでは生きていけない」とされた彼女の生態は時代を反映したものだと受け止められた。今東光が見透かしたようなことを書いている。

お吉だとか横浜遊廓の喜遊という妓などは毛唐をケダモノと訓えられた哀れな女どもの一人だった。ところが本牧のチャブ屋に現れた女は誰一人として涙を流して外国人に抱かれたのはなかったのだ。彼女等は外人以外にあまり足を向けないチャブ屋で、想像を絶する性生活を寧ろ享楽したのではなかったか。（今東光著『十二階崩壊』中央公論社、一九七八年）

メディアに登場したのが一九三〇年より早かったり遅かったりしたら、お浜が伝説化することはなかったかもしれない。

魔性の女になれなくて

ちょうど明治から大正、そして戦時中の中断を除いた戦後の混乱期に至るまで、世間は悪女の物語に夢中になった。俗に言う「毒婦もの」である。有名所としては夜嵐おきぬ（一八七二〔明治五〕年斬首）や高橋お伝（一八七九〔明治一二〕年斬首）らがいる。阿部定事件（一九三六〔昭和一一〕年）を加えることも出来るかもしれない。悪女にそそのかされた男たちは破局を迎え、最終的に女も刑に処される。

一方のお浜は「相手をした若者が精力を搾り取られて死んでしまった」などという噂こそ立ったものの、魔性の女扱いはされなかった。それどころか口の悪い遊び人のなかには、彼女を「バカ浜」呼ばわりする者もいた。何も考えずに湯水のごとく金を使ってしまうことや、不死身と言いたくなるほどの体力バカだったことが理由だった。

文藝春秋社の雑誌『話』一九三四(昭和九)年九月号に掲載のチャブ屋関係者の座談会記事では、「キヨホテル」オーナーの倉田治三郎が「お浜は山口という男に身請けされたが月に五百円もの金を使い、挙げ句入院して経費が五千円にもなった。ほかに家財道具購入に一万円も使うなどしたので捨てられてしまった」と証言している。

一九三七(昭和一二)年になると、パトロンの援助で東京・五反田に待合をひらいた。しかし二年といられなかった。パトロンが来てくれない寂しさから若い庭師に五十銭玉をにぎらせ身体を慰めさせていたところ、その現場を当のパトロン本人が目撃してしまったのだ。このときお浜は四三歳だった。

横浜に戻った彼女は曙町で「ジャポン」という名のカフェーをはじめた。しかし店は戦火で失われてしまう。やがて戦争は終わったが、伊勢佐木町界隈は焼け野原だった。お浜は実家からほど近い磯子区の中浜町か久木町の辺りで一軒家を借りた。

終戦から十年。お浜は遊郭のある真金町に移っていた。すでに齢六十過ぎである。お浜は落ちぶれていた。いまではドブ臭い吉田川(現在の大通公園)の裏手にある場末のバーのママにすぎない。店は真金町二丁目の「大矢荘」という木造モルタル・アパートの一階の角で、三畳間の奥座敷が寝床だった。

彼女が真金町に流れ着いた理由に関して一つの推論がある。

二〇〇八年の四月下旬に知人の主催で「松葉繁美さんを囲む会」がひらかれた。松葉さんは横浜で大ヒットした書籍『聞き書き横濱物語』(ホーム社、二〇〇三年)の著者・松葉好一さんの実兄である。

実家は真金町遊廓の大店のひとつ「松葉」を経営していた。その松葉さんは、お浜が真金町二丁目にあった「鈴芳」という廓で一時期働いていたと聞いたそうだ。

お浜のバー「浜子」があった大矢荘のすぐ東隣が、元「鈴芳」である。偶然にしては出来すぎている。老いたお浜は金に困っていた。あるいは昔の生活が忘れられなかった。そこで売春防止法の施行が差し迫った「鈴芳」でしばらく働いた。売防法の施行でアパートに転業したお隣の「三芪松」（大矢荘）が「一階の一部を店舗として貸してやる」と申し出てくれたのを幸いに、ほかに食うあてのないお浜は、なけなしの蓄えから開店資金を捻出。あるいは後ろ支えしてくれるパトロンに金の用意をしてもらって、店一軒出すことにした……。松葉さんの証言が事実なら、こんな筋書きが思い浮かぶ。年老いてなお、遊里から離れられないお浜。

私は真金町時代のお浜を知るTさん夫妻を探しだした。取材時からカウントして四十年も昔のことだというのに、お二人ともお浜のことをはっきり覚えていた。

まず思い浮かぶのは腰まで無造作に垂らした髪だという。伸び放題といった風で櫛を通しているようには見えなかった。白粉塗りは健在で顔や襟首のみならず、胸元や脚まで真っ白だった。お浜が寄ってくると白粉の匂いが鼻に衝いた。半襟にした着物はしどけなく、細身の身体は年の割にスタイルが良かった。Tさんのご主人は、お浜の指は白魚のようで苦労した手ではなかった、と証言している。

零落しても変わらないプライドの高さ

すっかりすさんでしまったお浜だったが、全盛期の片鱗は残っていた。彼女の裸を撮った写真家の岡本氏が、一九六〇（昭和三五）年になって伊勢佐木町でばったり再会を果たし、こんな証言を残しているのだ。

彼女の店で飲んでいるうちに「踊ろう」っていうんです。踊っていたら急に「ちょっと見てよ」といって和服の襟をあけるんですね。

「いい年をして、まだ男がほしいのか」と言ってやったんですが……見てビックリしました。六六歳にはなるっていうのに、オッパイだけは一八歳くらいなんですよ。乳首がサクランボをつけたみたいでね。ヌード写真を撮ったときと、ちっとも変わってないんだから、こりゃあ、バケモノだと思いましたね。あんな女はいませんよ。(『週刊文春』一九六九年三月二四日号)

しかしバー「浜子」の景気は冴えなかった。容貌の衰えも隠しようがない。だが周囲からどう思われようと、お浜は過剰な粧いをやめようとはしなかった。

若い頃から風呂好きだったが、真金町に移ってからも近所の銭湯には毎日通っていた。いつも化粧石鹸を十箱持参し、店主の言葉を借りれば「百杯ものお湯」を汲み出して白粉を洗い流した。そうしてゆうゆうと湯船の一番隅に浸かった。

いくら注意してもお湯の無駄遣いをやめない彼女は迷惑な客だった。とうとうお浜は四軒あった真金町の銭湯すべてから入浴を断られてしまった。なによりも風呂が好きな彼女は「人の倍払うから入れてくれ」と頼み込み、かろうじて横浜橋商店街の裏手にある「平和湯」(二〇〇八年廃業)に出入りすることを許された。

一九六五(昭和四〇年)頃から「浜子」は開店休業状態になった。もう雇っていたホステスも寄りつかず、店は鼻を衝く白粉の匂いで戸を開けるのさえ憚られるほどになった。

「でも最後までしょっちゅう出入りしていた人がいたんだ」とTさんはいう。それは背の低いお手伝いの老婆だった。この老婆がお浜の友人なのか、女給なのかははっきりしないが、お浜より年配で、もうとうに亡くなっているはずだ、という。

もうひとり、最後までお浜の面倒を見ていた者がいた。それは横浜地方法務局磯子出張所のすぐそばに事務所を構えていた司法書士だった。お浜の近所づきあいが極端に少なかったため、この人物とお浜のつながりも謎のままだが、店がうまくいかなくても生活費に困っていなかったことは間違いないという。

年を取り落ちぶれてからも、お浜は近所の子供たちに千円札をポイとくれてやることがあった。気前の良さもプライドの高さも昔のままだった。バーの壁には岡本さんが撮影したチャブ屋時代の写真が誇らしげに飾られていた。

店に閑古鳥が鳴き出したのと同じ頃、お浜は体調に異変を感じはじめた。自慢の乳房がガンに冒されていたのだ。しかも末期である。一九六七（昭和四二）年七月、お浜はアパートからほど近い横浜橋商店街の野村病院に入院。ガンの切除手術をした。当時の副院長で担当医の宮原さんによると、気の毒なことにガンは転移し、ひきつづき老いた身体をむしばんでいたという。

既に手の施しようはなく、栄養剤とビタミンを投与するしかない状態にもかかわらず、お浜は女としての自分は捨てなかった。最晩年の彼女にとって社交と呼べるのは、病院に行くときくらいしかなかった。司法書士からの入金があるとデパートへ行って下着から服まで一式新調する。純白の花束を手に、さっそく病院へ出向く。しかし真新しい下着も、すぐ乳の血膿で汚れてしまう。すると洗いもせずに捨ててしまい、また新しい下着をつけるのだった。

お浜は目に余る奇妙な行動を繰り返した。病院から他人の履き物を無断で持ち帰ってはアパートの屋根に投げ上げ、その数が何十足にもなるといった振る舞いをつづけたのだ。若い看護婦には「女は二号にならなきゃ一人前じゃないのよ」と啖呵を切った。扱いづらい上に虚栄心の強さが人を遠ざけた。

一九六九（昭和四四）年三月三日の朝九時半ごろ、アパートの管理人・森沢さんは二カ月滞納されたままの家賃を掛け合おうと、お浜のいる角部屋に出向いた。そしてバーの奥の三畳間で首にストッキングをまきつけたまま、冷たくなったお浜の姿をみつけた。争った形跡はなく、うつ伏せた上半身には布団が二枚かぶせられ、その上にお膳が乗っている。左手に輝くふたつの真珠の指輪や金のネックレス、押入れの現金二千円は手つかずだった。

検死の結果、性行為の形跡が認められたため「強姦目的で行われた犯行」だと考えられた。死因は、首を絞められている最中の心臓衰弱死である。

Tさんの証言によると、お浜は晩年になっても客を取っていたらしい。

「『あのババア、まだ（客を）取ってるよ』という根強い噂があった。客取って、その客に殺された、という噂があったね。子供だったときは純然たる飲み屋だと思ってたんだけど、どうもちがってたみたいでね」

Tさんの奥さんによると、特捜本部には犯人の目星がついていたそうだ。しかし物証を上げることはかなわず、結局事件は迷宮入りした。

お浜とメリーさんの違い

記憶があやふやだが、終戦後の雑誌を読みあさっていたとき、お浜をダシにした記事を見かけたように思う。そこには「メリケンお浜は身体を許しても心までは許さなかった。パンパン諸君、身体は進駐軍兵士に許しても心まで渡しては駄目だ」というようなことが書かれていた。

お浜とメリーさんを比べたとき、白塗りで外国人専門、そして横浜の娼婦という共通項こそあるものの、相違点も少なくない。大きな違いを感じる点は次の点であろう。

かたや将校を待ち続けたメリーさん。
かたや恋をしなかったメリケンお浜。

この二人の間に横たわる大きな差違。この違いはなんだろうか。

関東大震災後、横浜から外国人の姿が激減したため、チャブ屋の多くは日本人客相手に業態変更した。しかし「キヨホテル」は震災後も外国人客が七割を占めたという。西欧人に受けの良かったお浜であるから、異国の恋人がいたとしてもおかしくない。むしろその方が自然である。しかしお浜に関する資料を読む限り、浮いた話は一つも出てこないのだ。彼女は恋をしなかった。そして彼女のパトロンになったという男たちはなぜか全員日本人だった。もちろんこれは流布されたイメージであり、世間が彼女に期待した役回りに過ぎない。

一方のメリーさん。彼女には忘れがたい白人将校の恋人がいたという。もちろんこれも噂に過ぎないが、彼女はそういうイメージをあてがわれ、世間もそれを受け入れていた。

この差はどこから来るのか。

考えられることは「お浜には家庭的な女性像を期待していなかった」という男性側の都合である。男たちにとって彼女は面白がる対象であって、人生のパートナーとして迎え入れるに値しないと考えられたのだろう。それどころか恋愛の対象にさえなっていなかったようにみえる。

そしてもうひとつ。外国人専門とは言え、彼女はあくまでも日本陣営の一員だと考えられたにちがいない。戦前の日本人にとって外国はエリートだけに許された世界だった。外国人相手に大金を稼ぎ出していたとは言え、お浜はあくまでも庶民側の一員として扱われたのだろう。彼女は日本社会の引力から自由になれなかったのだった。

チャブ屋ガールは日常的に外国人客を相手にしていた。だから外国人と結婚するケースもあった。たとえば当時「横浜を代表するモダンボーイ作家」と言われた北林透馬が「大丸谷のクイーン」と呼んだ「サイ」というチャブ屋のタマ子は、チンタオ生まれで山手のミッションスクール卒業の不良少女だったが、ドイツ人と結婚した。

メリーさんに白人将校の恋人がいたという噂は、彼女が理解しがたい存在で日本社会から浮いた存在だった、という事実を反映していたのかもしれない。バレエの発表会のようなドレスを着ている、だから西洋人の恋人がいたにちがいない、という単純なものではなく、「外国人の恋人」という条件を付けることで、人々は彼女を自分たちの属する社会の外側に置きたかったのではないだろうか。そうして彼女の存在は一応は納得出来る形に整理され受け止められたのだろう。それは同時に地域社会の一員としてではなく、どこまでも異邦人として認知されたということでもあると思う。

二人の違いはもう一つある。それは物言わぬ存在で神なき時代の神話のように立ちつづけるメリーさんに対し、お浜には失敗談や血の通ったエピソードがたくさん残されており、人間味を感じるということだ。

第一部でも書いたとおり、私はメリーさんを生き身だと考えることが出来ず、抽象的な存在だと感じている。翻ってお浜とは妙な因縁を感じる。

お浜は実家から勘当されていたため、現在の関根家にはお浜の生年月日を知る者はいなかった。私は渋る姪のSさんを拝み倒して全部入りの戸籍謄本をとってもらった。その結果彼女が生まれたのは日清戦争終結の年である一八九五（明治二八）年一一月一二日だということが明らかになった。

驚いたことに一一月一二日というのはSさんと同じ誕生日だった。Sさん自身知らなかったそうで、ひじょうに驚いていた。

Sさんの話で私にとっても驚くような事実が明らかになった。私の住まいのすぐ隣は倉庫のような工場のような会社なのだが、そこでお浜の親族の一人が働いているというのだ。さらに私の実家のある埼玉県の川越市にも嫁入りした親族がいるというのだった。お浜の墓も私の住まいから歩いて行ける所にあり、彼女の実家も徒歩圏である。晩年の住まいも手の届く距離だ。これにはもう「呼ばれた」としか言いようのない縁を感じてしまった。そのせいもあり、メリーさんよりも一世代前の生まれにもかかわらず、私はお浜を生身の人間として捉え、その生きた痕跡を感じ取ることができる。

その反面、メリーさんからは人としての業のようなものを嗅ぎ取ることが出来ない。周囲の人間たちは彼女に振り回されていたと思う。雪の日に彼女の行方を捜した元次郎さん。年末年始の旅行をずっと我慢していた山崎夫妻。ライター廃業に追い込まれた末藤さん。映画を撮ろうとして金銭トラブルに巻き込まれた清水節子たち。その割に彼女の肉声は聞こえてこない。まるで戦前の天皇皇后両陛下のように、周囲の人間たちが彼女の声や思いを代弁し、彼女の物語を紡ぐのだ。そう言えば、彼女は「皇后陛下」と呼ばれていた。

内面が見えないメリーさんと、赤裸々なまでにあけすけなお浜。このちがいは本書に大きな影を落としている。

「沖売り女たち」や「ヨコハマワイフ」

一九五八年に売防法が施行されると、外国人相手の娼売は非合法で地下化したものが主流になった。街娼や夜の店からの連れ出し中心だったが、横浜や神戸などの国際港には「沖売り」と呼ばれる女たちも出没した。海運革命でコンテナ船が登場する以前の話になるが、貨物の荷下ろしには接岸して作業する方法のほかに、沖合に碇泊しているところに艀《はしけ》で近づいて船から船へ移送する方法もあった。この方法の場合、船員は通船と呼ばれる小型船で上陸することになる。

しかし金のない下級船員のなかには下船せずに船で休暇を取る者も少なくなかった。彼らを相手に「沖売り」とか「便利屋」と称する商売人が船内の食堂や通路で店を開いた。日用雑貨から衣類、日本の土産物、当時人気のあったトランジスターラジオまであらゆる商品が所狭しと並べられる。沖売りの顔ぶれは毎回決まっているので、定期航路の貨物船であれば自然と顔なじみになる。

この行商人のなかに女を送り込む者がいたという噂があった。一九五五（昭和三〇）年当時五九社あった正規の通船は朝七時から夜一一時半までの営業だったが、営業時間外に夜陰に紛れて秘密の荷揚げや帰船の遅れた船員の輸送、女たちの送り込みなどを行う「闇サンパン（山下町～根岸一帯で普及していた機帆船）」が存在していた、というのである。

彼女たちの存在は密輸シンジケートなどと関連づけて、刑事ドラマで扱われることがあった。たとえば国際売春組織との戦いを描いた石井輝男監督のアクション映画『黄線地帯』（新東宝、一九六〇年）に沖売り娘たちが船に乗り込む場面がある。舞踏家の大野慶人さんも言っていた。

「あの頃は船がいっぱい来てたんですよ。アメリカのプレジデントライン、オランダのロッテルダム、イギリス系の船からはニュージーランドやオーストラリアの人が来る。今は一、二軒しか残ってないけど、ギリシャ・バーやギリシャ・レストランが中区にたくさんあったんですよ。ギリシャ人専門の女の子がいて。艀にのって船まで女の子が出張サービスしたりね」

こうした妖しさも横浜幻想を構成する大きな要素だった。メリーさんが日本の終戦後を想起させる象徴的存在なのだとしたら、国際港のある一面を象徴したのは彼女たち沖売りだろう。

神奈川新聞の元カメラマンで海自記者クラブに所属していた五十嵐英壽さんは、私にこんなエピソードを披露してくれた。

「麻薬の抜き打ち検査で、早朝の沖乗り取材に行ったときの話だけどね。神戸から来た外国船に上がってみると、船員の部屋に日本人の女がいて『わたしは妻です』って言うんだ。『ヨコハマワイフ』っていう言葉があったんだけど、神戸〜横浜間にはこういう手合が結構いたんじゃないかな。グループをつくらず単独行動してるのが多かったよ。彼女らはまったく普通の身なりで目立った特徴はなかったたね」

貨物船であっても八人くらいであれば乗客を乗せられる。そして船員の部屋にいたというのであれば、乗客名簿に載っていたのかどうかも怪しい。しかし妻だとか、恋愛関係にあると言ってしまえば、売春防止法で取り締まることはむずかしい。

港港に女あり。一口に「ヨコハマワイフ」と言っても必ずしも娼婦だとは限らない。純粋な恋だったり、火遊びだったりということも考えられた。五十嵐さんは著作の中でこう書いている。

昭和三十年代、大江橋（引用者註：大岡川の河口付近に架かる橋。桜木町駅のそばに現存）脇のビアホールで給仕をしていた若い美人が、或る日突然、大桟橋で船員を待ち探す女になっていたり、いつも行く理容院の女主人がP・クリーブランド号（引用者註：アメリカの豪華客船プレジデント・クリーブランド号のこと）のチーフコックの「横浜妻」だという話や、ギリシャ船のコックが船を降りて横浜美人と所帯を持ち、レストランを開業したりの話はいくらでもある。（五十嵐英壽写真集『横濱みなとの唄』神奈川新聞社／かなしん出版、一九八八年）

パンパンの時代が過ぎても外国からの人の出入りがあれば、そこに国境を超えた恋愛ドラマは生まれる。いまや派手な身なりをしたパンパンたちは退場していたが、保守的な大人たちはヨコハマワイフたちを社会秩序の敵と見做していた。若い女性たちの自由奔放さと古めかしい価値観からの解放は危険すぎる。外人バーなど外国人相手の店の一部は、性道徳を破壊する悪所と捉えられていた。

定期航路の船が入ってくるのはひと月に一度、あるいは数カ月に一度だった。港の女は「待つ女」である。しかし待つだけでは食べていけない。ホステスたちは新聞の出船入船欄をみて、今晩くる客の見当を付けた。「オンリー・ユー」と口では言う。しかし特定の相手が帰ってくるのを待つ間、他の男を相手に「アルバイト」するのだ。

大野慶人さんは言う。

「僕が知っていたオンリーは三人しかいなかったけど、その三人のうち一人は台湾の元・将校が相手でね。その将校は日本に亡命してきて互楽荘（関東大震災後の復興で建てられた同潤会アパートのような集合住宅。既に取り壊されているが、山下公園のすぐ裏に位置し中華街は目と鼻の先という立地だった）に住み着いちゃったんですよ。

将校が留守の間に、そのオンリーは日本人の若い男と『過ち』を犯しちゃってね。結局女の方が若い男に振られちゃったんだけど、すごく怒ってたね。男の方は完全に遊びだったんだけど、女の方はすごい剣幕だった。でもその将校はその件について何も知らなかった」

「ミナトの女」という意味では、お浜やメリーさんよりもヨコハマワイフや沖売り女の方がそれらしかったのではないだろうか。

「待つ女」の神話

プッチーニの著名なオペラ『蝶々夫人』（一九〇四年初演）の例を引くまでもなく、「待つ女」の物語は港についてまわるものだ。ひたすら海を眺めながら、今日こそは彼の船が着くだろうかと心待ちにする。

メリーさんは外国に帰ってしまった恋人を待ち続けているんだよ。

人々はそう言ってきた。

メリーさんが愛されたのは、戦後復興時代の苦難への同情、辛い境遇にあっても気位高く生き抜いたこと、そしてこの「待つ女」の物語があったからこそだと思う。

メリーさんの「待つ」には「ふたつの待つ」がある。

・娼婦として毎日客を待つ
・別れた将校が現れるまで何十年も待つ

娼婦は、はしたない姿で客の期待に応える仕事だ。赤の他人の前で服を脱いだり触らせたりする。しかし本当に恥ずかしいのは、路上で客を引く行為の方かもしれない。肌を露わにすることよりも、男に媚びて誘う行為の方が却っていやらしいかもしれないのだ。

道ゆく人々に見られながら、彼女は夜の客と別れた恋人を待ちつづける。どちらも同じ「待つ」という行為でありながら、なんという隔たりだろう。

彼女はひたすら立ち続け齢を重ねていく。

この「ひたすら待つ」という振る舞いは、携帯やネットでつながりつづけるのが当たり前になった私たちには遠くなってしまった感覚だ。この「待ち続ける」という点において、彼女は既に神話の域に達している。

待つ女はいつも孤独である。孤高を貫いたメリーさんは待ち続けることで、より一層孤独を深めてきた。ベケットの『ゴドーを待ちながら』(一九五二年、翌年初演)のようにいっしょに待ってくれる相方はいない。メリーさんは永久機関のように決して終わりのない待機をつづける。まるで永遠の罰であるかのように。

例えば米軍経由で本国にいる将校のことを問い合わせるとか、彼の同僚に連絡をとってみるとか、あるいは探偵に依頼するとか、そういった現実的な方策はとられたのだろうか。

そもそも本当に将校を待っていたのか。

いや、それは考えないのが黙契だ。

待ち続けるメリーさんの物語は寓話性が強く、リアリティーは薄い。そこにあるのは真実味ではなく、見た人をとりあえず納得させる説明だ。現にメリーさんは街角に立っている。メリーさんの生身の身体が、その存在だけが、異様な物語を保証している。

しかし時間は残酷だ。刻まれた皺、深く曲がった背中。いったい彼女はどれだけの年月を無為に過ごしてきたのか。もし愛し合った将校が戻ってきたとしても、果たして彼は声をかけることができるだろうか。もし将校が現れたとしても、年老いて白内障になった彼女にはもう分からなかっただろう。グロテスクな話だ。

太平洋戦争が終わったとき、戦地から夫や息子の帰国を待つ女たちが大勢いた。その記憶がまだ生々しかった昭和のある時期までは、「待つ女」であるメリーさんの物語は現代とはまったく異なる切実さで以って受け入れられたにちがいない。しかし戦後という時代が遠ざかるにつれて、ちがう形で捉えられてきたように思う。

私が連想するのは実話をヒントにしたというテキサスの作家クレイ・レイノルズの小説『消えた娘』(土屋政雄訳、新潮文庫、一九八九年)だ。

大金持ちだが女たらしの夫と別居するため、一八歳の一人娘を連れた母親は北西に向かう。ところが小さな田舎町の手前で高級車が故障する。車の修理を待つ間、娘はアイスクリームを買いに行くと言って広場の向かいの店に入っていった。母親はひたすら娘を待ちつづける。五分、十分、一時間、一日、一週間……。そして彼女は老婆になるまで三十年待ちつづけた。街の人々は彼女を狂女だと噂している。もう娘が現れないだろうことは分かっている。それでも彼女はいつもの広場で待ちつづけるのだ。

いったい全体人はどれほどの間、待っていられるものなのか。どれほど待てば諦められるのか。なにひとつ状況が変わらない不動のドラマでありながら、私たちの心はじわじわと蝕まれる。もはや待つという行為に結果が伴うとは思えない。待つこと自体が目的化しているような、不気味ささえ帯びている。

しかし女は幸福である。オペラ『蝶々夫人』の第二幕で歌われるアリア「ある晴れた日に」のなかで、蝶々夫人は「彼が帰ってきても迎えには行かない。近くの岬で待つ。そして彼がやって来たら隠れて困らせるのだ」と空想の世界で遊んでいる。

待つことは必ずしも辛いことではない。果てがないほど膨大な時のなかで、女たちは幸せな夢を育む。

「上海リル」の系譜

彼女の伝説の背景として「メリケンお浜をはじめとするミナトの娼婦たち」「ヨコハマワイフ」「待つ女」といったもののほかに、戦前・戦後の歌謡曲「上海リル」シリーズも含めることが出来ると思う。敗戦によって戦前と戦後というふたつの世界は断絶したが、「上海リル」からはその途切れた世界をつないでしまおうという意図が感じられる。

最初の「上海リル」は洋楽のカバー曲だった。オリジナルは一九三三年のアメリカ映画『フットライト・パレード』の挿入歌。アメリカの兵士として上海に入り恋人リルを探すという設定で主役のジェームズ・キャグニーによって歌われる。この曲は日本人の感性に響いたらしく、ディック・ミネ、川畑文子、江戸川蘭子など一九三九年までの五年間に、なんと十人もの歌手が派生曲を歌ったという。

興味深いのは戦後の一九五一年になってアンサーソングがヒットしたことである。作詞：東条寿三郎、作曲：渡久地政信で津村謙が歌った「上海帰りのリル」がそれだ。「上海」という言葉が醸し出す港町らしい無国籍情緒。

船を見つめていた
ハマのキャバレーにいた
風の噂は リル
上海帰りの リル リル
甘いせつない 思い出だけを
胸にたぐって 探して歩く
リル リル どこにいるのか リル
だれかリルを 知らないか

この「上海帰りのリル」がどういう女性なのかは謎だ。一九五一年発表で「上海帰り」なのだから、戦前上海で暮らした民間人であることは間違いない。二番に「夢の四馬路の霧降る中で　何もいわずに別れた瞳」、三番に「暗い運命は　二人で分けて　共に暮らそう　昔のままで」というフレーズが出てくるので、上海で涙の別れを告げた恋人なのか。
リルは引き揚げては来たものの、日本には身寄りもないらしい。「ハマのキャバレーにいた」という噂こそあるものの、それ以上の情報はない。歌の主は「だれかリルを知らないか」とあてどもなく探し廻っているのだ。

この歌の大ヒットを受けて「リル」は一人歩きし、シリーズもののように歌い継がれた。

一九五二年「リルを探してくれないか」（津村謙）
一九五二年「私は銀座リル」（三条町子）
一九五二年「霧の港のリル」（久慈あさみ）
一九五二年「私がリルよ」（三条美紀）
一九五三年「心のリルよなぜ遠い」（津村謙）

それから二十年の時を経て発表された「港のヨーコ・ヨコハマ・ヨコスカ」（作詞：阿木燿子、歌：ダウン・タウン・ブギウギ・バンド）は「上海リル」の末裔だろう。謎めいて恐らく天涯孤独。どこにいるのか誰も知らない。横浜を舞台にした昭和歌謡やアクション映画のヒロインは、どこかリル的な要素を受け継いでいると思う。

八〇年代にメディアに登場し始めた当初、メリーさんのイメージにもリルの影がさしていたのではないだろうか。つまり初期のメリーさんは、すくなくともメディアの上では、娼婦というよりもむしろ「謎めいた女」という設定だったのだ。

映画『ヨコハマメリー』レイトショー初日、主題歌を歌った渚ようこは舞台挨拶に立ち「宇崎竜童から直接聞いた話」としてこんなことを話したという。

「昭和五〇年の『港のヨーコ・ヨコハマ・ヨコスカ』のモデルとなっている人物って、じつは、メリーさんのことなんですね」

「港のヨーコ」は正体不明だ。少なくとも娼婦とは特定されていない。私はここにリルとメリーさんの邂逅を感じ取るのである。

2　都市伝説ブームへの接続と横浜のアイデンティティ喪失問題

伝説の幕開け

メリーさんがはじめてメディアに登場したのは『週刊ポスト』の一九八二（昭和五七）年一月二九日号である。この記事を見つけ出すのはたいへんだった。

SNSのmixi上につくられたメリーさんのコミュニティーの投稿で、私は大物詩人の田村隆一が「港のマリー」という詩を書いていることを知った。

週刊誌のグラビアで見た
「港のマリー」のポートレート
大正十年生れの現役の娼婦だ
車を買うために
ヨーロッパ旅行をするために
スナックを経営するために

ニューボディを商品とする
もとOL
もと女子学生
とはわけがちがう
港のマリーは純粋な娼婦だ
ボンベイやシカゴやパリにはまだいるかもしれないが　日本では
たぶん最後の娼婦

（文芸誌『海』一九八二年三月号より冒頭部分を抜粋）

この後の段落には

過去三十六年間に補導歴二十三回
売春禁止法　シャブ　ヒモ犯罪には関係なかったから
逮捕歴はきわめて少ない
と神奈川県警の刑事が云っているが
その刑事だって
マリーが娼婦になりたてのころは幼稚園児だったのさ

などと極めて具体的な情報が盛り込まれている。

田村隆一はメリーさんより二歳年下で同世代だ。一九七〇年から亡くなるまでを鎌倉で過ごしていたため、ひょっとしたらメリーさんを見たことがあるかもしれない。もしかしたら声をかけられたり、話をしたりしていたかもしれない。

残念ながら詩人は既に他界していた。仕方がないので、私は田村作品の研究書を上梓している詩人の笠井嗣夫さんにメールで質問をぶつけてみた。

「娼婦『港のマリー』自体は、けっこう有名な存在だったと推定しますし、田村が会った可能性がないとはいえませんが、田村の作品に、実際に会えなければ書けないような表現はなかったように記憶しています。

横須賀には米兵相手の娼婦はたくさんいましたが、田村の好みとするところではなかったようにも感じられます。ましてや鎌倉転居以後の田村と、米兵相手の娼婦というのは、私の感覚ではしっくりきません」

この回答から察するに、田村隆一はメリーさんと会ったことはなさそうだった。であれば「過去三十六年間に補導歴二十三回」などの情報を記した週刊誌の記事が、実際に発売されていたのではないか？

と言ってもこれは私のカンに過ぎず、それ以上の情報はない。大宅壮一文庫の索引検索を利用したが、ヒットしなかった。仕方がないので暇を見て一九八〇年から八二年二月までの男性が読みそうな雑誌を片っ端からめくって調べた。この記事を見つけたのはじつに三年後で、別件の仕事で『週刊ポスト』のバックナンバーを調べてたときだった。突然大写しになったメリーさんの顔が現れたのでドキッとしたのを覚えている（次頁の画像参照）。

果たしてそこには逮捕歴も含めたメリーさんの経歴や、カメラマンがメリーさんを裸にして写真を撮ったことなども書かれていた（ヌード写真の掲載はなかった）。

この記事によると、メリーさんは大正一〇年生まれで現役の娼婦。終戦後まもなく焼け野原の銀座・服部時計店前に立ったという。伊勢佐木町に居着くまでに横須賀や横浜市内を転々。米軍将校を相手にし、在日米軍基地に二十八年間住んでいた。日本人と一度、米国人と一度結婚したが、現在は子供も身よりもいないという。稼業を始めてからこのときまでの三十六年間に二十三回の補導歴がある。ただし覚醒剤やヒモには縁がなかったから逮捕歴はごくわずかしかない。全身を白く塗るのは「年でしょ。肌が荒れて困るから」だそうだ。

巷の話題人間ルポ
"港のマリー"を知ってるか
夜の横浜で知らぬ者はない
名物コールガール嬢（？）は大正10年生まれ…

初めてメディアに登場したメリーさん
（『週刊ポスト』1982年1月29日号より）

取材中四十代、五十代の方から「子供の頃見たメリーさんは怖かった」という話を何度か聞いているが、『週刊ポスト』に掲載された写真を見ると納得出来る。女帝のような貫禄があるし、目元がきつい。

それにしても、なぜこのタイミングで全国誌にメリーさんが紹介されたのだろうか。

この記事に先立つ形で七〇年代末に「なんちゃっておじさん」が社会現象になっていた。電車やバスのなかでぶつぶつと独り言を呟きながら周囲の視線を集め、両手を頭の上にかざして輪をつくり「なーんちゃって」と言って笑わせる、という奇癖の持ち主で架空の人物とも、実在の人物とも言われる。現在でいう都市伝説的な存在だ。仕掛けたのはタモリと笑福亭鶴光のラジオ番組「オールナイトニッポン」。この現象に引きずられるかたちで、マスメディアは「町の奇人たち」の話題を盛んに取り上げた。

百円玉おばさん、新宿タイガー、西武池袋線の水戸黄門おじさんなど様々な「奇人」が面白おかしく取り上げられたが、「横浜代表」の一人として取り上げられたのがメリーさんだった。つまりメディア・デビューした当初は、「全国にいる奇人たちのひとり」という扱いだったのである。

「なんちゃっておじさん」に端を発する「町の奇人」という文脈のなかでは、じつはメリーさんが娼婦だということよりも、「おかしな格好をしている」という部分に力点が置かれていたようだ。

六十代とおぼしきそのおばさんは、白いロングドレスに白いストッキング、おしろいで顔も真白で、全身これ白ずくめ。横浜、伊勢佐木町界隈をあっちへフラフラ、こっちへヨロヨロする様はさながら幽霊のよう。そう、この人こそ横浜名物〝白装束幽霊おばさん〟なのである。なんでもこのおばさん、かつて外人マドロス相手の女性だったとかで、港町を徘徊しては昔をしのんでいるらしい。(「ニュース足報」『週刊文春』一九八三年六月一六日号)

一九六七年生まれで横浜育ちの小説家、角田光代は中学生や高校生のとき、つまり一九八〇年代前半、彼女の話をしばしば耳にしたという。エッセイ「夏のマリー」(『これからは歩くのだ』理論社、二〇〇〇年に収録)で描写されているその姿も、やはり異様さが強調されている。

異様な姿だった。すりきれ、薄汚れた毛皮のコートに身をまとい、金髪に近いような茶色い長い髪の合間から、真っ白に塗りたくられた表情の読めない顔が見え隠れしている。小柄なその女は、強烈な日射しを照り返す道路の真ん中で、放心したようにぽつんと立っていた。夏という季節からも、繁華街という場所からも、現在という時間からも、彼女は完全に浮いていた。(『これからは歩くのだ』)

角田の学生時代には「一世を風靡した口裂け女ほどには迫力もなく、物語性も薄く、さほど恐怖心を煽らないから、あまり話題性のある話ではなかった」(同書より)という。つまり「待つ女」という物語性も老いた娼婦という奇異性も認知されておらず、ただ違和感ばかりが取り沙汰されたのだった。この文脈に沿う形で「じつは資産家で豪邸に住んでいる」とか「弟を養っている」とか「息子がいて堅い仕事に就いている」などと興味本位の噂が街角でささやかれていた。もしこれだけだったら、彼女は伝説にならなかっただろう。

立て続けに発表されるアンセム

都市伝説ブームの俎上に乗り、『週刊ポスト』に紹介されたのと同じ一九八二年。なにかが起きた。わずか一年の間に彼女のことを歌った曲が四曲も発表されたのだ。このことに初めて気がついたのは、平岡正明さんの妻、秀子さん(筆名は笑順)だった(タウン誌『ハマ野毛』二号〔一九九二年〕に収録の「馬車道のメリー」で言及)。

「夜明けのマリア」（映画『コールガール』の主題歌）作詞：康珍化《かんちんふぁ》　歌：根本美鶴代（ピンクレディーのミーちゃん）
「港のマリア」作詞・作曲・歌：石黒ケイ
「横浜マリー」作詞・作曲・歌：榊原まさとし（ダ・カーポ）
「昨夜の男」作詞：なかにし礼　歌：淡谷のり子

彼女の曲は翌八三年にも発表されている。

「マリアンヌとよばれた女」作詞：阿木燿子　歌：デイヴ平尾（元ザ・ゴールデン・カップス）

「町の奇人」に対して破格の扱いである。この背景にはなにがあったのか。

彼女をモデルに曲を作った人たちは、横浜と繋がりのある人ばかりだった。本牧ゆかりのバンド、ザ・ゴールデン・カップスのリーダーだったデイヴ平尾、夫の宇崎竜童と共に横浜・横須賀の歌を多数手がけてきた阿木燿子、当時横浜を代表する歌姫だった石黒ケイ、横浜在住の榊原まさとし、代表曲「別れのブルース」で本牧のチャブ屋を歌った淡谷のり子という具合にそれぞれが横浜と繋がりを持っていた。彼らは「奇人ブーム」とは別の観点からメリーさんを捉えていた。

ちょうどこの一九八二年というのは米軍本牧基地返還の年に当たっていた。彼らミュージシャンは、横浜の一時代が終わることを予感したのだ。

横浜は文化と流行の発信地だった。それは基地の街だったからであり、ハマっ子は基地の町特有の優越感（とある人はこれを「国道十六号線沿いの奇妙なプライド」と呼んでいた）を持っていた。しかしそれも基地が返還されてしまえば終わりである。

まさに同じ頃、もう一つの返還も行われた。三菱重工の工場閉鎖と移転である。

新都心みなとみらいはかつて三菱の造船工場だった。飲み屋街・野毛の街角からは造船所のクレーンが見え隠れしていた。ドックから始業、正午、終業の一日三回鳴り響くサイレン。その轟きは、北は港北区の小机から南は磯子区の杉田まで届くほど大きかったという。夕暮れ時になると一日の疲れを癒せとばかりに工員たちが、野毛や高島町に繰り出す。横浜は今よりも無骨だったが、潮の香りの似合う街だった。その風情もいまや過去のものになろうとしていた。

エキゾチシズムの喪失により、「普通の街」になろうとしていた横浜。感性豊かなミュージシャンたちは、「外国人専門娼婦」という来歴を持つメリーさんの姿に、失われようとしているなにかを見たのだ。

街娼を謳った歌と言えば、一九四七年の「星の流れに」（作詞：清水みのる、作曲：利根一郎、歌：菊池章子）程度しか思い浮かばない。それほど稀れな題材だ。にも関わらず、彼女が好んで取り上げられた理由。それはミュージシャンたちが彼女に失われゆく都市のアイデンティティを仮託したからに他ならない。

基地の返還や造船所の移転に先立つ形で、海運荷役のコンテナ化が進められていた。艀や港湾労働者の数は激減し、新しい埠頭は人目につかない街外れにつくられていた。ミナトの風情は人々の手からこぼれ落ち、機械化と高速化の影で絞りかすのようになっていた。

『週刊ポスト』に彼女の記事が掲載され、彼女の歌が四曲も作られた年と、本牧基地や三菱造船所の返還[17]が行われたのが同じ一九八二年だというのは、決して偶然ではない。

17　三菱造船所の移転が決定したのは一九八〇年。完了は八三年。八二年は移転作業の真っ最中だった。

そして無数のメリーたちの姿は忘却の彼方に消えた

時を経て一九八二～三年に発表された例の五曲から一〇年あまり。一九九三（平成五）年の幻に終わったドキュメント映画と時を同じくするようにして、ふたたびマスメディアにメリーさんが登場するようになった。八二年の出来事を「第一次ブーム」とするならば、九〇年代以降の動きは「第二次ブーム」と言えるだろう。

一九九四（平成六）年、中島らもが短編小説「白いメリーさん」を発表。三年後、小説とは内容を変えて作家自らが作品を舞台化した。

内容の方は「夜寝る前に『メリーさん、メリーさん、メリーさん』と三回唱え『どうか白くしてください』とお願いするとメリーさんが現れて、髪が白くなるまで怖がらせる。呪文を唱えた女子高生が白粉で白く塗りたくられ、メッタづきにされた死体で発見される」という怪談じみた話だった。

一九九五（平成七）年、永瀬正敏主演の人気映画『濱マイク』シリーズの第二作「遥かな時代の階段を」に坂本スミ子扮するメリーさんが登場。永瀬演じるマイクを過去の横浜の象徴である「白い男」の許へ案内する役回りだった。

一九九六（平成八）年、五大路子がメリーさんをモデルにして『横浜ローザ』の上演を始めた。それまで「正体不明の変な婆さん」と言われていたのが、「外国人専門の娼婦で苦労した人」だという認識に変わった。

一九九八（平成一〇）年一一月〜二〇〇五（平成一七）年三月には横浜在住の漫画家、中尊寺ゆつこが雑誌『bmr（ブラック・ミュージック・リヴュー）』にアフロアメリカンの人気女性歌手メアリー・J・ブライジとメリーさんを掛け合わせた「ハマのメリー・J・ブライジさん」を連載する。デフォルメされたメリーさんは、生身の彼女を知らない若い読者たちからも愛された。

その後も少なからぬ表現者たちが「港のメリー」を造形してきた。たとえば夏木マリはこんな風に歌っている。

「港のマリー」（作詞・作曲：小西康陽　一九九五年）

誰もが　港町のカフェで
お酒ばかり飲んでる
物憂げなマリーに　恋をするけど
船乗りに　口笛吹かれても
微笑み返すだけ
港町のマリーは　誰も愛さない

むかし暮らした男は　ある日なにも言わずに
何処か遠い国へ行く　船に乗ったの

二〇〇六年に『ヨコハマメリー』が上映されると、彼女の名前は永遠のものになった。八二年にメディアが横浜に住む一娼婦を「港のマリー」と呼びだしたことから、メリー（マリー）は特定の人物を指す言葉になっていた。実際は大勢のメリーがいたのだ。前述の通り、「メリー」とは外国かぶれした女性、もしくは外国人好きな女性全般を指すスラングだったのだから。しかしメディアが彼女の写真を掲載したとき、無数のメリーたちの存在は忘却の彼方に消えていた。ミナトの女たちやパンパンたちの歴史は共有されるコンテクストではなくなっていたのだ。

3　東京近郊に位置する横浜の地理的優位性

クレイジー・メリーらの話のなかで触れたように、「メリー」と呼ばれた女は一人二人に留まらず、全国各地にいたはずである。にも関わらず、伝説化したのは横浜のメリーさんだけだ。これはどういうわけだろう。

察するに横浜のメリーさんが有名になった最大の理由は、「横浜が東京の至近距離にあるから」という単純なものだったのではないだろうか。

東京から夜遊びに来れる場所だからこそメディアに取り上げられる機会が多く、最終的に映画にまでなったのではないか。もちろん平和な世の中になってもあのままの姿で立ち続けていたからでもある。しかし地方都市であるのと同時に東京の衛星都市でもあるという横浜の地政学的な特性なしには、彼女が伝説化することはなかったと思う。

率直に言って、クレイジー・メリーやミス別府も充分すぎるほどキャラ立ちした娼婦たちである。しかし彼女らは伝説化しなかった。なぜか。それは別府が首都圏から遠すぎたからでもあるし、戦争の記憶と強烈に結びつきすぎていたからだと思う。

戦争の悲惨な傷跡は早く忘れたいものだ。つまりパンパンの話は忘却されるべき記憶だ。本来伝説化しにくいのではないだろうか。

メリーさんの場合も伝説化したのは、世の中から戦争の記憶が薄れてからだ。彼女が有名になったのは謎が多かったこと、長年立ち続けたために街の誰もが知っていたこと、ミナトの女の伝説を生きる最後の一人だったこと、そしてなにより東京の人も目撃したのでメディアで取り上げられたためだと思う。すくなくともはじめのうちはパンパンという戦後の文脈から離れた部分で、単純に「首都近郊の奇人」という枠組みのなかで注目を集めたのだ。

4　語り直しによるイメージの変遷

前述の通り、メリーさんは必ずしも娼婦という来歴が理由で光を当てられたわけではなかった。誰も素性を知らない。しかしその存在だけは誰もが知っている。

この謎めいた女のイメージは、五大路子の『横浜ローザ』の登場で変容してしまった。「最後のパンパン」という立場から、歴史の生き証人として語り直されたのだ。と同時に、横浜らしい「ミナトの女」や「待つ女」、そして「上海リル」の系譜は取り除かれた。連綿と続いてきた女たちのイメージの集積であった筈のメリーさん像は、たったひとりの老婆のイメージへと矮小化された。

ここにダメ押しを喰らわせたのが『ヨコハマメリー』だった。『横浜ローザ』にも言えることだが、この映画からは潮風の薫りが漂ってこない。タイトルには「横浜（ヨコハマ）」という地名こそ入るが、内容の多くはよその町でも成立するものだ。「根岸家」など過去のアンダーグラウンドなエピソードも盛り込まれてはいるが、港の物語ではない。外国人が出てこないのも、国際都市らしさを失った横浜の現状を反映しているようで寂しい（横浜に長く暮らしている外国人はメリーさんのことをちゃんと知っている）。

あの映画と舞台の功は、それまで自分たちとは無関係扱いされていた一人の老娼婦の生が、郷土の神話として昇華されたこと、そして全国に広まったことである。横浜由来の物語がこれほどの規模で全国区になったのは「赤い靴の女の子」以来かもしれない（ただし近年「赤い靴」のモデルになった話は函館が舞台だったことが明らかになっている）。

逆に罪は、メリーさんの物語を人情話に変化させてしまったことだ。開港の時代から連綿と続いた外国人専門娼婦の歴史は切り捨てられ、メリーさんは戦後の焦土に大勢いた街娼の一人として扱われた。中村監督自身の著作を読む限りにおいて、メリーさんが敗戦後の困窮が原因で街角に立ったわけではないことに気がついていたようだが、にも関わらずそれをはっきり提示しなかったからこそ『ヨコハマメリー』は成功したと言って良い。かわいそうなパンパンの老女が健気に生きる姿。それを支える心優しい人たちとの交流。そこに人々は共感を寄せたのである。

確かにメリーさんは健気に生きた。しかしそれはかわいそうな人生でも惨めな人生でもなく、自由を求めてわがままに生きた結果だと思う。故郷での快適な暮らしを剝奪された彼女には、都会へ出るしか道がなかった。そこで彼女が選んだのは、自立して生きる人生だった。一晩中GMビルに張り付いて取材した末藤さんが見抜いたように、彼女はメリーさんでいることを楽しんでいたはずである。

将校は実在したのか

現代日本の大衆文学や映画などで描かれる進駐軍兵士のイメージについて思うことがある。作品で描写されるのは、下級兵士が大半ではないだろうか。軍に招集される前の彼らは、農村出身の保守的な白人層や差別に喘ぐ黒人たちだった。将校クラスが登場する創作物は極めて少ないと思う。その理由として考えられるのは、軍隊を放棄し自衛隊を特殊な立場に置いている日本社会では、士官をリアルにイメージすること自体がむずかしいからではないだろうか。

メリーさんが「米軍の将校を待っていた」と噂されたのは、なによりあの姫様ドレスが原因だと思う。「あんなドレスを着ているのだから、待ち人は位の高い人にちがいない。きっと将校だろう」そんな形で自然に伝説が醸成されていったのだと思う。

もし仮に、待ち人である将校がいなかったとしたら、メリーさんには何が残るだろう。私たちは理解しがたい老女を前にして途方に暮れる羽目に陥る。伝説誕生以前の振り出しに戻ってしまうのだ。私たちは彼女を理解するために、「待つ女」という仕掛けを利用しただけではないのか？将校の存在を否定した場合、メリーさんを理解することは途端に困難になる。だが本来、他人を理解することはやさしいことではない。

ところでメリーさんと将校のロマンスを考える際に、前提として押さえておかなければいけないことがある。それは軍隊が厳格な階級社会だということである。米兵との恋を実らせ、海を渡った戦争花嫁のストーリーは決して少なくはない。しかし配偶者である米兵は、そのほとんどが下級兵士である。なぜか。

将校はエリート階級である。将来の幹部候補、いわゆるキャリア組だ。士官学校を卒業した彼らはまず少尉に就任するが、日本の場合、任官されると官報に名前が載る。そうして四〇〜五〇名程度の部下を宛てがわれる。ここから出世して大佐になると県知事と同程度の格付けになる。中将ともなると国家の大臣クラスだ。彼らには輝かしい未来が待っている。

エリート男性が配属先となった異国で女性と関係を結ぶ場合、女性を口説いて手に入れたがるのではないだろうか。彼らが望むのは不倫や火遊び。異境での心の慰めだ。エグゼクティブが娼婦を買って愛人にすることはひじょうに考えづらい。それは軍人でもビジネスマンでも変わらないのではないだろうか。それが地位ある男性の習性だと思う。

街娼を囲ってオンリーにしたのは一兵卒か下士官クラスだろう。繰り返しになるが、軍隊は厳しい階級社会である。士官と兵卒をホワイトカラーとブルーカラーに喩えた文章を見かけたことがあるが、まさにそういうことだ。建設現場で言えば、大手ゼネコンの正社員である一流大学卒の監督と高卒で下請けの職人の関係のようなものだろう。住む世界が違うのだ。指揮官が一兵卒と同じ場所から女を拾ったりしたら、部下に嘗められてしまうのではないだろうか。地位ある人間はそういう軽はずみなことはしないはずである。

さらに別の理由もある。進駐軍のとった「ノン・フラタニゼーション政策（Non Fraternization 反融和政策）」だ。

GHQは陰に陽に兵士が日本女性と親しくならないよう、圧力をかけていた。これは欧米各国が帝国主義の時代からとり続けてきた方針で、占領時特有の現象ではない。この方針を一言で表現すれば「被占領地で被占領地住民と兵士が親しくなることを禁じる」ということである。首脳部は、兵士と地元の女性が親しくなると軍としての威厳が損なわれる、と考えたのだ。その上、アメリカには日本人に対する差別が根強く残っていた。西海岸に住む日系人全員を強制収容したことで悪名高い日系人キャンプの記憶はまだ生々しく、戦後も日本人との婚姻を禁じている州がすくなくなかった。

アメリカは一九二四年に日本人の移民入国を禁止していた。戦後になって例外規定として米国軍人と結婚した戦争花嫁の入国は許可したが、花嫁の家族は渡米出来なかった。したがって花嫁にとってこの結婚は家族との生き別れを意味した。さらに日本は二重国籍を認めていないため、戦争花嫁は母国を捨てる覚悟をしなければならなかった（日本人対象の入国差別規制が完全撤廃されたのは一九六五年と比較的新しい出来事である）。

新兵はオリエンテーションのときから繰り返し言い聞かされた。「現地女性と遊んでも構わない。しかし絶対に深入りするな」。一九四六年三月二二日には陸軍第八軍のアイケルバーガー司令官からの、四月三日にはマッカーサー元帥からの「地元女性との交際を自粛せよ」という通達が日本の新聞にまで紹介されている。将校クラスに対する牽制、とくに結婚に対するそれは厳しかったという。将校がメリーさんと結婚することは、人生を棒に振るほどのリスクを意味した。出世街道からの脱落が決まってしまうからである。

そこまでのリスクを負ったのにも関わらず、なぜ将校はメリーさんを置いていったのか？　なぜ迎えに来ないのか？

もしそこに「本物の愛」が存在したのであれば、現地除隊でもなんでもしたのではないか。なによりもメリーさんを安心させるために。しかし将校はそれをしなかった。

ノン・フラタニゼーション政策をとったのはアメリカだけではない。中国地方に進駐した英連邦軍も同じ方針だった。日本人の千鶴さんと結婚した豪州兵ビル・シェリフさんは、オーストラリアの日系紙『日豪プレス』ビクトリア版の二〇〇五年八月号でつぎのように回想している。

「反融和政策によって豪兵による日本人との個人的な接触が厳しく取り締まられていた当時、主任という立場からも、パット（千鶴さん）と付き合っていることは決して誰にも知られてはならなかった。知られようものなら豪州に送還されてしまうからね。休みの日にはBCOF（英連邦軍）本部から離れた所で待ち合わせて、北は北海道から南は別府までいろいろな土地に遊びに行った。旅の先々で僕が写真を撮っている間、パットは通訳をしてくれてね。江田島の彼女の実家にも行った。家族は皆よくしてくれて、特におばあさんは僕のことをとてもかわいがってくれたね」

禁止令を出したものの、結局シェリフ夫妻のように日本女性と兵士が親しくなる事実が先行したため、この方針は骨抜きになっていった（だから戦争花嫁が存在する）。しかしビルさんのような振るまいを、将校クラスがとったとは考えにくい。徴兵で招集された一兵卒と軍人一家で育ったであろう将校とでは、軍に対する忠誠の度合いが段違いである。下級兵士は兵役が終われば民間人に戻るが、将校はちがう。彼らは定年で退役するまで一生軍人なのだ。軍令に背き出世に響く行為は慎んだだろう。拾った街娼、しかも姫様ドレスに身を包んだあんなに目立つ女を囲ったとなれば、噂にならないはずがない。将校は同僚や部下から良い印象を持たれなかっただろう。

米兵が堅気の日本人女性と出会う機会はいくらでもあった。見回せば基地内で働くタイピストや事務員、電話交換手、そして自宅で働くメイドもいる。さらに基地から基地へと巡業する日本の芸能人も多かった。例えば森光子はハワイ出身の日系二世兵士と恋に落ち、結婚寸前だったと言われる。士官クラスが好んだのは娼婦ではなく、こういう女たちだったと思う。パンパンと関係しても、その場限りだったのではないだろうか。

ところでメリーさんのロマンスのお相手は何歳くらいだったのだろうか。米軍において、将校とは少尉以上の階級を指す。士官学校を卒業した時点で少尉に任官されるので、若ければ二十代前半。少将以上の将官となれば五〇歳以上と考えるのが妥当だろう。ラブロマンスとして美しいのは、軍服姿の凛々しい青年将校との恋ではないだろうか？　しかしなんとなくではあるが、巷で噂されているメリーさんのお相手像は年上の、若くはない将校のイメージだという気がする。ある程度の年齢ならそれなりの階級になっており、条件の良い日本人女性と知り合う機会があったはずである。

終戦後、庶民階級の女性たちが悲惨な目に遭ったことはしばしば語られるが、上流社会も無事で済むはずがない。戦国時代、敗れた武将の妻や姫たちは占領者の慰み者になったり側室になったりした。程度の差こそあれ、同じことが起きたことは充分考えられる。

実際に日本政府の国策として、英語に不自由がなく社交に慣れた華族や資産階級の女性たちが米軍の高級将校を招くパーティーに頻繁に呼ばれていた。無粋な政治家や警察関係者たちばかりが通訳帯同で参加するよりも、パリやロンドンで暮らしたことのある名家の夫人たちも参加した方が、連合軍司令部との潤滑油になるからだった。パーティーは接収された名家の別荘や高級ホテルで行われ、西洋の会員制クラブで垣間見られるような社交の場がつくられた。接待にかり出された婦人たちには、名うての芸者が男をもてなす芸を伝授したという話もどこかで読んだ。果たしてどこまで本当かは分からない。しかし日本政府としてはGHQ中枢部にハニートラップを仕掛けてでも、進駐を乗りきる必要があった。

この手の話は噂が先行しているものの、かなりの程度史実であったと思われる。有名なのはGHQ民政局次長チャールズ・ケーディスと関係のあった鳥尾鶴代子爵夫人（第一部の「第一ホテル」の項で既出）だろう。この人の場合は自ら回顧録『私の足音が聞える』を書いているくらいだから、実際にそういうことがあったのだろう。お相手のケーディスは憲法改正や財閥解体を推し進めた民政局の大物だった。

GHQ内部の諜報機関「G2」のトップ、チャールズ・ウィロビーにも、公職追放された東大教授の妻で日本政府にGHQの情報を流していたとされる荒木光子があてがわれていた。

かつてひろく知られた噂の一つに「永遠の処女・原節子がマッカーサーの愛人として差し出された」というものがあった。これは事実ではなく完全な風評でしかなかったらしい。だが火のないところに煙は立たない。原節子ではないにしても、女優や良家の子女が進駐軍に差し出された事例があったのではないだろうか。もちろんごく自然に恋愛関係になる場合もあっただろう。

進駐軍を描いた作品のなかに特異なものがある。曾野綾子の『遠来の客たち』（一九五四年）がそれだ。どう特異かというと、米軍内部の力関係や軍人個々の個性が描き込まれている点だ。明記こそされていないが、舞台は接収下にあった「富士屋ホテル」であろうといわれている。曾野は同ホテルの二代目社長の姪であり、一七歳のとき米軍に接収されて日本人宿泊客がいない環境でアルバイトをした経験がある。そのとき観察したことを下敷きにしたのだろう。

進駐時代の米兵を描いた作品は多いが、得てして米兵の描写は薄っぺらである。『遠来の客たち』と対照的といってよい。戦争花嫁の物語も多いが、配偶者である米兵は日本人女性の添え物に過ぎない。彼らは私たちが感情移入する対象として扱われていないのだ。それはメリーさんの恋人だったという将校のケースも同様ではないだろうか。

時は流れてメリーさんが横浜で噂になっていた頃の話だ。大野慶人さんは、大桟橋から異国へ旅立っていく外国人男性とメリーさんとの、熱烈な「別れのキス」の光景を見かけたことがあるという。

「相手はせいぜい一七〇センチくらいで白髪の外国人でした。僕が三五くらいの頃だから……東京オリンピックの頃だ。中年のおじちゃんで年は今の僕と同じくらい、六〇くらいかな（慶人さんは一九三八年生まれ。インタビューしたのは大分前のことである）。イギリスの船だったね。あの人（キスの相手）は船に乗った後どうしたのかと思って。ぎゃーと走ってきて熱烈にキスをして。人が大勢いるなかですごく目立ってたんですよ」

この目撃談を根拠にして、将校の存在証明だと考える人たちもいるようだ。

慶人さんの妻、悦子さんも大桟橋で船を見送るメリーさんを目撃している。

「大桟橋にも店を出していたんですが、そのころ白無垢の振り袖を着たメリーさんが、船出する外国船から伸びたテープを握っているのを見たんです。船客が多すぎて相手の男性がどんな人だったのかは分かりませんでした」

福富町のクリーニング店「白新舎」の山崎さん夫妻は、昭和三〇年代にメリーさんと三人で大桟橋に船の見送りに行ったことがあるという。「はっきり覚えていないけど、相手は日本人の男の人だったような気がします。別れをすごく惜しんでいました。外国航路だったと思います」ときみ子さんは教えてくれた。

涙の別れは、さまざまな人物と何度も繰り返されたのではなかろうか。


以上の考察から結論づけられることは、将校が実在したのであれば、彼と出会ったときメリーさんは娼婦ではなかったのではないか、ということだ。元次郎さんの話、あるいは実弟の話に出てくる通り、芦屋か西宮の料亭の仲居、あるいは女中として出会ったのではないだろうか。娼婦になったのは将校と別れた後で、なおかつ士官を客にすることは出来なかったというのが私の考えだ。もし将校が街娼を拾って愛人として囲う人物だったのだとしたら、かなり年若かったにちがいない。

ここでちゃぶ台返しをするようにそもそも論をしてしまえば、「米軍の将校を待ちつづけた」というのは、ただ単に場違いなドレスを着ていたから生まれた連想に過ぎないのではないか。

噂の出所は「横浜ローザ」の台本を書いた杉山義法ではないかと私は睨んでいる。杉山の書いた芝居の筋が現実と混同され、街に流れ出たのがメリー伝説の始まりだったのではないか？

この点に関して確認は出来ていない。杉山は鬼籍に入っており、主演女優の五大路子は取材を拒否している。だから直接確かめることは出来ない。しかし彼女が騒がれ出した当時、「じつは大金持ち」

「手提げ袋のなかには拳銃が入っている」などといった噂ばかりが話題になっており、「待つ女」という筋書きが知られていなかったことは留意しておきたい。

メリーさんにとっての横浜

私たちの頭の中でメリーさんと横浜は強力に結びつき、切り離して考えることが難しくなっている。しかし彼女は籠の鳥ではない。自由にどこへでも行けたはずだ。その証拠に回数こそ少ないものの、東京都内でも目撃されているのだ。

私はメリーさんと四回ぐらい遭遇してます。しかも横浜じゃないのです。五反田〜品川の山手線で、まず一回。混雑した電車で、メリーさんの近くが空いてたので、なんとなく。

この時が最初で。その後、銀座（職場）で三回、すれ違ってます。上司が横浜山手のヒトで、鉄仮面とかメリーさんとか言ってました。

メリーさんは結界を張るらしく、周辺にヒトがいないのです。彼女を取り巻く、空気感、雰囲気が、周囲とまるで「違う」んですよね。

特殊なメークですが、今考えるとヤマンバとかと、そう変わらないかな、と思います。（二〇〇九年に連絡をくれた読者より）

大野慶人夫妻は日本橋の「三越本店」でメリーさんを見かけたことがあるという。悦子さんは語る。

『三越』の特選売り場で会ったんです。まだ彼女の化粧がゴテゴテの厚塗りになる前でした。特選売り場には絨毯が敷かれてそこだけ別世界のようにみえました。そういう場所だとあの格好で現れても違和感は感じませんでした。

彼女の方から『ママ、ママ』と声をかけて握手してきたんです。手には肘まであるロンググローブをしていました」


ここで想像を逞しくしてみたい。どういうわけか一九七〇年代に限って彼女の目撃情報は少な目である。もしかしたら横浜ではなく別の街にいたのではないだろうか。

岡山の山里出身で、兵庫を経て東京、横須賀、横浜へと流れてきたメリーさん。彼女は流れ者なのだ。横浜という街に固有の妖精のようなイメージがあるが、元来彼女は自由な人間である。横浜に来たのも偶然の積み重ねに過ぎない。それこそ小倉や別府、立川や朝霞、あるいは三沢や千歳など、基地さえあれば横浜以外のどこかに居着く可能性もあったのではないだろうか。とは言え、彼女が好んだのは都会だったから漂着先は自ずと限られていたのだろう。

横浜の娼婦。今まで幾度も語られてきたメリーさんに対する「公式見解」だ。私が十余年前に書いた『消えた横浜娼婦たち』もこの枠を出るものではない。しかしながら、正史からこぼれた逸史の中に真実が潜むこともある。現に晩年は横浜から離れ、よその土地で生涯を終えているのだ。彼女は人が思うほど横浜にこだわっていたのだろうか。

四十年も横浜にいたのは居心地が良かったのだろう。それは間違いない。しかしその理由は単純に大都会でありながら、岡山の知人と出くわしてしまう確率が低いから、という物理的なものだったのかもしれないのだ。東京や大阪であれば故郷の人間と鉢合わせてしまうリスクがある。しかし中国地方出身者の少ない横浜であれば、知人と出くわして気まずい思いをする心配は少ない(そういう意味では横浜や横須賀ではなく、ロシア人が多い小樽などでも良かったのかもしれない)。

実際彼女は横浜に住民票を移していなかった。このことは元次郎さんがメリーさんに生活保護を受けさせようと横浜市の窓口に掛け合った過程で判明した。メリーさんは故郷から逐電したが、横浜での四十年は定住ではなく、あくまでも流浪の途上だったのだろう。ダライ・ラマと亡命先のチベットのような関係だったのかもしれない。

ハマっ子が「メリーさんは横浜を愛していたに違いない」と考える気持ちは分かる。横浜市民は濃厚な郷土愛に溢れた人たちだ。彼らにしてみたらメリーさんを知っているかどうかというのは「横浜市歌を歌えるか?」というのと同じような、仲間意識・同胞意識を確認し合うための「象徴的ななにか」なのである(横浜市では愛市教育の一環として市歌の歌唱指導を行っているため、横浜で育った市民であれば大半が市歌を歌える)。

しかしあの白い衣裳と白塗り姿は、浅草の六区や新宿歌舞伎町あたりでも成立するのではないか。あるいはもう少し繁華街から外れた場所、たとえば高円寺あたりでも違和感がないように思える。

もちろん浅草や新宿、高円寺では横浜と意味合いが異なってくる。その違いは何かと言えば、東京の繁華街に立つと背後に人生が見える、しかし横浜の街角に立つと背後にロマンが見える、ということだと思う。横浜の街角に立つことで、ミナトの娼婦たちやヨコハマワイフ、あるいは海の向こうに行ってしまった恋人を待つ女たちの姿が重なってくる。万感の思いを掻き立てる舞台装置。それは横浜という都市の記憶と関係しているのだろう。一方東京が逆照射するのは個人の記憶だ。

もしよその街にいたとしても彼女は噂になっただろう。しかしここまでの規模にはならなかったにちがいない。「西洋上等」の横浜には彼女のあの衣裳は似合いすぎた。個人的には「一般人と見分けが付かなかった」と言われる外国人船員専門の「港の女たち」や「ヨコハマワイフ」がいたことが、彼女の居心地の良さを押し上げていたと思いたい。

メリーさんは「本当は」いつ娼婦になったのか

改めて基本的な部分を検証したい。メリーさんはいつ娼婦になったのだろうか？

定説によれば、それは終戦後すぐということになるだろう。しかし彼女の故郷は岡山県の山里である。故郷に留まっていれば、食うには困らなかったはずだ。岡山県北部の中核都市・津山辺りならばまだしも、彼女の故郷までは進駐軍も足を伸ばさない。つまり米兵相手の娼婦、当時のいい方でいう「パンパン」になる必然性など、どこにもないのだ。

なぜ彼女が「終戦後間もない段階から街に立った」と噂されているかと言えば、それは近年パンパンやＲＡＡ（進駐軍向け慰安所）の物語が掘り返され、語り直されるようになったことと関係しているのだろう。終戦当時日本は貧しかった。やむにやまれず進駐軍相手の娼婦になった女は大勢いた。老齢になってまで苦界に身を沈めている方が悲劇性が際立ち、物語がドラマチックになる。

そんな国民の記憶が老いさらばえた足にハイヒールを履いた姿と結びつき、屋上屋を架す形でもっともらしい形に整えられていったのだと思う。

しかし私も含めて多くの読者が戦争に引っ張られすぎて、重要な点を見落としていたように思う。少し調べれば分かることだが、パンパンの最盛期は国民の暮らしぶりがもっとも厳しかった戦後すぐではなく、五年経って朝鮮戦争がはじまってからなのだ。つまり戦後すぐの段階ではなく、朝鮮特需で日本の景気が上向きだしてからパンパン業界に新規参入した女が多いのだ。

こういう基本的な事実を抜きにして、「戦争で日本が負けてお金も職もなく、仕方がなしに……」という分かりやすい話がもっともらしく流布しているのが、彼女の神話をめぐる現状なのである（そしてそれを無責任に助長しているのが、例の映画やマスメディアの報道、そして無数のブログやＳＮＳということになる）。

松沢呉一さんの『闇の女たち　消えゆく日本人街娼の記録』（新潮文庫、二〇一六年）などによると、老女になっても娼売をつづける女性の多くは中年になってから売春を始めているという。七十過ぎても街角に立ちつづけたメリーさんの身の上を鑑みるならば、彼女も中年になってから娼婦になったと考えられないだろうか？

二〇一二年一〇月下旬に伊勢佐木町に近い末吉町の路上で七三歳の娼婦が逮捕されるという事件が起きた。場所や年齢からメリーさんを連想してしまうが、この女性が娼業をはじめたのは逮捕のわずか六年前だったという。

彼女をめぐる謎の一つは「なぜ老齢になっても街に立ちつづけたのか」である。伝説では「愛した米軍将校を諦めずに待ちつづけたから」というロマンチックな理由になっている。この説には根拠がないし、非現実的すぎる。しかし「中年になってから娼婦になった」とすると、謎の一つは氷解するのだ。

メリーさんが生まれたのは一九二一（大正一〇）年である。戦争が終わったとき、彼女は二四歳だった。故郷を出たメリーさんは神戸に出て米軍将校と出会い、彼の転勤に連れ添う形で東京に出て、それから横須賀、横浜と転々と住まいを変えた、というのが伝説で語られる彼女の来歴だ。

しかし伝説には別のバージョンもあるのだ。それは撮影半ばで頓挫した清水節子の手によるドキュメンタリー映画関係者の間で流布するもので、それによると彼女は神戸に出たとき資産家の家で女中をしていたという。彼女の故郷で複数の方に確認したが、彼の地から都会に出るとすれば大阪に行くのがふつうだという。神戸に出るのはかなり特殊だというのだ。つまり彼女が目的地として神戸を選んだのは、なんらかの理由があってのことと考えられる。

彼女は絵を描くのが趣味で、芝居見物も好きだった。それは、女中時代の雇い主の薫陶を受けたからだというのが、福寿祁久雄さん（映画『濱マイクシリーズ』の仕掛け人。前述の清水節子の映画の関係者でもある）から聞いた話だ。

そうして条件の良い働き口を得ていたにも関わらず、なにかがあってそこを離れ、彼女は関東に流れてきた。そして初めて娼業に足を踏み入れたのだろう。そしてその時期こそ朝鮮戦争開戦後だったのではないか。つまり三十歳前後で娼売を始めたのではないかと思う。昔の人は寿命が短かった。大正生まれの人にとって、三十歳は立派な中年である。そして前述の通り中年になってから娼婦になったのならば、老年までつづけてもおかしくない。どうだろうか。

彼女はなぜあの姿で街角に立ったのか

メリーさんは失われた青春時代を取り戻そうとしていたのか

終戦後の日本というとアメリカ一辺倒のイメージがある。メリーさんのようなパンパンであればなおさらだ。しかしあの姫様ドレスはどうだろう。アメリカにお姫様はいない。姫様ドレスが表現しているのは古いヨーロッパへの憧れだ。パンパンたちのファッションのお手本は、当時のアメリカ映画や洋書のファッション誌だったという。だが当時輸入されたアメリカ映画に姫様ドレスのヒロインがいただろうか。あのドレスは進駐軍への憧れではなく、正統的なヨーロッパ文化を意識していることは想像に難くない。おそらくインスピレーションの源は、バレエの「白鳥の湖」あたりなのではないか。

一九二一（大正一〇）年生まれのメリーさんが成長したとき、日本は戦争のまっただ中だった。彼女は国家総動員法で質素と倹約を強制されながら青春の日々を送った。お洒落をしたくても出来ず、着るものと言えばもんぺ。スカートさえ穿けない。パーマネントなどもっての外。大正から昭和初期にかけてのモダンな文化は「贅沢」だと言われ、触れることも出来ない。

自分たちより一つ上の世代は大正ロマンや昭和モダンという、戦前の黄金時代を謳歌した世代だった。銀ブラ、モダンガール、レビュー、ダンスホール、麗しい女学生文化、続々と開発される化粧品……。

自分たちといえば、お洒落など言語道断。もんぺを穿いて消火訓練をしたり、防空壕を掘ったり、挙げ句の果てに軍需工場で一年間も働かされた。親兄弟や友人、知人たちは戦場へ行ってしまった。働き手がいなくなり、家計は苦しくなった。本当にさまざまなことを諦めてきたというのに戦争に負けて、努力は水泡に帰した。

いままで威張り散らしてきた上の世代は「鬼畜」と呼んでいたアメリカに逆らえず、ペコペコしている。一体自分たちの頑張りはなんだったのだろう。

戦争が終わったとき、人々は美しいものや文化的なものに飢えていた。その声に応えるかのように大量の雑誌が創刊された。低俗なカストリ雑誌ばかりではない。乙女たちをうっとりさせる女性誌もあった。とくに人気を集めたのはカリスマ挿絵画家、中原淳一が創刊した一連の雑誌だ。一九四六(昭和二一)年創刊の『それいゆ』、翌四七年創刊の『ひまわり』、そして五四年創刊の『ジュニアそれいゆ』である。

戦前から活躍していた中原淳一の画風は、明らかに大正ロマンや昭和モダンの範疇に属する。それはメリーさん世代が享受するはずだった文化の復興だった。

フランス文学者で作家でもある澁澤龍彦は一九二八(昭和三)年生まれである。メリーさんより七歳年下だ。澁澤によると、昭和一ケタ生まれの自分は幼年期だったのでリアルタイムでは理解出来るはずがなかったものの、「昭和初年以来の享楽主義的な雰囲気」に言いしれぬ郷愁を覚えるという。

正直にいって、私たちの世代は、一九三〇年代のドイツのウーファー映画だの、東和映画がさかんに輸入した同じ時代のフランス映画だのを、その時点で楽しむにはあまりにも幼すぎた。私たちは、親類のお兄さんやお姉さんや、あるいは近所の不良マダムの口から、ラケル・メレーだとか、リル・ダゴファだとか、ツァラ・レアンダーだとか、ジョセフィン・ベーカーだとか、マルタ・エッゲルトだとかの名前が飛び出すのを聞きながら育ったけれども、実際にそれらのスターを銀幕の上やレコードのなかで確認したのは、じつは戦後になってからだった。
（中略）
それでも私なんかは、それらのドイツ映画やフランス映画を、すべて戦争前に見ているような気がして仕方がないのである。それは前にも述べたように、ごく幼いうちから、スターの名前を耳学問や目学問（？）で知っていたからだった。（澁澤龍彥著『私の少年時代』河出文庫、二〇一二年）

澁澤よりも七歳年上であるメリーさんは、青春が花ひらく寸前の十代半ばまで、手廻しの蓄音機で「カプリ島タンゴ」や「ラ・クンパルシータ」、「ヴェニ・ヴェン」、「可愛いトンキン娘」といったダンス音楽や映画音楽、あるいは当時流行した古いシャンソンなどを聞いていたかもしれない。しかし若さの盛りを迎えたとき、目の前に広がるのは軍人優先の乾ききった世界だった。

戦後の焼け跡に立ったパンパンたちは、豊かな戦勝国であるアメリカに羨望の眼差しを向けるのと同時に、自分たちが体験し得なかった一世代前の自由で享楽的な日本を夢見ていたのではないか。

戦争がおわると、焼け残った鎌倉の町などでは、進駐軍の接収をまぬがれた大きな邸で、よくブルジョワの奥さんの主宰するダンスパーティーがひらかれたものである。古い戦前のレコードが、繰りかえし繰りかえし戦前のヨーロッパの歌を歌った。新しいジャズやアメリカ文化の滔々と侵入してくる時代にあって、それはなにか古き佳き時代を再現しようとしている心意気のようにも見えないことはなかった。（前掲書）

もうやりきれなかった。

自殺未遂や婚家からの一方的な離縁を経験したメリーさんは、人一倍その思いが強かったにちがいない。

メリーさんの姫様ドレス。あれは青春時代を戦争で押さえつけられた反動が噴出したものではないかと思う。

性風俗関係の著作が多いことで知られる松沢呉一さんは、著書『闇の女たち』のなかで、パンパンたちが「生活のために身をやつした哀れな存在」だという従来型の見解に真っ向から異を唱える。

　上の世代はさんざん遊び散らかして戦争をやらかし、「お国のために」と自分らの世代の自由を奪った。もう騙されないという気持ちが戦争で青春期を過ごしてきた世代には広くあったろう。売春をすること、とくに米兵を相手にすることは親やこの社会に対する反抗であり、蜂起であった。

（前掲書）

当時パンパンになった女性たちの大きな動機の一つは、「自由と反抗」だった。

戦前の社会では、未婚の女は家事手伝いをするものという暗黙の了解があった。外で働くこと、すなわち自分の手で金を稼ぐことは「職業婦人」という一部の女だけが体験した特殊な世界だった。しかし敗戦によって締めつけが緩んだ。結果的に女たちは自由を得たのだ。肩を落とすばかりの男たちを尻目に、女たち自分の力で生き抜くことを覚えていった。

山里のノラは家を出てどうなったか

ヘンリク・イプセンの代表作『人形の家』が発表されたのは一八七九年のことである。賞賛と悪評で世論を二分したこの作品が日本に上陸したのは意外に早い。国内初演は一九一一（明治四四）年。公演会場は坪内逍遥の私邸で主演は人気女優の松井須磨子だった。

主人公のノラはある事件をきっかけに、自分が父親や夫に愛玩される「人形」に過ぎず、一人の人間として尊重されていないことに気づく。愛も家庭も信じられなくなった彼女は夫も子供も捨てて家を出ていく。

この作品について魯迅は「人形の家　ノラは家を出てどうなったか」と題した講演（一九二三年北京女子高等師範学校文芸会）を行い、「新しい女」であるノラは家を出たあと、以下の三つの選択肢しか取り得ないと語った。

・堕落して芸妓（≒娼婦）になる
・家にもどる
・餓死する

魯迅は「人が生きるには夢が必要だが、ノラは現実に目覚めてしまったのでおいそれと夢のなかには戻れない」と主張する。

ノラも、岡山時代のメリーさんも、二人とも平凡な主婦だった。そして二人ともイエという制度から飛び出した。

しかしメリーさんが出奔したのは、ノラのように近代的精神などというむずかしいものに目覚めたからではない。彼女は自殺騒ぎを起こしたため、婚家の体面のために追い出されたのだ。一旦は実家に戻ったものの、結局そこも出た。イエ制度から出奔したメリーさんは自由になった。同時に拠り所を失い根無し草になった。

魯迅が言うように、人が生きるには夢が必要である。ここでいう「夢」とは遠い将来のふわふわしたものではなく、つつましく現実的なものだろう。たとえば資格を取るとか、三〇歳までに結婚するとか、そういう現実的なものだ。

しかしメリーさんが見た夢は浮世離れしたものだった。彼女は「憧れだったヨーロッパ風の衣裳を着て一生を過ごす」という生活の役に立たない暮らしを夢見たのである。それは失われた青春時代を生き直すことでもあったし、貞淑な妻として家庭に入るのを拒むことでもあった。

彼女は娼売で生計を立てた。家庭を捨てた女が一人で生きていく術は限られていた。だからある程度は仕方のない話である。しかし私は思うのだ。彼女はあの出で立ちを続けたいが故に、自由のきくフリーランスでいたかったのではないかと。手に職のない女がフリーランスでいるために選んだ職業。それが娼婦という道だったのではないだろうか。

つまり娼婦が変わった格好をしていたのではない。変わった格好をしていた女が娼売をはじめたのだ。パンパンは自由がきく。好きなときに働き、好きなときに休める。嫌な客は相手にしなくても構わない。

なによりお気に入りのドレスを身につけ思う存分派手に化粧をして町を歩くという、ほんの数年前までは許されることのなかった悪癖を好きなだけ堪能することができた。

客となった米兵から当時は贅沢品だった洋モクやクリネックスのティッシュ、缶詰などを横流ししてもらい優雅な気分に浸ることも可能だった。典雅なドレスを着こなすメリーさんのことだ。白人男性に対する憧れをもともと持っていたのかもしれない。

高見順の『敗戦日記』の「十月十八日」の部分に、以下のような記述がある。皇居のお濠端で見かけた光景だという。

アメリカ兵にいかにも声を掛けられたそうな、物欲しそうな様子で、でもまだ一人歩きの勇気はなく、二人三人と連れだって、アメリカ兵のいる前を選んで、歩いている娘たち。

有楽町で有名だったパンパンのリーダー「ラクチョウお時」も言っている。パンパンの三分の二は食べていくため、残り三分の一は好奇心から身を持ち崩した者たちだと。

凜々しい軍服に身を包んだ背の高い米兵たちに憧れ、声をかけられるのを待つ女たちはいくらでもいた。当時の日本の貧しさを象徴するエピソードとして、ストッキングやチョコレート、缶詰のために身体を売った女たちの話に私たちは聞き覚えがある。しかしほんとうに金銭だけが動機だったのだろうか。前述の松沢呉一さんの言葉を再掲したい。

売春をすること、とくに米兵を相手にすることは親やこの社会に対する反抗であり、蜂起であった。（『闇の女たち』）
なぜ女たちは遊郭に所属せず街娼を選んだのか？　当時の遊郭のなかには米兵に門戸を開いている所もあった。することは同じである。遊郭であれば危険にさらされることはなくなる。なのになぜ路上に出たのか？　それは自由や反抗を求めた結果ではなかっただろうか。

着倒れに心の慰めを求めた

クリーニング店「白新舎」の山崎きみ子さんの証言によると、メリーさんは毎年大晦日に帰省していたという。彼女にとって故郷は大きな意味を持っていた。彼女にとって、故郷こそ世界のすべてだったのではないだろうか。メリーさんたちの世代にとって、成長するまで外の世界を目にすることは稀れなことであった。彼女にとって、本来いるべき世界は岡山の山里だったのだ。それは横浜に四十年くらしても変わることのない価値観だった。実際晩年の十年という月日を彼女は岡山で過ごしている。岡山は彼女にとってエデンの園であるはずだった。しかし彼女はそこから追放されたのだ。故郷は彼女にとって失われた幸せの象徴だった。

戻りたい。でも戻れない。

地元で彼女を知る人が証言してくれたように、故郷は彼女を拒絶した。故郷は愛憎半ばする存在として、いつもメリーさんの心を占拠していた。

本来しずかな山里でささやかな幸せをつかむはずだった自分。しかしそんな人生は永久に失われてしまった。もう守るものも、失うものもない。糸の切れた凧のような自由と失われた青春を取り戻したいという気持ち。

実弟の話によると、娘時代のメリーさんは裁縫が好きで派手な格好を好んだという。あるべき人生を失った彼女は、自分の情熱を白いドレスに注ぎ込んだにちがいない。あのドレスは既製品ではなく、メリーさんが自分で縫ったものではないだろうか。それがすべてのはじまりだったと思えば合点がいく。彼女は本質的には娼婦ではない。

危険な仕事にもかかわらず、一匹狼で孤高を貫いた理由もそこにある。私はあなたたちとはちがう。私は娼婦の世界に染まるつもりはない、という意思表示だ。

都心からアメリカの空軍基地が移転し多くの娼婦が東京西部に移動した頃、あえて畑違いな横須賀や横浜にやってきた理由。

二度と結婚せずに独身を通した理由。

若い頃は売れっ子でお金があったはずなのに、家を買わなかった理由。

世界のすべてを意味する故郷に戻れない以上、幸せな日々はやってこない。失楽園の喪失感はどうしても埋められないものだった。だから建設的な人生は諦めた。彼女は着倒れに心の慰めを求め、そこに耽溺しきっていたのではないか。

しかしである。彼女の着倒れと佇立にもっと積極的な価値を与えることはできないのか?

アウトサイダー・アーチストとよばれる人たちがいる。精神障害者やホームレス、受刑者をはじめ、社会から孤立した状態で発表するあてもないまま創作行為をつづける人たちだ。なかには極端に内向的な生活や収入の殆どを作品製作につぎ込むようにしながらも、一応はまっとうな社会生活を送っている者もいる(日本では諸外国とやや考え方が異なり、主に独学で作品をつくりつづける障害者のことを指す傾向があるようだ。ここではこの考え方をとらない)。

「町の奇人」と呼ばれる人たちのなかにもアウトサイダー・アーチスト的な人たちがいる。彼らは人にどう見られるかに頓着しない。自分のなかの行動欲求に突き動かされ、仮構の人物になりきって街に現れる。現実からはみ出すようにして「なにか」を行い、やがて街の噂になっていく。それはいわゆる「アート活動」ではないのだろう。もっと根源的で必要に迫られた「行為」だ。

メリーさんの「行為」を「表現」として積極的な意味を持たせられないだろうか?

この分野の専門家である甲南大学文学部の服部正教授に意見を求めてみたが、『『収集』というアート界の制度ゆえに、メリーさんのしていることはアウトサイダーアートの範疇に入りません」と返答されてしまった。

アートの現場では、コレクションできないものは作品とは認められないのが現状なのだという。もしメリーさんがドレスを何ダースも所有していたり、街に立つ際のマニュアルのようなものを作成していて、それをコレクターやギャラリーが売り買いしながら収集できれば彼女の「行為」は「アート」ということになるが、彼女の服はそういう扱われ方をしていなかったのでアートたり得ないという。

しかも「アウトサイダー・アートは、現代的な美術批評概念というよりは、『印象派』のように、特定の様式を指す言葉と考えるほうが分かりやすいと思います」とやんわり切り捨てられてしまい、メリーさんの「行為」を無為から救い出そうとした私の目論見は潰えた。

逆に誰かが生前の彼女に行動記録を残すように助言したり、横浜を離れるとき衣装をまとめて譲り受けるなどしていれば、彼女は行為芸術を実践するアウトサイダー・アーティストとして名を残す可能性があったということでもある。

そもそも横浜には寿町在住の「帽子おじさん」こと間宮英次郎という老人がおり、雑誌『美術手帳』で紹介されたり、スイスに招かれ表現者として国際的に認知されたという実例がある。間宮は過剰に装飾を施した帽子を被って繁華街を自転車で徘徊する奇人だった。私がメリーさんとアウトサイダーアートを結びつけて考えるようになったきっかけの一つは、この帽子おじさんの存在である。

おじさん本人はアーティストだと露《つゆ》ほども自覚していなかった。「チンドン屋に毛が生えた程度のことしかやっていない」と考えていた。しかし彼の活動の中に「アート」を見出した人物がおり、入れ知恵をした上で後ろ盾になったのだ。メリーさんと彼の違いは「そうした人物に出会えたかどうか」という点に過ぎない。

さらに日本唯一の「アウトサイダー・キュレーター」を名乗る櫛野展正が岡山に暮らす路上生活者を紹介するに至って、私の確信はますます強くなった。

宮間英次郎。2011 年、横浜にて
（撮影 : DAJF ／ Wikimedia Commons CC BY-SA 3.0）

「爆弾さん」の通り名で知られるこの男性は典型的なホームレスだ。ただし一点だけ特徴がある。服の下に全財産を詰め込み、腹の部分が妊婦のように膨らんだ姿なのだ。コム・デ・ギャルソンが九〇年代に発表した「こぶドレス」に似ているその姿に「アート」を見て取ったのは、櫛野さんのセンスだろう（彼のキュレーション活動は厳格なアウトサイダーアートの枠に収まっておらず、超芸術トマソンや考現学と近接する「まだ名前のないなにか」という感じである)。そういう観点からメリーさんを見る人間がいなかったのは残念だ。

キュレーターの見立てによってぱっとしないホームレスが「表現者」になれるのであれば、メリーさんが「表現者」であってはならない道理はないだろう。

もっとも誰かが知恵を授けても、彼女はそれを受け入れなかっただろう。帽子おじさんの登場はメリーさんが横浜を去った後である。時代が違うといえばそれまでだが、陽気で話し好き・カラオケ好きの間宮氏と陰のイメージが強いメリーさんとでは、周囲の接し方も違っていたのだろう。実際、帽子おじさんの活動を評価していた櫛野展正や都築響一は、メリーさんの行為をアートと捉える私の見解に消極的な反応を示していた。

日常世界と相容れない退廃的な装いに社会は席を与えない。誰からも共感されぬまま自分の島宇宙を守り切ることに費やした生涯。彼女は最後の最後まで孤独である。

全ては人間関係のトラブルから始まった運命のいたずらだった。それが彼女の生を思わぬ方向に向かわせた。自らの人生を生き直すために純白のドレスをまとう。白塗りで過去を塗りつぶし自分の世界を積み上げていく。

その代償は大きかった。

孤絶。

それが一匹狼のメリーさんと彼女をとりまく世界の関係性だった。

行きつけのお店。縄張りにしているエレベーター。

そんな場所での金銭を介したやりとりが、ほとんどすべての人間関係ではなかったか。

しかし彼女はそれを苦にしない。目立つ格好の街娼だったにも関わらず、メリーさんが「あばずれ」だとか「ふしだら」などという所から遠い地点にいたのは、知っての通りだ。それは男の気を惹くことよりも別の部分に関心があったからだろう。

総括されない未決の課題として繰り返し浮上してくる動機問題。その答えは、何にも増してあの姿でいることを優先したという部分にこそあると思う。

困窮や孤独を意に介さず、己の一生を表現に捧げきった数多の芸術家たち同様、彼女が受け入れられたのは他界してからだった。

闇を癒やすために装う

（前略）衣服は身体の輪郭をなぞるかにみえて、実は身体の変形を要求しているからだ。衣服が適合すべき身体は、造形的な規範に従属する身体でなければならない。（中略）私たちは衣服を身体に合わせるというより、むしろ自分自身の肉体をモデル・チェンジして、モードという鋳型に合わせようとしているのではないだろうか。

これは「白塗りアーティスト」として国際的に活躍しているminoriさんの愛読書『モードの迷宮』（鷲田清一著、中央公論社、一九八九年）の一節である。

minoriさんはデコラティブな衣裳で着飾り白塗りした顔で写真に収まる。花や自然などのモチーフと対峙し、服をつくり、まとい、ついにはモチーフのエネルギーと同化してしまう。

そんな活動をつづけるminoriさんに話を聞くことで、メリーさんを理解する上での補助線が引けるのではないか。こう考えた私は彼女に取材を申し込んだ。

minoriさんは素の顔でインタビューされることが嫌だったらしく、また白塗りというだけでメリーさんと安易に結びつけられることにも抵抗を感じていた様子だった。そこで共同制作のパートナーである写真家の高澤哲平さんから話を聞く流れになった。

高澤さんによると、minoriさんの活動の原点はロリータ・ファッションだという。ゴージャスなロリータ服が好きで着てみたけれど、服の力が強すぎて着ている自分が負けてしまう。平凡な顔をした私と服の間に強い違和感を感じた。そこで装飾的な白塗りメイクを合わせたのだという。

それ以来「主張の強い服を着こなすために、顔にも存在感をもたせる」というのが、彼女のスタンスである。「衣服は身体の変形・メタモルフォーゼを要求している。自分を変えてより美しく服と一体化したい」というのがminoriさんの考えだ。服のエネルギーと装う作家本人の顔を融合させる。この作業を発展させて作品をつくっていく。

このメタモルフォーゼ指向には、「セーラームーン」や「カードキャプターさくら」などの変身少女もののアニメの影響もあるという。

話を聞いていくうちに、徐々に意外な事実が浮かび上がってきた。日本は大きな村社会である。ロリータに居場所を見い出す女の子たちのなかには、日本社会に馴染めない子も少なくないという。

北海道に「合同会社北ロリ」という会社が管理する「sapporo lolita club」というコミュニティーがある。同社を経営しているのは服飾系専門学校の講師と通信制高校の非常勤講師というふたりの女性である。彼女らがロリータ・ファッションの研究を始めたきっかけは、不登校で気になっていた子が典型的なロリータだったことだ。

内気で決して他者と関わろうとしないにもかかわらず、人一倍目立つ格好をしている彼女。それが不思議で「この子にとってこのファッションは何を意味するのだろう」と考えるうちに、ロリータ・ファッションを調べ始めたという。その過程で不登校や常習的な自傷行為、性同一性についてなどさまざまな内的問題を抱えている子がロリータには多いことに気がついたそうだ。

「大変ナイーブな問題ですので、私たちは特別ロリータ・ファッションと結びつけていません。純粋にロリータをファッションと捉え楽しんでいる人たちも沢山おりますので一概には言えません」と代表のひとり、三橋朝琴さんは語る。

しかしコンプレックスや精神的困難を抱えている子にとって、ロリータは「自分を守る鎧服」のようなものではないか、という見解も伝えてくれた。

レースのフリフリは幸せな気分にしてくれる。そのハッピーなパワーで抱え込んだ闇を癒やすためにかわいく装う。そんな機能がロリータ・ファッションには内在している。

minoriさんも原点を辿っていくとコンプレックスに突き当たるという。

「私は特別かわいいわけではない。背も低い。だからなりたかったモデルにはなれなかった」

容姿に対するコンプレックス。それを乗り越えるために「カワイイ」を追求する。彼女にはいじめを苦にしていた時期もあったという。

日本は均質な農耕民社会である。しかしその一方で中世の職人や行商人、芸能民など、漂泊民の世界も同時に存在していた。そのなかにはコンプレックスを武器に、なにかを作り上げていた女の人たちの歴史もあったのではないか。高澤さんはそんな風に話していた。

minoriさん自身は平成生まれで四国出身。メリーさんとは縁も所縁もない。しかし「世界と上手に繋がれない」という一点で、つながっている気がした。

嶽本野ばらの作品との過剰なまでの親和性

高澤さんがロリータというキーワードを出したことで補助線がもう一本引けると思った。ロリータファッションの少女小説で知られる嶽本野ばらの作品群、特に『世界の終わりという名の雑貨店』が、メリーさんの心情を代弁しているように思えたのだ。誰にも見せることのなかった彼女のこころの裡《うち》を推し量ると、嶽本ワールドとの親和性をひしひしと感じる。

例えばこんな風だ。

私の貯金通帳をママが箪笥の抽斗《ひきだし》に仕舞ってあることを、私は知っていました。家に戻り、こっそりと自分の通帳残高を見ると、二十万円しかありませんでした。私は自分の通帳と共に仕舞われていたママの通帳と判子も一緒に持ちだし、次の日の朝、郵便局で二人の通帳をあわせ、四十万、勝手に引き出しました。学校は行ったふりをしてサボタージュし、私は朝からデパートメントへと向かいました。そして昨日、試着し、お取り置きして貰っておいた商品を全て購入しました。ついでにシャツもいかがですかといわれ、お金は残っていたので、Viviene Westwoodのシンボルマークであるオウブのワンポイントが胸に入った白いブラウスも買うことにしました。買ったお洋服は早速試着室で着て、着てきたセーラー服をピンク色のViviene の紙袋に詰め込むと、私は街へと出ました。街が明るく見えました。あんなに街が明るく見えたのは初めての体験です。私は生まれて初めて、俯《うつむ》かず街を歩きました。ロッキン・ホースバレリーナはソールが異常に高い分、初心者にはとても歩き辛く、私は何度も路上で無様に転びました。しかしそのことをちっとも恥ずかしいとは思いませんでした。痣を目撃されることもちっとも気にはなりませんでした。派手な恰好をしている分、痣が目立つ、人目をひくことは充分承知していました。でも、そんなことはどうだっていいのです。私は私の為だけにViviene Westwoodを着るのです。私が私である為に、それで武装をするのです。（嶽本野ばら『世界の終わりという名の雑貨店』より）

ヒロインの少女は顔に目立つ痣を持って生まれてきた。それゆえ世界と繋がれずにいる。そうした前提のちがいはさておき、Viviene Westwoodを白いドレスに読み替えると、驚くほどメリーさんの心境を代弁しているように読める。

「（前略）小学校一年生の時でした。私は誰よりも上手く踊りました。ステージが終わってから、誰もが私を誉めてくれました。誰も痣のことなんていいだしませんでした。私にはそれがとても恥ずかしかったのです。だって、ステージから見えたのです。客席の前列の人達の、私が登場すると同時に、私の顔を見て当惑した顔が」

「それ以来、私は自分の痣と向きあうしかなくなりました。痣なんて何か一つのことに秀でたり、気にしなければ克服出来るという希望は断たれました。痣を克服出来ないものとして、向きあうしか、なくなりました。私は自分がお洒落には興味を持ってはいけないと決めました。だって、リボンを髪に結んだり、フリルのついた服を着れば着る程、私の痣は目立つのですから。そして、その

ことを誰もが口にしないのですから。（以下略）」（前掲書）

メリーさんは故郷で結婚していた。しかし軍需工場でのいじめと自殺未遂を理由に、婚家から離縁させられている。まるで見えない烙印を押されたかのように周囲の反応が変わった。実家に戻っても腫れ物扱い。村の人たちは全員そのことを知っている。人生は暗闇で明るい材料はなにも見えない。おまけに戦争中のことだから、生活の一切が統制されている。華やかなものも、お洒落なものも、すべてが取締りの対象だ。彼女は人生を諦めていたのではないだろうか。


「ずっと、諦めていたのです」

「何を？」

僕は訊ねます。

「全てを」

「自分は何も望んではいけないと？」

「そうです。私が何をやっても、私の手の中には何も残りませんでした。何かやれば、恥ずかしさと自己嫌悪だけが私の心を満たすのです」

「君は自分を主張することを、これまでやってこなかったのだね」

「何かを主張することは、私にとって罪悪でした。今だってそうです。私は寡黙に、世界の隅にいる権利しか有してはいませんでした。誰かに笑われていやしないか、気味悪がられていやしないか、不愉快に思われてはいやしないかと、私はいつも世界の隅でドギマギしていたのです」

「でも君は、Viviene Westwoodに出逢ってしまった。それを入手することを、君は諦めることが出来なかった」

「一寸の虫にも五分の魂なのです。世界の端に佇《たたず》む私にも、諦めきれぬものが眼の前に現れてしまったのです。苦しくも甘美な感情が私を占領しました。貴方のお店を見つけた時も、同じでした。私にはあのお店が必要だったのです。毎日、行かずにはいられなかったのです。（前掲書）

彼女には、あの白いドレスが必要だったのだ。毎日、来て出歩かずにはいられなかったのだ。ドレスが表象する世界を体現することが彼女の生きがいだったのだろう。人々は彼女を戦争の犠牲者と呼ぶ。しかし彼女が平成生まれだったとしたらどうだろう？『世界の終わりという名の雑貨店』のヒロインのように、彼女はやはり服を生きる縁《よすが》としたのではないだろうか。その服は姫様ドレスではなく、それこそViviene Westwoodやロリータだったかもしれない。そして戦争などなくとも手首に自傷の痕でものぞかせながら、街角にいたのではないか？

そんなメリーさんは、あのドレスとどんな風に出会ったのだろうか？

谷崎潤一郎とヨコハマメリーの点と線

本書の旧版にあたる『白い孤影　ヨコハマメリー』（筑摩書房）が発売されたとき、読者のなかに在野の谷崎潤一郎の研究家がいた。二〇一七年に閉会した谷崎潤一郎研究会の元メンバー、木龍美代子さんである。その木龍さんが予想もしないことを言い出した。「谷崎潤一郎とメリーさんは会ったことがあるのではないか」というのである。さらには彼女のトレードマークである白い姫様ドレスも谷崎と関連性があるらしい。彼女を彼女たらしめたのは戦争ではなく、疎開によって片田舎へ現れた文豪との邂逅……！

いまや全国区になった横浜の伝説と近代日本を代表する文豪。あまりにも不釣り合いな取り合わせだが、ちょっと待ってほしい。終戦の年である一九四五年から翌年にかけての谷崎の動きを追っていくと、興味深い論点が浮かび上がってくるのだ。

私は木龍さんや以前の取材でもお世話になったメリーさんの故郷の郷土史家に協力を求め、当時の状況を探った。

谷崎潤一郎とヨコハマメリーの奇縁

一九四四年当時、谷崎は神戸の岡本（東灘区）に住んでいたが、本土空襲の危険が迫ってくると早々と熱海へ疎開している。しかし伊豆半島上空でも米軍機を見かけるようになったため、旧知の新聞記者兼小説家の岡成志の薦めで岡山県の城下町・津山へ再疎開した。この岡氏の妻は、メリーさんの親族である。彼女の実家はメリーさんの実家と同じ集落にあった。

谷崎は生粋の江戸っ子だが、関東大震災を機に関西へ移住している。移住後の彼の周囲には岡山の人間が多かった。前述の岡夫妻をはじめ三番目の妻である松子の妹（重子）の夫が津山の藩主・松平家の人間であるなど、岡山とは少なからぬ縁があった。

さて、谷崎が津山に疎開したのは一九四五年五月一五日である。一行は谷崎夫妻、重子、夫人の連れ子の恵美子、そして女中のおみきだった。住まいは松平別邸「愛山宕々庵《とうとうあん》」だ。この建物は松平家が所有していた物件で、仮寓中は松平家の旧臣である得能静男さんの世話になっていた。しかし津山に長くいるつもりはなく、岡夫人の実家のある土地、すなわちメリーさんの故郷が最終目的地だった。谷崎は津山に居を移した翌々日、早速夫人と友人を伴ってメリーさんの故郷に疎開した岡氏を訪ねている。晩年の谷崎の助手で口述筆記を担当した伊吹和子の『われよりほかに―谷崎潤一郎最後の十二年』（講談社）に、そのときの様子が書かれている。

岡夫人の話によれば、東京在住の当時から体が弱っていた「岡さん」は、（中略）谷崎先生に約一ヵ月先だって、四月二日に、津山の先の××にある、夫人の実弟の○○昇氏方に疎開した。到着早々、「岡さん」の母堂の十三回忌があり、生地の平松まで歩いて行ったところ、「岡さん」はその頃からひどく弱って、途中の橋の欄干にもたれてしばらく休んだほどであった。そして程なく○○家で寝込んでしまったということであった。（※伏せ字は著者による）

谷崎は病床の岡氏を見舞っている。当然メリーさんの親族の家に行ったということになる。私は平松に住む岡成志の親族とメリーさんの一族の本家に確認を取った。既に孫の代になっていたものの、昇氏の家こそメリーさんの一族の本家だということが判明した。ちなみにメリーさんの実家は本家の斜め向かいである。

この五日後、岡氏は結核で急死している。借り暮らししていた津山で途方に暮れていた谷崎一家の元へ、岡未亡人から耳寄りな知らせが入る。××の一駅隣に格好な離れが借りられる、というのである。

この件をメリーさんの一族の本家で確認したところ「岡成志さんが私の親父に『××に泊まる所ないか?』と訊いてきたんだよ。でも親父はひとの世話は得意じゃない。だから○○武に『兄貴、世話してやれ』って。○○武は商売していて顔が広かったしね。それで(谷崎)先生は△△に来たんだ」

この○○武という人物は、本書のなかで「山大尽」という呼び名で登場する。彼は岡夫人の従弟で木材会社を運営しており羽振りが良かった。

こうして谷崎はメリーさんの親族の世話になり、メリーさんの生活圏内にやってきたのだった。

贅沢な疎開生活

谷崎は岡山への疎開にあたって熱海の別荘を松平家に売却。手にした五万円(資料によっては四万五千円)を疎開費用に充てた。永井荷風も谷崎を訪ねて△△に来ているが、荷風の所持金は二百円だけだった。谷崎が潤沢な資金を準備していたことが伺える。

この金額に合わせたのだろうか。谷崎一家の荷物はとんでもない量だった。津山で谷崎一家を迎えた得能静男さんの日記(津山郷土博物館・蔵)によると、毎日のように運ばれてくる荷物は六畳間に入りきらず、大きな荷物が三十個ばかりあふれていたという。その後もたびたび荷物が送られてきたそうで、「避難」ではなくほとんど「引越」というべき状況だった。

「疎開」というと質素な耐乏生活を強いられるイメージがある。しかし谷崎の暮らしは真逆をいくものだった。その象徴は牛乳風呂である。谷崎家に住まいを提供した小野家の子息・清之氏によると、谷崎は牧場からバケツ一杯分の牛乳を買い、それを湧かして朝風呂にしていたという。お手伝いさんを三人ほど抱え、歌の師匠を呼んで地唄を舞ったり、投扇興のようなことをして遊んだりするなど疎開のイメージからかけ離れた暮らしぶりだった。極めつけは「谷崎家が買い占めるので食品の価格が値上がった」ことだ。谷崎は一日に原稿用紙三枚程度しか書けない遅筆で、趣味を楽しむまとまった時間をもっていなかった。そこで美食に情熱を注いでいた。それは疎開先でも変わらない。地元の人たちの不興を買うのは必然だった。おまけに妻の松子は戦時中にも関わらず、あでやかな着物を着て出歩いた。一応上に質素な上っ張りを羽織るくらいのことはしたらしいが、外出先に着けば脱いでしまう。閉鎖的な田舎で噂にならないはずがなかった。

メリーさんは芦屋夫人に憧れたのか

はっきりした時期は不明だが、メリーさんは軍需工場の勤労奉仕でいじめに遭い、自殺を図っている。結婚していたものの、厄介払いするかのように婚家を追い出された。そしてしばらく実家にいたそうである。

ここから先は状況証拠しかない。歴史ロマンとしてお読みいただきたい。

疎開中の谷崎は午前中を執筆に充て、午後はフリータイムにしていた。疎開期間は八ヶ月にも及ぶ。時間的な余裕は十分すぎるほどあった。「世話になった人物の親戚で美人の娘さん」ということで、メリーさんと谷崎が会っていても不思議ではない。彼女が書画やお芝居を愛していたことはよく知られている。文化的なことに興味がある人間にとって、谷崎は話してみたい人物だったのではないだろうか。

残念ながら谷崎の研究書を漁ってみても、○○家に関する記述は一、二行程度しかない。谷崎は疎開先で何軒かの家と親しくつきあっているが、メリーさんの一族とは付き合いが薄かったらしい。谷崎は世話になった家には直筆の短冊を残しているのだが、メリーさんの一族には谷崎の書き物は残されていない。それどころか伊吹氏の著作に反するようだが、谷崎が訪ねてきたという話さえ伝わっていないという（もっとも「山大尽」の家が大阪に移ってしまっており、その家であればなにか有力な情報が残されている可能性はある）。

私は彼女の本家と連絡を取り、谷崎からの手紙がないか、確認して頂いた。すると二通の手紙が残されていることが分かった。一通は封書。もう一通は葉書であった。封書の方は中身が紛失していたが、葉書の文面によると谷崎はこの家に短冊も送っていたようである（もっとも先述の通り、この短冊も紛失していたが）。

谷崎は世話になった家に直筆の短冊を残すことを習わしとしていた。短冊は、メリーさんの一族と谷崎の間に交流があった証拠となるだろう。それればかりではない。谷崎とメリーさんの間にはさまざまな符合がみられるのだ。

まずは彼女のトレードマーク、白いドレスである。

ここで写真をご覧頂きたい。疎開する前に神戸の自宅（倚松庵）で、谷崎自ら松子夫人を撮影したものだ。この白いドレスにピンとこないだろうか？　谷崎は作品の参考にするため、着せ替え人形のように夫人に様々な服を着せた。そのなかに白いドレスもあったのだ。これがメリーさんのドレスにつながるのではないだろうか？

いくら谷崎とは言え、さすがに疎開先にドレスを持って行くことはなかっただろう。しかし行李に大量の荷物を持ち込んでの疎開だ。この写真を持っていた可能性は大きい。

メリーさんの故郷から一番近い中核都市といえば、津山である。昭和五年当時の津山には若葉館、衆楽館、太陽館という三軒の映画館があった。芝居好きなメリーさんのことである。映画も好きだったにちがいない。おそらく津山で白いドレスを着たハリウッド女優、例えばサイレント映画のスター、メアリー・ピグフォードを知ってあこがれを抱いたのではないだろうか。そういう下地があった上で贅沢三昧の日々を過ごす谷崎夫妻に接し、松子夫人のドレス写真をみたことが引き金になったとしたら……。彼女が松子夫人を通して「阪神

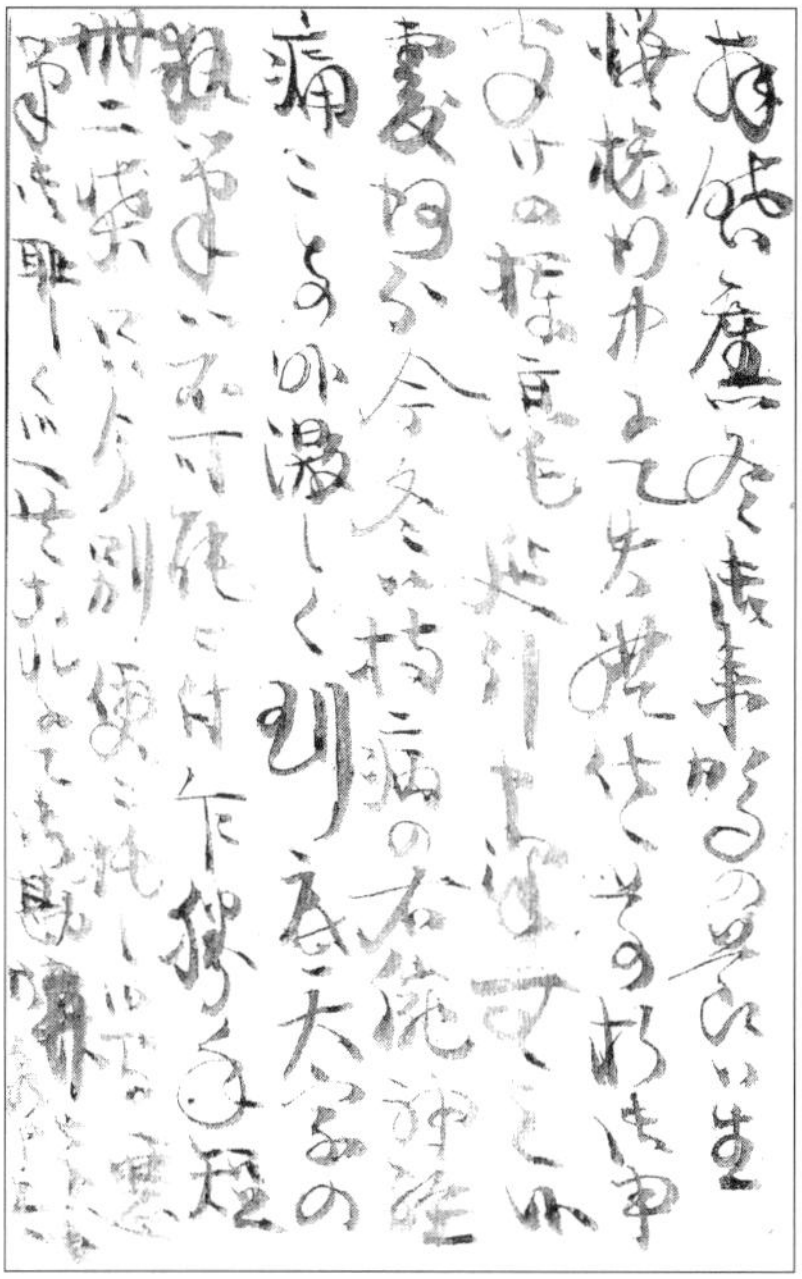

○○家の本家に宛てた谷崎直筆の手紙

白いドレス姿の松子夫人

間モダニズム」や「芦屋夫人」に思いを馳せたとしたら！

関東大震災の後、日本の中心は大阪に移った。人口は東京をしのぎ京阪神エリアはモダニズム文化の首府となった。谷崎は実業界の大物と親交が深く、阪急グループ創設者の小林一三、住友本社常務で文人でもある川田順、朝日新聞の村山家など錚々たる面々と付き合いがあった。つまり谷崎自身が京阪神上流階級の体現者であった。そんな谷崎家を間近にして、不遇を囲うメリーさんのなかでなにかがはじけたとしても不思議ではない。自殺を図った彼女は腫れ物を触るように扱われ、不名誉な出戻り娘として疎んじられた。谷崎家の存在は彼女に差し込んだ一条の光だったのではないか。

ちなみに白いドレスだが、谷崎の最初の妻・千代の妹で『痴人の愛』のヒロイン、ナオミのモデルになった女優の葉山三千子（本名：小林せい子）の写真（大正六年）も残っている。谷崎の周囲ではドレスは珍しい物ではなかったようだ。

谷崎作品に埋め込まれたメリーさん

伊勢佐木町時代のメリーさんは「西岡雪子」というペンネームで、お世話になった人たちに礼状を出していた。このペンネームも谷崎に由来するのかもしれない。

というのは疎開当時、谷崎は『細雪』の下巻を執筆中だったが、この作品のなかに「雪子」というキャラクターが登場するからだ。これは偶然の一致だろうか？

「西岡」という名前の方は「西の岡さん」、つまり谷崎の友人で夫人がメリーさんと同郷の岡成志と関連するのかも知れない。岡の生家がある平松から見て、彼女の故郷は西に位置している。

ついでにいうならば谷崎の代表作『刺青』の映画版（一九六六年）の美術監督が「西岡善信」だと

いうことも書き留めておきたい。

ところで谷崎作品にはモデルになった実在の人物が多数存在することが知られている。有名なのは先述の葉山三千子と『痴人の愛』のナオミの関係だ。しかしナオミには作家・武林無想庵と妻の文子のエピソードも埋め込まれているという。こんな風に複数の人物を組み合わせて一人のキャラクターを形成している例が少なからずある。

谷崎研究家の木龍さんは、『夢の浮橋』にはメリーさんの影がある、と考えている。具体的には主人公の継母・経子である。一般にこのキャラクターは松子夫人の妹・重子だと考えられているが、木龍さんは「メリーさんも埋め込まれているのではないか」と疑っているそうだ。

白いドレスをまとった葉山三千子

一九三〇年代に横浜・本牧で活躍した白塗りの娼婦「メリケンお浜（谷崎は彼女の隣に住んでいた）」が亡くなった後、入れ替わるように街の噂になったのがメリーさんだ。この構図が主人公の母が亡くなった後、継母である経子がスッと入ってくる様子に似ているという。生母と継母は瓜二つという設定で、かつ生母は海のそばで生まれ（実家が漁師だったメリケンお浜）、継母は京都の二条辺りの生まれ（閉鎖的な山里の出身のメリーさん）なのだ。

『夢の浮橋』には疎開中に寄宿した小野家と絡める形で小野小町伝承を埋め込んだり（伝承の舞台である京都市左京区静市市原町が登場。メリーさんは器量よしだったというから小野小町的なニュアンスもある）、「源氏物語」や日本神話の要素も盛り込むなど複層的な解釈を可能にする作品である。詳しくは学術方面の論文に譲るが「義妹を津山の松平家に嫁がせるなど、谷崎は津山に興味を持っていました。おそらく△△にも、もっと言えばメリーさんの一族にも興味を持っていたのでしょう。彼は一石二鳥どころか三鳥も四鳥も狙う人物でしたので、疎開中に出会った事柄も題材にした可能性が大です」と木龍さんは語る。

実際『夢の浮橋』には主人公の「弟（隠し子だということが仄めかされる）」として「武」というキャラクターが登場する。これは谷崎の疎開を世話した○○家の武氏へのオマージュではないだろうか。岡山での疎開時代を暗号のように埋め込んだ『夢の浮橋』。この作品にメリーさんが刻印されていても、確かに違和感はない。

彼女はなぜ神戸に出たのか

谷崎は終戦後すぐに関西には帰らず、終戦直後の混乱が収まるのを待った。そして翌年三月になった段階で京都に移住している。一つ疑問に思うのは、もしメリーさんが谷崎から何らかの影響を受けたのであれば、なぜ谷崎を追って京都に行かなかったのだろうか、という点だ。

考えられるのは、彼女は谷崎にではなく、彼の語る神戸（あるいは芦屋）に惹かれたのではないか、ということだ。谷崎が神戸在住の友人知人のことを愉快に語ったので、人に魅力を感じた、ということもあったかもしれない。有閑マダムの「芦屋夫人」は、山手の奥様風だったメリーさんの一九七〇年代〜八〇年代のイメージとかぶる部分がある。当時の彼女は後年ほど奇矯ではなかった。「白塗りに白いドレス」という出で立ちから、私たちは彼女を西洋のイメージと結びつけて考えがちだ。しかし実際は海の向こうではなく、京阪神の有産階級を自らに重ね合わせようとしていたのかも知れない。

神戸時代の彼女の足取りはほとんど分かっていない。「進駐軍御用達の料亭で働いていた」という伝聞がある一方、前述の通り「日本人のお金持ちの家で女中をしていた」という噂もある。もし後者が真実だったのだとすれば、谷崎人脈が生きてくる。谷崎は神戸の財界に友人を大勢もっていた。女中として働く口は、いくらでも紹介出来たはずだ。

岡山の山間部から都会に出るとすれば、まずは大阪である。「京都でさえ少数派、まして神戸など考えられない」と彼女の故郷で聞いたが、岡成志（生前神戸で朝日新聞の記者をしていた）との関係、そして神戸から来た谷崎のことを考えると、つじつまがあう。

メリーさんが疎開中の谷崎と故郷で遭遇していた、という直接証拠はみつかっていない。あくまでも状況証拠と可能性の話である。

本書旧版の読者のなかに兵庫県民がいた。この方はメリーさんの弟が「姉は西宮に出ました」と言ったことを重く見ていた。西宮は酒蔵の町として知られるが、北側に「西宮七園」とよばれる高級住宅地が広がっている。関西人の感覚では、財界人や華族の邸宅があった西宮七園から芦屋岡本住吉にかけての一帯は、部外者を女中として雇い入れるようなオープンな土地柄ではないと感じるそうだ。したがって酒蔵が点在する西宮の南側が気になるという。

さらに西宮市と宝塚市が隣り合っていることに着目。メリーさんのドレスは宝塚の影響を受けているのではないか……？　という説を提唱した。メリーさんが熱心なヅカファンというのはストレート過ぎて首肯したくないのだが、宝塚の舞台自体は何度も観ているように思える。

とはいえ、この説だと大阪ではなく兵庫に出てきた説明がつかない。やはり彼女が兵庫に行ったのは谷崎との関係がないと説明がつきづらいと思う。岡山から都会に出るとしたら、大阪が順当。あえて兵庫にしたのは、人の縁があったからではないか？　終戦後の荒廃した日本でお手伝いさんを雇える所が相当限られていたことも考え合わせると、「部外者が入り込みづらいから西宮七園は考えづらい」という意見にはちょっと賛成しかねる。どうだろうか？

いずれにせよ、彼女は関東にやって来たときには既に白いドレスをまとっていたのだろう。古い自分を脱ぎ捨てた証として。

二〇〇八年に死去した赤塚不二夫の告別式でタモリが「私もあなたの作品のひとつです」と悼辞を述べたことが話題になった。もしもメリーさんが文豪・大谷崎の作品だったとしたら……。

私が谷崎というカードを切ったことは、必ずしも賛同を得られないだろう。反感を買ってしまったかもしれない。しかし一度読んでしまったが最後、後戻りは出来ない。信じようと信じまいと、あなたはもう彼女のストーリーが横浜という小宇宙で完結するとは思わなくなっているにちがいない。

不服従の証としてのドレス

さて白いドレスについてさまざまな考察を重ねてきたが、最後に一つ付け加えておきたい。洋装で外国人相手という、一見するとアメリカにべったりに見えるメリーさん。だがじつは彼女のドレスは

「アメリカへの不服従の証」なのかもしれない。巷で語られる「いつの日か愛した米人将校が戻ってきたときに気付いてもらうためのドレス」という定説を覆すようだが、澁澤龍彦の名前を引き合いに出して説明した通り、中上流階級のなかには戦前のシャンソンやクラシック音楽のレコード……つまりヨーロッパ文化……を繰り返し再生し、アメリカ一色に染まった世の中に棹さそうとする人たちがいた。メリーさんのドレスにも同じ意味合いはないのだろうか？

彼女のドレスは一着きりではない。じつは何種類もあってデザインもバラバラである。しかし人々の記憶に焼き付いているのは、フリルの付いた優雅なものだ。それはエドワーディアン（Edwardian）と呼ばれる様式だと思われる。

エドワーディアンとは、一九〇一年から一五年まで英国で流行したスタイルで、英国のエドワード七世の治世下で着飾られたことに由来する。

エドワード国王は母であるビクトリア女王とは対照的に華美で豪奢なものを好んだ。プレイボーイでギャンブラーでもあったとされ金権政治を行った。

この時代を特徴付けるのは左右対称の整ったデザイン、直線的で繊細な造形、そしてダイヤモンド、プラチナ、真珠といった白いジュエリーや白いドレスである。極めて貴族的なデザインが流行ったのだ。

この白を基調とした貴族的なデザインというのは、メリーさんのドレスのイメージそのままだ。アメリカ一色に染まった世情に、古い欧州の文化で無言の抵抗を示した人たちの心意気にも通じるように思える。つまりメリーさんはアメリカ人に媚びていたのではなく、逆にアメリカに対してやんわりと抵抗を試みていたと考えることも出来るのだ。エドワーディアン調のドレスと次項で触れるエリザベス女王風の白塗り姿で街に立つことによって。

白粉の謎

収斂《しゅうれん》進化

メリーさんの白塗りは姫様ドレスと並んで彼女のトレードマークであり、エキセントリックさの象徴でもある。しかしその姿は唯一無二というわけではない。彼女そっくりな女優が登場する映画があるのだ。それは一九六二年に制作された『何がジェーンに起ったか？』というハリウッド映画である。天才の誉れ高き子役だったもののやがて落ちぶれた妹と、長じて大女優と呼ばれた姉。この二人の確執を描いたモノクロの作品だ。

妹のジェーン役を演じているベティ・デイヴィスの外観は、まさしくメリーさんそのものである。顔を白塗りし、輝いていた子役時代を思わせるフリフリの衣裳を身にまとっている。おまけに高齢で精神的に不安定でもあ

メリーさんとそっくりなジェーン（映画『何がジェーンに起こったか？』より）

る。この白塗り、そして年齢に似つかわしくない服装はジェーンの異様さを際立たせる役目を負っている。と同時に（映画制作者の意図とは無関係に）我々にある種の既視感を抱かせる。もちろん「メリーさんそのもの」としか言いようのない外観のせいだ。

なぜここまで似ているのだろうか？

サメとイルカのように異なる種類の生物が、その系統に関わらず類似した外見を獲得する現象を収斂進化と呼ぶ。同じような環境下にあるとよく似た形態や生理が要求されるため、似た姿に進化するのだ。

彼女の白塗りを「謎」という人たちがいるが、あれは謎と言うより世代間ギャップではないかという気がする。

自然美を目指す近代美容は、白塗りメイクではなく「素肌を活かすナチュラルメイクこそが美し

日本在住のスウェーデン人漫画家オーサ・イェークストロムさんの『北欧女子オーサが見つけた日本の不思議　3』（KADOKAWA）より

い」としている。しかし近代以前の世界では素肌を隠すメイクの方がむしろ一般的だった。それは洋の東西を問わない。

その極端な例がエリザベス一世（一五三三〜一六〇三年）だ。彼女は公の場に姿を現す儀式の際、下地にはちみつを塗り、上から白粉を塗って民衆の前に顕現した。当時の女性たちはこぞってそのメイクを真似たというから、イギリスでも白塗りはポピュラーだったはずだ。

エリザベス一世の白塗りは、二九歳のときに罹患した天然痘の痕を隠すためだったということが、明らかになっている。彼女はイメージを大切にしており、あばたのある顔では美と威厳を示すことができず、男社会に君臨する女王に相応しくないと考えたのだった。白いメイクはビネガーと鉛を混ぜたものだが、広く知られる通り鉛は毒素である。晩年の女王は記憶障害に苦しみ、髪が抜け落ちたとのことで、おそらく身体の不調に耐えながらメイクを続けていたのだろう。にも関わらず、エリザベス女王の白塗りは年々濃くなっていったと伝えられている。

女性だけではない。ルキノ・ヴィスコンティの映画『ベニスに死す』（一九七一年、原作はトマス・マンの同名小説）でも、ダーク・ボガード演じる主人公の男性が白粉塗りしてめかし込む描写があった。ヒューバート・セルビー・ジュニア原作のアメリカ映画『ブルックリン最終出口』（一九八九年）のなかでも、ゲイボーイが白塗りでめかし込んでいる。つまり洋服と白粉塗りの取り合わせ自体は案外珍しくない。

日本においても白粉、お歯黒などの風習があったが、お歯黒はともかく「創りあげるメイク」である白塗りは近代化が完了してもすぐには消えなかった。戦後になっても水商売の世界では白塗りは珍しいことではなかった。たとえばこんな写真がある。米空軍の元軍人、ハーブ・グールドンさんが撮影したものだ（昭和三〇年、大阪・心斎橋）。

米軍基地「キャンプ・ドレイク」を抱えた埼玉県朝霞市での思い出をつづった田中利夫さんの『金ちゃんの少年時代：アメリカ軍基地のあった朝霞』（ジーズバンク、二〇一七年）には、白塗りに関するエピソードが二篇収録されている。

心斎橋の白塗りしたホステスたち 1955年
（撮影・ハーブ・グールドン）

ひとつは「ハクい女」で東京・池袋の東横百貨店（現在の東武百貨店）のデパート嬢の化粧に関する話である。駅前通の商店に「東京からすげえハクイ女が嫁にくる」という噂が立つ。町中の人が一目見ようとやって来たが、厚塗りの白粉で真っ白の顔にまっかな頬紅、金茶色の髪という出で立ちで美しい（ハクい）ではなく「白い（ハクい）」女だったという笑い話だ。

もう一篇は「おきっつあん」という老婆の話だ。年中腰巻一枚の裸で出歩いていた名物女だったが、夫が愛人をつくり出て行ってしまった。文無しになった老婆は街角に立って米兵に声を掛ける。当然彼女を買おうという男はいない。ところが全身を覆うほど裾の長い花模様の着物をまとい、白粉をはたいて現れたところ、ひきも切らない売れっ子に早変わりした。大金を稼いだ彼女はいずことも知れず消えてしまったという。「おきっつあん」は「お気狂っあん」という字を宛てるそうだ。

一九六〇年代に発表された谷崎潤一郎の『瘋癲《かんしゃく》老人日記』(一九六二年)や野坂昭如の小説『エロ事師たち』(一九六六年)にも白粉塗りの記述がある。

時代が下って一九九〇年代に入っても白塗りの女は消滅しない。昼は東京電力のエリート社員、夜は渋谷の円山町で客を引く街娼という二重生活で世間に衝撃を与えた東電OL殺人事件の被害女性は、白塗りをして街に立っていたという。その姿で客引きしたりコンビニで買い食いしたりするため、道玄坂一帯のラブホテルや店舗型風俗店で知らぬ者はなく「白塗りさん」と呼ばれていたそうだ。白塗りは昼の顔からスイッチを切り替えるための儀式のような意味合いだったのだろうか?

メリーさん自身は己の白塗りについて「年でしょ。肌が荒れて困るから」(『週刊ポスト』一九八二年一月二九日号「〃港のマリー〃を知ってるか」より)と恍《とぼ》けている。到底本音だとは思えない。しかし愛用していたマックスファクターのファンデーションが困窮して買えなくなり、資生堂の白粉に変えたことで、彼女の中で何かが変わったのかも知れないとも思う。元々彼女は客を引きやすいホテル街よりも、自分の姿が映える場所に立つことを優先する人だった。舞子さん御用達の白粉を塗ることで、街角の舞台人のように感じ始めたのかもしれない。

一方まったく異なる意見もある。一九八二年~八三年にかけて山下公園などで起きた中学生による「ホームレス狩り」事件。こうした暴行から身を守るため、彼女はあえて目立つ恰好をして身の安全を図ったのではないか、というのだ。

それは考えすぎで、彼女はもっと天然だったのではないかと思うのだが、本人でない限り本当のことは分からない。いずれにせよ、これまで見てきたようにメリーさんの白塗りは、古い世代の人であればさほど不自然に感じないものと思われる。

彼女はなぜ伝説になったのか

彼女はなぜ全国区で有名になったのか

横浜市内で彼女が伝説化した文化的・歴史的背景については前述した。ここではローカル有名人の枠を抜け出し、彼女が全国区になった理由を五つ上げて考えたい。

1　伝統的な仏教説話を踏襲している（悪人正機・典型的な仏教説話）

ヨコハマメリーの物語はノンフィクション、つまり実話だと捉えられている。しかしその構造は日本古来の仏教説話とそっくりである。

映画『ヨコハマメリー』は彼女が故郷（実際は故郷ではなく三十キロほど離れた津山の駅の近く）の老人ホームで隠遁している場面で終わる。それはあたかも苦難の人生を生き抜いた老婆が、報われて天国に迎え入れられたかのようである。恋のためとは言え、不浄な稼業に生きる女が周囲の人たちに支えられ真心に触れ徳を積んで浄土に旅立った……。まるで仏教説話の「悪人正機」（善人よりもむしろ罪深い悪人こそ阿弥陀様に救われるという思想）のようではないか？

「一つの仕事を生涯をかけて続ける」という美徳に心引かれる人もいるかもしれない。年齢や時代の流れに適応できず、不器用に、一途に職業を全うしようとする姿勢。その健気さに心打たれるというのは日本的な心性だと思う。

娼婦は一生の仕事としてふさわしいのか？ 抜け出すべき苦界ではないのか？ そこに夢や自由はあるのか？ ……私なんぞは引っ掛かりを覚えてしまうが、ふとミュージカルの『キャッツ』が頭をよぎる。都会のごみ捨て場を舞台に「天上界に昇るただ一匹の猫」が選ばれる物語だ。クライマックスで皆から嫌悪されていた老娼婦猫グリザベラが選ばれ天界へと旅立つと、物語は幕を閉じる。人々が彼女の物語に魅了されるのは、一見目新しく見える題材が、じつはオーソドックスな構造を保っているからだろう。

2 「待つ女」の物語

重複するので『蝶々夫人』や『ミス・サイゴン』のような「待つ女」の物語については繰り返し説明しない。しかし「待ち続ける物語」という意味で「忠犬ハチ公」の逸話と関連づけて考えることも可能かもしれない。メリー神話は日本的な忠義の心を踏襲している。

3 国民の厭戦意識に沿った構成

我々は「戦争中、政治家や軍部に騙された被害者である」という歴史認識を共有している。メリー神話はこの認識に沿った内容である。日本人の琴線に触れるのは、戦争の犠牲になった庶民が辛労辛苦を乗り越え自力で人生を建て直す姿である。「戦争の悲惨さ」という普遍的主題を静かに訴える彼女の神話は、ひたすら健気で美しい。

4　かつて一世を風靡した「一杯のかけそば」のような心のふれあい

「一杯のかけそば」は一九八八年から翌年に掛けて実話という触れ込みでブームになったラジオドラマだ。貧しい母子三人が百五十円のかけそばを一杯だけ注文する。店主はなにも言わず半玉をサービスし、親子は美味しそうに食べる。こんな交流が毎年のようにつづく。ある年を境に彼らはぱったりと現れなくなる。それから十数年後、立派に成人した息子たちが母親を連れてやって来る。「あのときのかけそばのお陰で生き抜くことが出来ました」と言って……。

バブル期だったこともあり「涙なしでは聞けない」と消費社会への反省も込めて話題になった。しかしタモリが「ドラマの舞台になった七〇年代初頭、百五十円あったら、インスタントそばが三人前買えたはず」と突っ込みを入れ、「涙のファシズム」と茶化したのをきっかけに世間の熱は冷めていった。上岡龍太郎は「閉店間際なら売れ残りがあったんじゃないか？　店主は三人分出してあげるべきだった」と言い、筒井康隆が当時流行っていたポスト構造主義をつかってパロディー小説を書いた。やがて作者の過去が暴かれこの物語は忘れられた。

辻褄の合わない箇所や出来すぎた点が見受けられるメリー伝説は、どこか「一杯のかけそば」と似た部分があると思う。

5　人を引きつける謎めいた存在

人間は謎に引きつけられる生き物である。ミステリーは分からないからこそ面白い。謎があるからこそ、謎解きというゲームに参加できるのだ。誰もが自分の意見を言うことで、謎解きの当事者になれるのである。切り裂きジャック、バスティーユ監獄の鉄仮面、パスカル・ハウザー。歴史上謎に包まれた怪人物は枚挙にいとまがない。時代を経ても次々と新説が発表され、見解が更新され、伝説は生き長らえている。

メリーさんは社会システムから外れた存在だ。士農工商の外にいた娼婦という存在の、そのさらに外側に佇んでいたのが彼女だ。無頼への憧れと謎への興味が、私たちを摑んで離さない。

横浜で受け入れられた理由

振り返りの意味も込めて横浜で有名になった理由を再掲すると、「時代に必要なものを鮮やかに体現していたから」ということになるだろう。

プロローグで引いた松沢呉一さんの発言の通り、本来は世間の興味を惹かないはずの街娼。それにもかかわらず例外的に有名になったパンパンといえば、有楽町のガード下にいた「ラクチョウお時」くらいしかいなかった。彼女が伝説化したのは、広く知られる通りアナウンサーの藤倉修一にインタビューを隠し録りされ、それがＮＨＫのラジオ番組『街頭録音』で全国放送されたからである。彼女は世間の冷たさと理不尽さについてひとくさりすると、パンパンの間で密かに流行していた歌謡曲

「星の流れに」の一節を口ずさんだ。

〽こんな女に誰がした

この一節が彼女を伝説にしたのだと思う。

「伝説化」に必要なのは「ある時代を鮮やかに体現しているかどうか」。そこで問われているのは普遍性ではない。パンパンという境遇の悲惨さをいくら訴えても、いくら体現していても、忌避されるだけだ。必要なのは時代の本質を鮮やかに切り取ってみせるキャッチーさである。流行歌はそこにうまく作用したのだ。

たとえば「初代メリー」さんと言われ「エロ・グロ・ナンセンス」を体現したメリケンお浜。前作の読者のなかには「お浜は美人で売れっ子だから伝説化したんですよね」と勘違いした方が少なからずいたようだ。しかし生前の彼女を直接知る者たちは、そう言ってはいない。たとえば大佛次郎は「肌が荒れていかにも商売女という風で……」と証言しているし、彼女の姪は「男みたいな人でした」と印象を語っている。「美人」という普遍性ではなく、「キスしただけで妊娠する」とか「処女には性欲はない」と信じられていた戦前の日本で、性に奔放（当時の言葉で言う「猟奇的」）だったが故に伝説化した。つまり時流に乗っていたこと、さらに老年になっても娼婦でありつづけ強姦殺人で亡くなった、というこれまた猟奇的な最期を遂げたことで伝説化した。普遍性ではなく、時代と寄り添った特殊性ゆえに伝説化したのだ。

他方、伝説未満の町の奇人や娼婦はメディアに取り上げられたり人々の口の端に上ることはあっても、時代との関わりが薄かったり、その時代でなければならないという必然性が薄い。したがって時が流れると忘れられてしまうのだろう。

名前を出しただけで本書では扱っていないが、阿部定が今日まで人々の興味を惹き続けるのは事件の猟奇性のみならず、一九三六年という年に発生したため社会に与えたインパクトが大きかったからだと思う。事件が起きた頃、東京市は二・二六事件の余波で五カ月間もの戒厳令のまっただ中だった。軍部のテロに震え上がり沈黙を守っていた新聞各社は、うっぷんを晴らすかのようにこの事件を取り上げた。読者にしても戦争前夜の重苦しい世相を破るかのような事件に熱狂した。阿部定事件は暗い世相の裏返しで伝説化したのだ。

メリーさんが有名になったのも時代の綾である。横浜が港町のアイデンティティを失いつつあった時代に「港町のよすがを表象する存在」として再発見された。もし本牧基地が返還されずに温存されたままだったり、三菱造船所がみなとみらいに切り替わらなかったとしたら、彼女は単なる「町の奇人」として消費され忘れ去られただろう。仮に誰かが彼女にパンパンという「悲惨な過去」を投影したとしても、人々の共感は得られなかったと思う。つまり時代のみならず、都市のアイデンティティに深く食い込む存在だったのも良かったのだ。

もちろん横浜市民も日本国民であるから、先述した1~5の理由も当てはまることは言うまでもない。

メリーさんは神話になった。神話の特徴は第三者による検証が入り込めないことである。この伝説は思い込みの産物に過ぎないのだ。そこにはロジカルシンキングが入り込む隙間がない。だからこれまで客観的な検証が行われたことはなく、「戦争」「横浜」「娼婦」というコンテクストから人情話のようにして語られてきた。コンテクストというのは固定観念でもある。メリーさんを見たことがない横浜以外の人々は、固定観念を通して彼女を見るしかない。逆に彼女を実際に見た人たちの話は印象論や体験談に始終してきた。彼らにとってはメリーさんとの「第三種接近遭遇（＊UFOから降り立った宇宙人と接触すること）」がすべてであり、そこに寓意性や神話性を見ることはない。

内輪の物語にしておきたい

横浜の人たちには「メリーさんを自分たち固有の内輪の物語にしておきたい」という欲求がある。ある横浜在住の女性に本書の趣旨を伝え「メリーさんの話はもはや横浜の範疇に収まらない、と書こうと思っている」と言ったところ「やめてください！」と真っ向から非難された。

しかしそれは、彼女の故郷に一度も足を運んだことがないからこそ出てくる気持ちだと思う。都会から遠く離れたあの地に立つと、彼女の物語を横浜に押し込めるのは間違っていると感じる。彼女は流れ者なのだ。横浜に確かな足跡を残したことは間違いない。しかし彼女は毎年ふるさとに里帰りしていたという。住民票も移していなかった。彼女の見果てぬ夢は、故郷でささやかな幸せを掴むことだったのではないだろうか。

本書では「ヨコハマメリー学」と呼べそうなレベルで考察を深めてきた。残念なことに横浜市民にとって彼女は話題の対象にはなっても批評の対象にはならない。彼女について掘り下げると言っても「どこに住んでいたのか？」「故郷はどこか？」「なぜあの姿で立っていたのか？」といったレベルで終わってしまう。

渋谷のハチ公のように彼女を顕彰するモニュメントが出来ても良さそうだが、そんな日が訪れることもないだろう。横浜は個人を顕彰する文化が弱い。まして身元不明の老女を労うとなるとむずかしいだろう。

彼女が観に来た芝居は必ず大当たりしたそうだ。よその土地であれば興行の神様になったかもしれない。実際仙台ローカルな奇人の仙台四郎（江戸時代末期から明治時代にかけての人物。知的障害があったが「四郎が訪れる店は繁盛する」と言われた）は福の神に祭り上げられ、地元の商店街のみならず全国でお札や人形が頒布されている。

しかしメリーさんがカミサマになる日は訪れそうにない。横浜は神の生まれない街である。ここでいう神とは、宗教のように組織だって祀るものではなく、それこそ仙台四郎やビリケンさんのような気安い願掛けの対象を指す。伊勢佐木町や横浜駅界隈で、両手に紙袋を提げ背を丸めて彷徨い歩く姿を目撃した市民は、間違っても彼女にご利益を期待したりはしないだろう。そんな考えを口にしても一笑に付されるだけである。彼女はあくまでも市民の共有財産的な記憶であり、街に居着いた生活者ならざる存在だった。

本書の旧版を出したとき、横浜の読者の反応は判を押したように決まっていた。

「メリーさん、見たことあります」

「映画ヨコハマメリー、観ました」

このふたつのどちらかだ。誰もが自分のメリーさん体験を語りたがる。あるいは映画を通したメリーさん観を語りたがる。本の内容はスルーされる。彼女の悪口を書かない限り、誰がなにを書いても同じ感想しか返ってこないのだろう。それはつまり既存のイメージ以外お呼びでないということだ。

彼女について語ることは地元愛の発露であり、自分たちが横浜市民であることを確認し合うためのシグナルの伝達なのである。

海外で上演され拡がる神話

日本での知名度を確固たるものにしたメリーさんだが、彼女の物語は海を越え東アジア地域でも受容されている。二〇一八年の一一月に台湾と香港で舞台化されたのだ。台湾の方は紅潮劇集という劇団による『瑪麗皇后的禮服（メリー皇后のドレス）』というタイトル。國家戲劇院實驗劇場で上演された。香港の方は糊塗戲班による『瑪麗皇后（メリー皇后）』で、こちらは高山劇場新翼演藝廳（コシャン劇場講堂）で初演されただけでなく三年後に『再遇　瑪麗皇后』というタイトルの新演出バージョンがネット配信された。どちらも現地の演劇人たちによるオリジナル作品である。

強い興味を覚えた私は両劇団にコンタクトを取った。そのうち香港の糊塗戲班で演出を務める陳文剛（Rensen Chan）さんから談話を取ることが出来た（陳さんは初演で元次郎さん役を、再演では元次郎さん役のほか将校の役も演じている）。

陳さんによると、彼らがメリーさんの物語を知ったのは二〇一六年の五月だったという。

「なにより彼女の外見が魅力的で想像力を掻き立てられました。なぜ顔を白く塗っていたのか？なぜ八十歳になるまで娼業を続けたのか？　なぜドレスを着ていたのか？　とても興味深く思いました」

彼らは映画『ヨコハマメリー』も五大路子の芝居も観ておらず、中国語のインターネット情報と自分たちの想像力だけを頼りに芝居を創り上げたのだそうだ。ただし横浜にはTPAM（現・YPAM）という国際舞台芸術見本市に参加するために一度来たことがあるという。

香港での評判を訊いたところ、「芝居はひじょうに好評で再演することになったほどです。じつは香港にもメリーさんにそっくりな老婆がいたのです。彼女の名前は分かりませんが、白塗りをした顔に黄色いドレスをまとい、やはり誰かを待つかのようにずっと道端に立っていました。彼女は既に他界しています。

それから日中戦争中、香港にも慰安婦がいました。背後にいたのは日本軍です。若い人たちは知らないと思いますが、年配者なら知っています」と返答があった。

香港にもよく似た女性がいたというのは驚きである。従軍慰安婦の件もだが、東アジアには日本と共通する歴史的背景があり、だから彼女の物語は受け入れられやすいのだろう。陳さんの話によると、台湾の劇団が同じ時期に同じ演目を制作したのはまったくの偶然で驚いたとのことだが、台湾も日本が統治したがために共有している歴史や文化がある。

私は香港での再演を現地で観劇するつもりでいたのだが、コロナのお陰で渡航できなくなり上演自体も中止となってしまった。運良く実施された配信版を視聴したが、緻密なリサーチを元に書かれた台本は外国の芝居とは思えないレベルだった。RAA、最初の米軍慰安所である大森の小町園、元次郎さんとの出会い、メリーさんのペンネームである西岡雪子、将校の存在などかなり忠実度の高い筋運びである。しかしメリーさんが元次郎さんの自宅を訪ねるという現実世界では起こらなかった場面が用意されるなど、メリーさんと他者との交流を軸に物語が進行する部分に日本で創られた作品との差違が感じられた。元次郎さんがゲイだということを強調しているのも、異なる部分と言えるだろう。やや残念だったのは彼女のミステリアスさが薄れてしまっていることだが、なによりビジュアルが美しく視覚面では日本の上をいっていると感じた。ローカルな都市の記憶と結びついた物語がどこまで伝播していくのか。今後を見守りたい。

イメージの変遷

映画『ヨコハマメリー』公開当時は、彼女の生き様の部分に共感が寄せられていたと記憶している。生き別れた将校を待ちつづけることに一生を費やし、再会こそ叶わなかったものの、ふるさとの老人ホームで幸せな余生を送る彼女。そこに心温かな友人が慰問公演にやってくる。そんなハッピーエンドに人々はハンカチを握りしめたのだった。

しかし二〇一八年からのリバイバル上映以降は一転。元次郎さんら周囲の人々との心の交流が観客の琴線に触れているようだ。これは「コミュニティー」という言葉がさかんにつかわれるようになったこの十年の世相の変化を反映しているのだろう。つまり人々のメリーさんに対する見方が変化したのだ。

もともと彼女は「怖い」「不気味」「謎の人」という扱いで、遠巻きに見られるだけだった。「頭がおかしいのでは」という人も多く、軽蔑と好奇心の入り交じった視線で見られていた。映画の中に出てくる人々は例外中の例外だった（当時彼女を見かけたハマっ子に訊けば、簡単に確認できる）。

彼女のイメージは現在も変化をつづけている。過去を振り返れば、彼女の伝説は刻々と変化を遂げたことが分かる。

街角の奇人…八〇年代初頭の「なんちゃっておじさん」ブーム

↓

ミナトヨコハマの一側面を体現するアイコン…一九八二～三年のアンセム五曲

↓

最後のパンパン・戦後の生き証人…『横浜ローザ』
←
健気に生きた老女の生き様…『ヨコハマメリー』
←
心と心のふれあいの物語…『ヨコハマメリー』リバイバル上映

彼女が横浜にたどり着いたのは全くの成り行きだった。中国地方出身の彼女にとって横浜は縁遠い土地である。元から特別な思い入れがあったわけではないだろう。しかしその歴史的な背景から、彼女はあまりにも横浜に似合いすぎた。

港の女と基地の女の重層性。かつて存在した横浜幻想の残滓。そして人間関係の機敏をすくい取った物語へ。

物語が原型から書きかわっていくのは、伝承のよくある形の一つだ。彼女の物語は世の流れを反映して何度となく語り直され、彼女が表象するものは刻々と変化した。理解を超えた違和感の塊のような存在から、消化しやすく語り口を滑らかにした物語へ。その変化に呼応するかのように、彼女の存在はより広く受け入れられていったように思う。

彼女を全国の幅広い世代に知らしめたのは映画『ヨコハマメリー』の功績である。負の遺産であるはずの原爆ドームが裏返って価値を得たように、メリーさんは愛される存在として輝きだした。しかし横浜において、あの映画を支持しているのは主に一九九五年以降に街を担った世代である。それ以前の高齢世代（特に男性たち）は鑑賞さえしていない。

一九九五年になにがあったか。オウムのサリン事件である。安全神話に冷や水を浴びせたこの事件をきっかけに日本は変わった。人々は寛容さを失い、社会規範に背を向けた異物を排除し始めた。彼女が横浜を離れたのはサリン事件の翌年だった。この同じタイミングで伊勢佐木町商店街の商店主たちがつぎつぎと引退し、代替わりしている。

『ヨコハマメリー』の観客たちは、商店街を継いだ人たちと同世代かもっと若い世代である。メリーさんを見知ってはいたけれど、直接交流がなかった世代と言い換えることもできる。

高齢者たちはおもしろいくらいこの作品を観ていない。彼らは彼女を戦争と結びつけて考え、乗り越えた過去として関心を払わなかった。シルバー世代の特に男性にとって、いまも彼女は嫌悪の対象にほかならない。

一方観客は、この映画をメリーさんと彼女を支える人たちの交流を描く、ある種の「人情話」として受容した。世代によってメリーさんの受け止め方、意味合いがちがうのだ。

メリーさんの物語は「横浜市民公認映画」とでもいうべき『ヨコハマメリー』の内容に沿う形で語られることが多くなった。しかし前述の通り彼女の物語は何度となく語り直され、意味づけを更新してきた歴史がある。私の書いたこの本も、彼女の物語の更新を試みるものにほかならない。

結び

この本の主張を一言でまとめると「娼婦が変わった恰好をしていたのではない。変わった恰好をしていた女が娼売をはじめたのだ」ということになるだろう。メリーさん個人の半生と周囲が無責任に背負わせた物語の間には埋めがたい断絶が横たわっている。彼女を中心に展開していたのは「〃生き

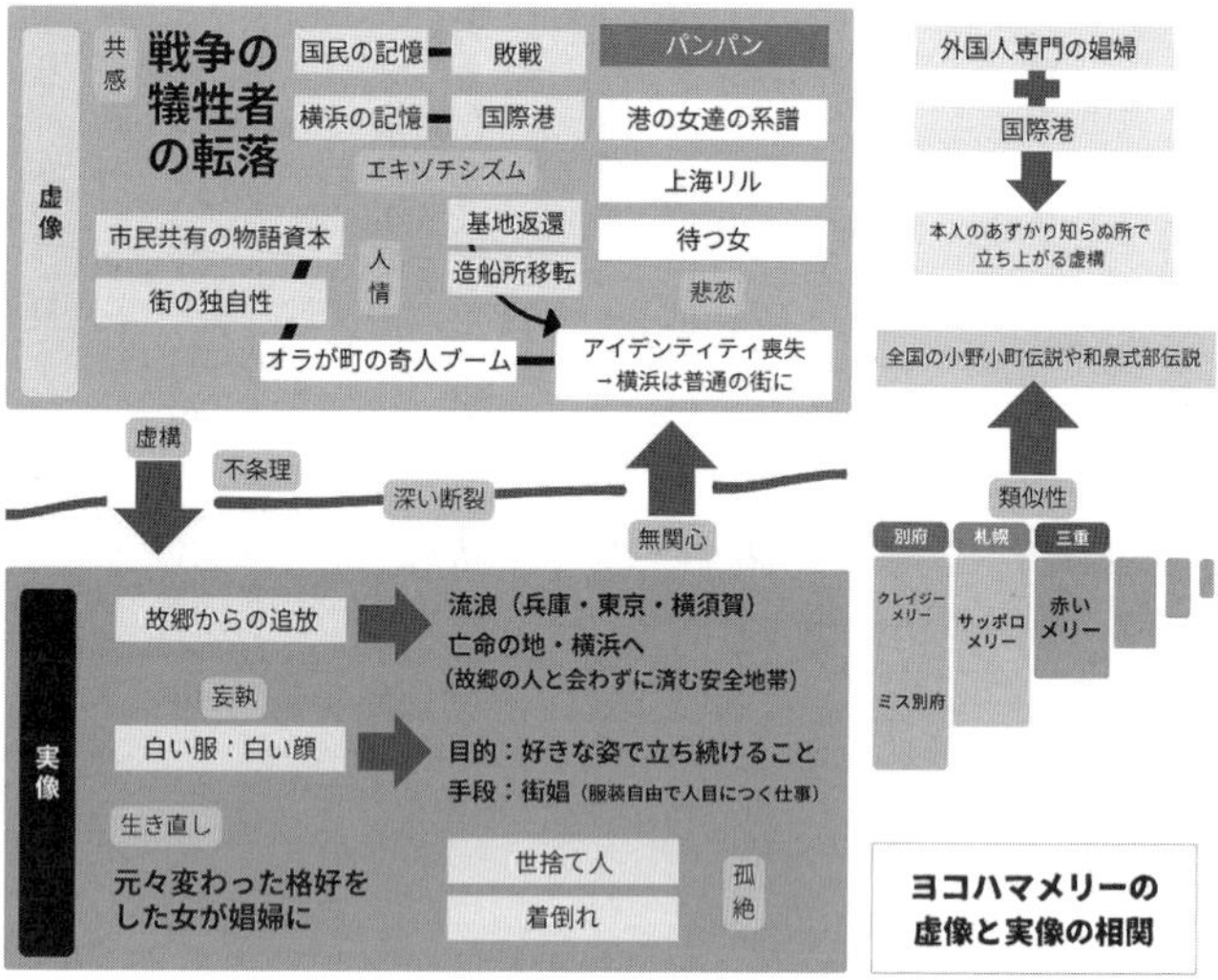

ヨコハマメリーの虚像と実像の相関

づらさ〟と〝都市の記憶〟の出会いが綾なした不条理劇」である。

彼女が全国区で有名になった理由を五つあげたが、さらにもう一つ、見落とされがちな条件がある。それは彼女が噂に対して無関心を貫いたことだ。自分のことがおもしろおかしく語られていたことは、彼女の耳にも入っていたはずである。しかし彼女が抗議することはなかったし、「本当の自分を知ってほしい」などと訴えることもなかった。

一方、私たちは何をしたのか。彼女が無反応なのをいいことに好き放題やってきた。彼女の物語を勝手にこしらえるという暴力。

もともと一九九〇年代半ばまでは、「鎌倉（あるいは本牧など）で豪邸暮らしをしている。息子がいて『娼売から足を洗ってくれ』と頼まれているが、息子夫婦の世話になりたくないので、長年の仕事をつづけている」など、彼女を巡ってさまざまな噂が飛び交っていた。「生き別れた進駐軍将校の恋人を待ち続けるけなげな女性」のイメージは、いつの頃からか唐突に浮上したものに過ぎなかった。

彼女の神話は生身の彼女を語っていない。私たち語り手、読み手、伝え手の願望や欲望を体現した虚構のストーリーである。彼女の実像とはほとんど関係ない。しかしテレビも新聞も、なぜか検証することもないままに、あたかもそれが事実であるかのように扱って来たのである。彼女の物語はすがしい「心のサプリ」として受け止められ涙を誘った。

彼女はもの言わぬ女性だっただけでなく、生身の人間らしさが見えてこない存在だった。いわば境界に立つ人物。それを良いことに、市民は彼女にさまざまなイメージを仮託した。それが都市の記憶や文脈と相俟って見事なほどはまってしまったのだ。結果的に彼女はフィクションの力でアイデンティティ不全に陥った横浜の街を救った。

進駐軍兵士相手の街娼が一番多かったはずの時期に横浜にいなかったにも関わらず、市民の強い思い込みでなぜかその時代のシンボルに祭り上げられてしまった老女の物語。自分たちの足元を掘り起こす機会は捨てた。面倒な過去は不幸な戦争のせいにして、平和の御旗を打ち振った。そうすれば形の上では誰も傷つかない。これは街の物語ではない。「都市の記憶」と「根無草の着倒女」の邂逅が、ボタンを掛け違えたまま神話として昇華していった軌跡の成果物である。私なんぞは、彼女を見つめたはずが、逆に彼女に見返されたような居心地の悪さを感じてしまう。

私たちがとるべきせめてもの態度は、サンタクロースに対するのと同じように、嘘だと承知した上で虚構を楽しむことではないか。

およそ人間が編纂する歴史は偽史である。言い出しっぺの誰かは、一番綺麗な嘘を考えた。

彼女が終戦の焼け跡に立っていたかは定かでない。引退しても故郷に居場所はなかった。今まで誰一人として、将校の話を聞いた者はいない。

それでも心優しい周囲の人たちは、黙って彼女を受け入れた。

それを見ていた私たち。


ああ、完璧だ。日本中が総掛かりで神話を完成させたのだ。

「長年苦界に身を沈めながらも皆から愛され親しまれ、ある時代の痕跡を残した老女。死期を悟った野良猫のように姿を消すが、心優しい人たちは彼女のことを忘れておらず、晩年は故郷で安らかな余生を送った」


この街にはさまざまな事情を抱えた人がいた。

彼女は故郷にいた頃とは違う自分を生きていた。岡山県から遠く離れたこの街は、うってつけの劇場だった。

いまは丸ごと信じよう。サンタクロースを待つ子供のように。

彼女の「本当」は、純白の衣装に包まれている。

あとがき

前作『消えた横浜娼婦たち』は、横浜をテーマにした三部作のひとつとして構想していた。次作として考えていたのは、フリーメイソン横浜ロッジの百五十年に及ぶ盛衰史だった。

「メリーさんを買ったのは欧米人の男性たち。日本国内にあって欧米人男性で構成される社会集団といえばフリーメイソンしかない」という発想だ。横浜に古くから住む外国人に話を聞くと「祖父がメイソンでした」とか「叔父がメンバーでした」という例にちょくちょく出くわす。公共の資料館にも、なぜかメイソンの公式資料が所蔵されている。山手の外国人墓地にはメイソン会員の墓がいくつもある。

折良くフリーメイソン・ブームも到来していた。しかし日本では、フリーメイソンはあくまでも世界征服を企む怪しげな組織でなくてはいけないらしい。しかも日本が舞台とはいえ、日本人がほとんど出てこない話なのでアピールが弱い。どこの版元も引き受けてくれないため、この企画は頓挫した。

固定観念というものは怖ろしい。一度固まったイメージを崩すのは容易ではない。それはメリーさんについても言えることだ。メリーさんは「横浜」の「娼婦」として語られなければならないのだろうか？

本書を書きあげる上で念頭に置いた作品がいくつかある。そのひとつが塩野七生の短編「サロメの乳母の話」だ。

ユダヤの王女サロメと言えば、オスカー・ワイルドのあまりにも有名な戯曲が思い浮かぶ。倒錯的な愛の持ち主で、かなわぬ恋を成就させるため洗礼者ヨハネの首を所望した妖女。それがサロメの一般的イメージだ。

しかし塩野版のサロメはそのレッテルを鮮やかに引き剝がす。彼女はユダヤの民衆や父王思いの聡明な娘であった。獄につながれたカリスマ宗教者ヨハネ。父王が生かすことも殺すことも出来ずにいるこの男を、サロメは恋に狂った愚かな女のふりをして殺させる。自ら汚名をかぶることによって、父王の面子とユダヤ王国の立場を守りきった賢女。それこそが塩野の描いたサロメだった。筋書きはまったく同じなのだが、サロメの人物像も読後の印象もまるでちがう。メリーさんを題材にして、こんな本を書きたいと思った。

しかし本作の執筆は手に余るむずかしさだった。既に一度書いたテーマであるにも関わらず、ここまで手こずるとは予想外だった。

私が孤独になれるのは、この家の中しかない。書くために、それまで書いてきたのではないものを書くために孤独になる。すべては、自分にさえまだわからない本を書くためなのだ。自分がまだかたちにしたことがなく、他の誰もかたちにしていないような本を書くために孤独が必要なのだ。

本書は執筆と推敲にほぼ一年という時間を要している。マルグリット・デュラスが『エクリール』で書いた右記の言葉そのままに、「精神と時の部屋」に籠もりっきりの一年だった。わずかな期間とはいえ、私は自分の島宇宙を頑なに守り続けたメリーさんのような時間を過ごした。

原稿を書いている最中、結論がどこに向かっていくのかわからない不確かさがあった。作品が書き手の意思を超えて暴れているようで、実にスリリングかつ困難。無事に終えることが出来てほっとしている。

当初の予定は前作の単純な文庫化であり、文字通り機械的な作業のはずだった。ところが担当編集者の青木真次さんの要望により、一人称ノンフィクションの形で新たに書き下ろすことになった。これが難産の原因だ。三人称で書かれたものを一人称に仕立て直すのは、言うほど簡単な作業ではない。なにか新たな視点で前作を解体しないことには、新たな形態で組み立てることができない。ここで呻吟が始まった。

本の執筆は著者による単独作業だと考えられている。しかし実際は共同作業だ。取材協力者からの証言や意見の交換により、作品のアイデアは徐々に磨かれていく。これは書き手個人の能力を超えた作業である。

本書の初稿の構成案が立ち上がったのは、田辺銀冶さんの新作講談「横浜メリー」に負うところが大きい。銀冶さん演じるメリーさんが童謡「海」を口ずさむのを聴いたとき、私は「本当は横浜ではなく海の向こうで暮らしたかった老女」のブルースを聴いたように思った。こうして横浜を舞台にしながらも、心はどこか遠くに置いてきてしまった女性のイメージが生まれた。ここから更に二転三転させながら内容を詰めた。定説を覆す説得力をどこまで持たせることが出来たのか、第三者の判断を仰ぎたい。

白塗りの老女が街角から姿を消して二十年。私自身が彼女に会ったことがないせいもあるだろうが、彼女の物語はある程度距離を置いてみられる歴史になったと思う。彼女の存在は昭和という時代空間を抜きにして語ることが出来ない。

スポーツ界にも芸能界にも政治の世界にも、見世物的な、あるいはプロレス的な部分が散見されたのが昭和だ。よく言えば社会に懐の深さがあり、悪く言えば山師的な人物が多かった時代といえる。

田中角栄のように小学校しか卒業していない男が総理大臣になったり、「祖父がイタリアン・マフィア」というふれこみの安岡力也がスターだったり、「高座で居眠り」「初夜をすっぽかして廓へ」などの破天荒な逸話を持つ古今亭志ん生が紫綬褒章をもらったりしたのが昭和だ。日本刀で素振りする王貞治、徹夜で呑んだまま二日酔いの状態で七打数七安打の大活躍をした大下弘、「会社の会議中に俺が大地震を止めた」「火の鳥は本当にいる」などの迷言を連発した稀代のヒットメーカー角川春樹。フィクションの世界ではあるものの、舌先三寸のお調子者がとんとん拍子に出世していく植木等の「無責任シリーズ」が絶大な支持を得ていたのもこの時代だ。「コンプライアンス」なんぞどこ吹く風。そういう破天荒な人たちが輝いている一方で、角を曲がれば深い闇も口を開けていた昭和。そんな背景があればこそメリーさんは伝説になれたのだろう。日本がまだ秩序と破天荒のふたつを同時に愛し信じていた頃の、美しく儚い記憶。この時代と切り離して彼女を語ることは不可能だ。

一九九五年のオウム事件以降、世の中の空気が変わって社会とうまく噛み合わない人間は排除される世情となった。京都の河原町ジュリー、広島の広島太郎など横浜以外の街にも多くのマレビトがいたが、現在の日本には居場所がない。だから二〇〇六年に公開された『ヨコハマメリー』はメリーさん個人の物語ではなく、関係性の物語にするほかなかったのだろう。平成の世の中でメリーさんを扱うとしたら、人情（ほっこりする関係性の物語）を交えるか、アートに寄せるか、フェミニズムを謳うしかないように思う。そんな思惑もあって、本書はアートやフェミニズムを少なからず意識した内容となっている。

本書はメリーさんの謎を解いて終わりにするための本ではない。あくまで『ヨコハマメリー』が決め打ちになっている現状に揺さぶりを掛けるのがゴールである。書いて、出して、終わり、ではなくあくまで議論の叩き台を提示した格好だ。重要なのは語り継ぐことではない。創意をこらして語り直し、更新し続けることだ。硬直した物語を延命させることに、どれだけの意味があるだろう。

人間は事実なんて見てはいない。そこにあるのは解釈だけだ。彼女の伝説はポスト・トゥルースの時代と絡めて語られるべき興味深いテーマだと思う。

読者の予想を超えてどこまで遠くへ連れて行くことが出来たか心許ないが、ひとまずここで打鍵する指を止めたい。

本書執筆の機会を与えてくれた筑摩書房の青木さん。井上理津子さん。それから取材に協力してくれたたくさんの方々。特に葛城峻さんと中川肇さんには、さみだれ式に質問を浴びせてしまったが、丁寧に対応していただいた。ほんとうにありがとうございました。

増補改訂版あとがき

ヨコハマメリーの物語は、「赤い靴の少女」のようである。異人さん、横浜という舞台、真偽の定まらぬ言い伝え。少女もメリーさんも見知らぬ異国と対峙する存在だ。二人のちがいといえば、少女がごく普通の女の子らしいのに対し、メリーさんには恐ろしく存在感があったということである。

「現実からあまりにズレすぎた人を突如目の前にすると、それに蓋をして『見なかったこと』にしてしまう節はありますよね、人間って」（清野とおる『全っっっっ然知らない街を歩いてみたものの』大洋図書、二〇一三年）

この見解は真理だと思う。にもかかわらず、こうして本にまでなってしまったのはなぜか。その他の謎と併せて考える行為を暫定的に「ヨコハマメリー学」と呼びたい。

本書で私は「教養的なおもしろさ」を持ち込んで彼女に付随する謎に迫ろうとした。メリーさんの話は殆ど批評されたことがない。ほぼ全てが映画『ヨコハマメリー』に対する批評だ。生身の彼女への分析は誰も行なっていないのではないか？　地元、つまり横浜での話は目撃談や思い出話に始終している。それはつまり「ヨコハマメリー」という題材は、知的に語るに値しないと見放されているということではないだろうか？

「横浜の話」という枠に収めておく限り、批評できない。フェミニズム、トラウマ、アウトサイダーアート、民俗学、谷崎潤一郎などを節操なく持ち出したのも、横浜という枠から少しでも自由になるためだ。横浜ではメリーさんの悪口でも書かない限り、何を書いても「メリーさん、見たことあります」「映画の『ヨコハマメリー』、観ました」という感想しか返ってこない。のれんに腕押しではないが、書き手にとって、こんなに虚しい反応はない。この状況をひっくり返したかった。

既に国境を飛び越え台湾や香港でも舞台化されているメリー神話だが、横浜市民の意識は変わっていない。実際にメリーさんを見たことのある人間とない人間の間には、超えられない理解の壁が存在する。見たことがある人間、すなわちある年代以上の浜っ子は彼女に対してアカデミックなアプローチをするという態度に感心しないだろう。だが私は「彼女に会ったことがない人間」ならではの視点でこの本を書き上げたつもりだ。

民俗学者・赤坂憲雄が『ナウシカ考』を上梓し、幾人もの識者が『ゴジラ論』を書き上げるご時世である。「ドラえもん学」を提唱する横山泰行・富山大学名誉教授をはじめ、ウルトラマン論、ガンダム論、ヤマト論、エヴァンゲリオン論などサブカルチャーやポップカルチャーを対象とした研究が盛んになって久しい。早稲田大学の文化構想学部や明治大学の国際日本学部など大学で学ぶこともできるようだ。ここにメリーさんを加えることは出来ないだろうか？

仙台四郎や河原町のジュリーなどといった路上の有名人は、郷土史や民俗学で扱われることがあった。しかしヨコハマメリー学はそうした学問の範疇から大きく逸脱している。メリーさんの謎について学際的な観点から考察を深めるそのさまは、むしろサブカル研究に似ていると感じてしまう。その一端は本書で示した。

内容が散漫になってしまうため取り扱いを断念した話題も少なからずある。たとえばロシアの聖女・クセーニャ信仰との類似性。目立つだけの鼻つまみ者でありながら生涯を投げ打った純愛、路上生活、奇妙な出で立ち、中高年の女性たちからの大きな支持、などメリーさんの神話と重なる点が多い。アメリカ合衆国初代皇帝・ジョシュア・エイブラハム・ノートンも同じカテゴリーの人物だろう。狂人といわれつつも広く愛され、葬儀には三万人ものサンフランシスコ市民が列席したという。「八百屋お七伝承」の変化の過程も比較対象として興味深い。ハリウッド映画『何がジェーンに起ったか?』との収斂進化はユングの元型論と結びつけて考えることも出来る。こうしたことも書いてみたかったが、内容が散漫になってしまうため自重した。

アカデミックな研究は、メリーさんが横浜というくびきにとらわれている限り、むずかしい。「伝説は伝説のままにしておこう」という人々の気持ちが見え隠れするからだ。「学問にすることによって、なんだか分からないものの魅力が失われてしまう」という人もいるかもしれない。そうすると「学校が教えない歴史」的な世界に留まってしまうか、謎に関する「水掛け論」に終始した揚げ句、暗礁に乗り上げてしまう。

旧版の読者の中には私の意図を酌んでくれる読者もいたが「すみません。作法を間違えました。彼女は可哀相な戦争の犠牲者でしたよね」と謝られてしまった。メリーさんは逆境の中を凛と生きた女性。いまの世の中には「正しいもの」しか存在してはならないのだろう。これはきっと新たな呪いなのだ。

もし彼女が横浜にとって本当に大切な存在であるのなら、シンポジウムの一つも開かれてよいはずだ。しかしそうはならない。これは横浜の大スター、美空ひばりの記念館やアーカイブができない理由とどこかで繋がっているのではないか。

ところで本書の旧版への批判として「彼女の謎が少しも解決していない」という意見があった。私はそう思わない。九〇年代の海外ドラマにデビット・リンチ監督の『ツインピークス』という作品があった。町一番の美少女が殺された。捜査官が来た。最期まで犯人は分からなかった。事件は迷宮入りだ。しかし捜査の過程が興味深く、主人公である捜査官が出会う奇妙な人々の魅力も相まって番組は一世を風靡した。すくなくとも私にとって満足のいく謎解きは出来ている。自分のなかのぎりぎりの一線を踏み越えなかったのは、謎を謎として残しておくことで彼女の物語を延命させたかったからだ。

本は叩かれる覚悟がないと書けない。「本人の内面に迫るものでなければノンフィクションとは言えない」という意見も頂いたが、本当にそうなのだろうか？　もしそうなのだとしたら私の書くものはノンフィクションと呼ばれなくても構わない。私が取材を始めたとき、メリーさんはまだ存命だった。しかし直接話を聞いても、それは「きちんと取材していますよ」というアリバイ作り程度の意味しか持たなかっただろう。作中でも触れた通り、過去に何人か彼女にインタビューした人間たちはいる。しかし彼女の話は半分以上デタラメだった。それを分かった上で話を聞くのは、単なるポーズ以上の価値を持たないだろう。少なくともメリーさんに関する限り、重要なのは生身の彼女よりも伝説の方だと思う。伝説に内面などない。それが彼女を見たことがない書き手の偽らざる信条だ。

そもそもメリーさんに愛情を寄せるのは、横浜の人たちだけではない。けったいな人物が好きな大阪人をはじめ、関西圏でも知名度は高い。もし兵庫の郷土史家が本腰を入れて調査したら、神戸や芦屋の財界人のお手伝いさんの中に彼女の名前が見つかるかもしれない。横浜から遠く離れた関西の人たちが彼女の痕跡を発見したとき、メリー神話は横浜というくびきから解放され、まつろわぬ女の一代記へとその性質を大きく変貌させるのである。

本書はネタバレを気にせず読後、読み手が喧々諤々することを期待して書いている。私の分析が正鵠を得ているとは限らない。意見を戦わせてほしい。

最期に本書を刊行する機会を与えてくれた論創社の谷川茂さんに厚くお礼を申し上げたい。ありがとうございました。

二〇二四年三月

檀原照和

メリーさん年表

一九二一年三月一一日
岡山の山里に生まれる。父親が三七歳、母親が二六歳のときの子供で八人兄弟の長女。
一九二三年九月一日
関東大震災。
一九三〇年代
和洋折衷の「昭和モダン」文化の全盛時代。
一九三三年三月二七日
自宅から2キロほど離れた小学校卒業。
一九三五年
この年、あるいは一九三八年に青年学校を卒業したと思われる。
一九三六年
父他界。享年五二。
＊戦前、横浜でメリーさんのような娼婦が既に客を引いていたという説あり。「メリケンお浜」のことだと思われる。
一九三七年
日中戦争全面化。
＊おそらく一九四〇年代前半に自殺未遂を起こしたものと思われる。その後十年近く神戸、芦屋、東京などを転々とする。
一九四五年
太平洋戦争終結。パンパン（米兵相手の街娼）が出現。
一九四九年
ジャン・ギャバン出演の映画『港のマリー』公開。
一九五〇～五三年
朝鮮戦争。パンパンは全盛期を迎え服装がより派手になる。
一九五一年
津村謙の歌謡曲「上海帰りのリル」が大ヒット。
一九五三年
母他界。享年五八。

一九五四年
高度経済成長が始まる。
一九五〇年代前半
メリーさん来浜。
一九五〇年代中盤
横浜中心部の接収が徐々に解除され、米兵が激減する。
この頃、メリーさんは一度里帰りしている。
一九五〇年代後半
伊勢佐木町4丁目の角の「パール食堂」(現ブティック「クエスチョン」)の前で客を引く。
この頃から一九九〇年頃まで山下公園通り、馬車道などで目撃される。「シルクセンター」や「ホテルニューグランド」などに出没。
一九五六〜六三年
横須賀のドブ板通りに頻繁に姿を現す。喫茶店「ポニー」に通いレコード店の前などで客を引いた。
一九六〇年代前半
横浜市伊勢佐木町の化粧品店「柳屋」、福富町のクリーニング店「白新舎」の常客となり九〇年代まで通った。
一九六九年
いしだあゆみの歌謡曲「ブルー・ライト・ヨコハマ」が大ヒット。
一九七〇年
本牧埠頭完成。コンテナ船に対応。
一九七〇年代前半
横浜港の最盛期。
同時期、艀からコンテナ船への移行が進み、外国人船員の滞在時間が激減。徐々に港町らしさが薄れ始める。
旅客機の大衆化も進行、海外渡航の主役は飛行機に。
一九七二年
横浜市福富町の焼鳥屋「鳥浜」開店。九〇年代半ばまで常客だった。
一九七三〜八三年頃
福富町の旅館「一力」(現「ソープランド角海老」)

に常宿する。
＊この当時、まだ決まった通り名はなく「白狐様」「クレオパトラ」「きんきらさん」などと呼ばれていた。
一九七〇年代
目撃事例がやや少なく、横浜以外の土地にいた可能性も考えられる。
一九七三年
オイルショック（高度経済成長が終わる）。
一九八〇年代
横浜駅西口の「横浜高島屋」のテナント「遠藤波津子美容室」の常客だった。
一九八〇年代前半
一〇代〜二〇代の若者の間で「正体不明の老婆」として噂になり始める。
一九八〇〜八三年
三菱重工業横浜造船所が桜木町から移転。
一九八二年
本牧基地返還、横浜から異国情緒が失われる。
週刊誌のグラビア記事になる（初めてのメディア露出）。
田村隆一の詩「港のマリー」に取り上げられる。
一九八二〜八三年
彼女をモチーフにした歌が5曲作られ、以後メディアにたびたび露出するようになる（第一次ブーム）。
この頃から「（港の）マリーさん」と言う呼び名が定着。
タウン誌『浜っ子』で再三取り上げられる。
＊「マリーさん」「メリーさん」の呼び名が交錯するようになる。
一九八〇年代末
階段で転倒し背中を強打。以後、大きく腰が曲がる。
一九九〇年
横浜市中区黄金町のタイ人女性がエイズに感染していることが発覚。娼婦に対する風当たりが強くなる。
行きつけの喫茶店「相生」（馬車道）、「ルナ美容室」（伊勢佐木町）から足が遠のく。

一九九一年八月六日
永登元次郎と出会う。
一九九〇年代初頭
ホームレスになる。福富町の雑居ビルに頑固に座り続け、最上階の廊下を寝床とする。
＊この頃から「森永ラブ　伊勢佐木町店」の常客となり、伊勢佐木町で目撃されることが増える。
一九九三年
みなとみらい地区で高層ビル「横浜ランドマークタワー」が竣工。
ドキュメント映画の制作が開始されるも、プロデューサーの失踪により未完成に終わる。
一九九四〜九五年
中島らも『白いメリーさん』、映画『濱マイク』、森日出夫写真集『PASSハマのメリーさん』などにより再び脚光浴びる（第二次ブーム）。
＊この頃より都市伝説として語られることが多くなる。
一九九五年一二月一八日
新横浜駅から新幹線で岡山に帰郷。七四歳。
一九九六年
夏ごろ横浜に戻ってきた模様。
五大路子の一人芝居『港の女　横浜ローザ』横浜夢座（脚本・杉山義法）初演。
一一月末（?）再び横浜から離れ、岡山県津山市の老人ホームに入居する。
二〇〇五年一月一七日
永眠（死因は心臓発作）。享年八四。
二〇〇六年
映画『ヨコハマメリー』（監督・中村高寛）公開。
二〇一〇年
中尊寺ゆつこ『ハマのメリーJさん［完全版］』出版。
二〇一八年一一月
台湾で紅潮劇集が『瑪麗皇后的禮服』を、香港で糊塗戲班が『瑪麗皇后』を上演。
二〇二一年七月
香港で糊塗戲班が『再遇瑪麗皇后』をネット配信。

主要参考文献（順不同）

松沢呉一『闇の女たち　消えゆく日本人街娼の記録』（新潮文庫、二〇一六年）

永登元次郎「元次郎三十三年の夢」（平岡正明編『ヨコハマB級譚　『ハマ野毛』アンソロジー』ビレッジセンター、一九九五年に収録）

荒木経惟・桐島かれん『恋愛』（扶桑社、一九九一年）

山崎洋子『天使はブルースを歌う』（毎日新聞社、一九九九年）

藤原晃『ヨコスカどぶ板物語』（現代書館、一九九一年）

市川汀『街娼記　蝕める肉体の挽歌』（朋文社、一九五七年）

斎藤憐『昭和のバンスキングたち　ジャズ・港・放蕩』（ミュージック・マガジン、一九八三年）

「ジープ」（『神奈川新聞』一九四六年四月一〇日）

中島恵子「六本木と横須賀に見る黒人男性とぶら下がり族の生態は、いま…。」（『噂の真相』一九九四年八月号）

白土秀次『ホテル・ニューグランド50年史』（ホテル・ニューグランド、一九七七年）

城井友治「風の便り98」（「文学横浜の会」）http://www5a.biglobe.ne.jp/~bunyoko/zuihitu/shiroi-n99/shiroi098.html

「横浜に巣食う売春」（『神奈川新聞』一九六二年九月九日）

佐藤洋一『図説　占領下の東京』（河出書房新社　二〇〇六年）

星晃編纂『（復刻）占領下日本の英文時刻表&連合軍客車』（アテネ書房、一九八三年）

産業経済新聞社社会部編『東京風土図　城南・城西篇』（社会思想研究会出版部、一九六一年）

半村良『昭和悪女伝』（集英社文庫、一九九七年）

川崎洋『サイパンと呼ばれた男』（新潮社、一九八八年）

伊東信義『姉野村沙知代』（ラインブックス、一九九九年）

兵庫県警察史編さん委員会編『兵庫県警察史　昭和編』（兵庫県警察本部、一九七五年）

小林大治郎・村瀬明『みんなは知らない　国家売春命令』（雄山閣、一九六一年）

「ドキュメント　ハマのメリー」（『スポーツニッポン』一九九三年八月一八日）

【人】〝伝説〟の娼婦　ヨコハマメリーさん―ドキュメンタリー映画、今年4月公開 https://news19.5ch.net/test/read.cgi/newsplus/1138583658/

金谷正之『岡山木材史』（岡山木材協同組合、一九六四年）

「伝説の娼婦　実弟が初めて明かす　性の裏面史」（『アサヒ芸能』二〇〇六年三月二日号）

秦郁彦『慰安婦と戦場の性』（新潮社、一九九九年）

榊原まさとし「マリーさんがいた横浜」（『季刊誌「横濱」』二〇一一年春号）

佐賀忠男『別府と占領軍：ドキュメント戦後史』（「別府と占領軍」編集委員会、一九八一年）

鬼塚英昭『海の門』（成甲書房、二〇一四年）

永田典子「都市の噂話『メリーさん』のこと」（『女性と経験』№17、一九九二年）

『浜っ子』一九八九年二月号

『週刊東京』十月六日号（東京新聞社、一九五六年）

「洋パン〝メリケンお浜〟一代記」（『週刊文春』一九六九年三月二四日号）

今東光『十二階崩壊』（中央公論社、一九七八年）

「本牧を探る『話』の会」（『話』一九三四年九月号、文藝春秋社）

五十嵐英壽写真集『横濱みなとの唄』（神奈川新聞社／かなしん出版、一九八八年）

クレイ・レイノルズ『消えた娘』（土屋政雄訳　新潮文庫、一九八九年）

田村隆一「港のマリー」（『海』一九八二年三月号。のち『5分前』中央公論社、一九八二年に収録）

「〝港のマリー〟を知ってるか」（『週刊ポスト』一九八二年一月二九日号）

「ニュース足報」（『週刊文春』一九八三年六月一六日号）

笑順・筆「馬車道のメリー」（『ハマ野毛』二号　野毛地区街づくり会内タウン誌編集委員会、一九九二年）

茶園敏美「パンパンとは誰なのか」（大阪大学博士論文、二〇〇七年）

鳥尾多江『私の足音が聞える　マダム鳥尾の回想』（文藝春秋、一九八五年）

津山郷土博物館『博物館だより』六二号　二〇〇九年八月 http://www.tsu-haku.jp/asset/00032/tsuhaku/dayori62.pdf

東京大学外村大研究室「戦時動員とは何か、なぜ問題か」http://www.sumquick.com/tonomura/note/140925.html

パンパンをどう評価するのか――マイク・モラスキー編『街娼』1――松沢呉一のビバノン・ライフ」https://www.targma.jp/vivanonlife/2016/02/post10829/

「戦争花嫁たちのたどった道・第3回：ビル・シェリフさんと千鶴さんの生涯の恋物語」（『日豪プレス　ビクトリア版』二〇〇五年八月号）http://kiku-kaku.com/2012/wp-content/uploads/DOC001.pdf

曾野綾子『遠来の客たち』（角川文庫、一九七八年）

山口由美『消えた宿泊名簿　ホテルが語る戦争の記憶』（新潮社、二〇〇九年）

澁澤龍彦『私の少年時代』（河出文庫、二〇一二年）

魯迅「ノラは家出してからどうなったか」http://www.geocities.co.jp/Milkyway-Kaigan/9066/luxun/sakuhin/haka/nora.html

高見順『敗戦日記』（中公文庫、二〇〇五年）

鷲田清一『モードの迷宮』（中央公論社、一九八九年）

手島純「フレキシブルスクールの「全定一体」と定時制高校の「全定同一」」http://www.geocities.co.jp/Milkyway-Kaigan/9066/luxun/sakuhin/haka/nora.html

坂口謙一「高等小学校と青年学校本科以上を一貫したノンエリート農村「青年」の農業実習：一九三〇年代の茨城県那珂郡佐野村における義務教育後の就学状況を中心に」（『教職研究』28号、二〇一六年）

檀原照和『消えた横浜娼婦たち』（データハウス、二〇〇九年）

白塗りアーチスト minori 公式サイト http://www.minori.co

西條静夫著『和泉式部伝説とその古跡』

柳田国男「和泉式部の足袋」（『桃太郎の誕生』角川学芸出版、二〇一三年 に収録）

柳田国男『女性と民間伝承』（角川文庫、一九六六年）

服部正「メリーさんはアウトサイダー・アートか」（『心の危機と臨床の知』21号）甲南大学人間科学研究所（二〇二〇年三月二〇日）

オーサ・イェークストロム『北欧女子が見つけた日本の不思議3』（KADOKAWA、二〇一七年）

下川耿史「敗戦国の女たちが観た夢 RAAとパンパンガールの時代」（「プレジデント」一九九九年一〇月号）

『白い孤影　ヨコハマメリー』への著作家・本橋信宏さんの書評 http://yokohamamerry.jugem.jp/?eid=349

檀原照和（だんばら・てるかず）

1970年、東京生まれ。ノンフィクション作家。日本文藝家協会会員。法政大学法学部政治学科にて戦後の横浜市の枠組みをつくった田村明のゼミで学ぶ。舞台活動を経て文筆業へ。著書に『ヴードゥー大全』（夏目書房）、『消えた横浜娼婦たち』（データハウス）。共著に『太平洋戦争―封印された闇の史実』（ミリオン出版）など。

論創ノンフィクション053

白い孤影 ヨコハマメリー［増補改訂版］

2024年7月1日　初版第1刷発行

編著者　檀原照和
発行者　森下紀夫
発行所　論創社
　　　　東京都千代田区神田神保町2-23　北井ビル
　　　　電話　03（3264）5254　振替口座　00160-1-155266

カバーデザイン　奥定泰之
組版・本文デザイン　アジュール
校正　内田ふみ子
カバー写真　常盤とよ子氏撮影、栗林阿裕子氏寄贈、横浜都市発展記念館所蔵
印刷・製本　精文堂印刷株式会社
編　集　谷川 茂

ISBN 978-4-8460-2365-2 C0036